中国出口低加成率之谜：形成机制与优化路径

The Puzzle of China's Low Export Markup:
Formation Mechanism and Optimization Path

许 明 著

经济管理出版社
ECONOMY & MANAGEMENT PUBLISHING HOUSE

图书在版编目（CIP）数据

中国出口低加成率之谜：形成机制与优化路径/许明著.—北京：经济管理出版社，2022.7

ISBN 978-7-5096-8566-2

Ⅰ.①中… Ⅱ.①许… Ⅲ.①出口贸易—企业管理—研究—中国 Ⅳ.①F752.62

中国版本图书馆 CIP 数据核字（2022）第 120205 号

组稿编辑：宋　娜
责任编辑：谢　妙
责任印制：黄章平
责任校对：董杉珊

出版发行：经济管理出版社
　　　　　（北京市海淀区北蜂窝 8 号中雅大厦 A 座 11 层　100038）
网　　址：www.E-mp.com.cn
电　　话：（010）51915602
印　　刷：北京晨旭印刷厂
经　　销：新华书店
开　　本：720mm×1000mm/16
印　　张：17.5
字　　数：269 千字
版　　次：2024 年 5 月第 1 版　2024 年 5 月第 1 次印刷
书　　号：ISBN 978-7-5096-8566-2
定　　价：98.00 元

第十批《中国社会科学博士后文库》编委会及编辑部成员名单

（一）编委会

主　任：赵　芮

副主任：柯文俊　胡　滨　沈水生

秘书长：王　霄

成　员（按姓氏笔划排序）：

卜宪群	丁国旗	王立胜	王利民	史　丹	冯仲平
邢广程	刘　健	刘玉宏	孙壮志	李正华	李向阳
李雪松	李新烽	杨世伟	杨伯江	杨艳秋	何德旭
辛向阳	张　翼	张永生	张宇燕	张伯江	张政文
张冠梓	张晓晶	陈光金	陈星灿	金民卿	郑筱筠
赵天晓	赵剑英	胡正荣	都　阳	莫纪宏	柴　瑜
倪　峰	程　巍	樊建新	冀祥德	魏后凯	

（二）编辑部

主　任：李洪雷

副主任：赫　更　葛吉艳　王若阳

成　员（按姓氏笔划排序）：

杨　振	宋　娜	赵　悦	胡　奇	侯聪睿	姚冬梅
贾　佳	柴　颖	梅　玫	焦永明	黎　元	

《中国社会科学博士后文库》
出版说明

　　为繁荣发展中国哲学社会科学博士后事业，2012 年，中国社会科学院和全国博士后管理委员会共同设立《中国社会科学博士后文库》（以下简称《文库》），旨在集中推出选题立意高、成果质量好、真正反映当前我国哲学社会科学领域博士后研究最高水准的创新成果。

　　《文库》坚持创新导向，每年面向全国征集和评选代表哲学社会科学领域博士后最高学术水平的学术著作。凡入选《文库》成果，由中国社会科学院和全国博士后管理委员会全额资助出版；入选者同时获得全国博士后管理委员会颁发的"优秀博士后学术成果"证书。

　　作为高端学术平台，《文库》将坚持发挥优秀博士后科研成果和优秀博士后人才的引领示范作用，鼓励和支持广大博士后推出更多精品力作。

《中国社会科学博士后文库》编委会

本书获中国社会科学院登峰战略优势学科（产业经济学）项目资助

摘　要

　　加成率是衡量企业或产品的市场势力及定价能力的关键指标，其高低事关一国在全球价值链中的利益分配和国际贸易中的福利所得。然而，我国企业存在典型的"出口低加成率之谜"。在当前环境下，提升出口企业的加成率既有助于增强我国出口企业国际市场竞争力进而跨越"出口低加成率陷阱"，又有利于我国贸易利得的整体提升。

　　本书以中国出口加成率的实际状况为依据，从宏观总论到微观透析，逐步建立了竞争效应和选择效应影响微观主体加成率的理论基础，通过科学的实证方法对产品质量、收入分配、产业集聚、最低工资政策与出口加成率的关系进行了检验，深入探析了中国的"出口低加成率之谜"问题，并为相关政策的制定提供了合理的借鉴和依据。

　　本书主要得出以下结论：

　　第一，我国企业层面的加成率呈整体上升趋势，虽然上升幅度较为缓慢，但是年均增长幅度仍达到了1.52个百分点。通过倾向得分匹配法得到的出口企业加成率始终低于非出口企业加成率，这表明中国存在典型的"出口低加成率陷阱"。

　　第二，选择效应和竞争效应的相互作用最终导致出口企业实际加成率高于有效加成率4.02%，但由于选择效应未能有效发挥作用，且存在"出口—生产率悖论"的典型事实，严重制约了我国出口企业实际加成率的提升。

第三，产业集聚及城市规模的扩大能够显著提升出口企业加成率，但产业的规模并非越大越好，产业规模扩大到一定程度后，拥挤效应逐渐大于集聚效应，会抑制出口企业加成率的提升。

第四，员工获得的劳动报酬每提高10%，出口企业加成率将提升0.495~0.523个百分点，因此可通过提高劳动报酬以强化"质量效应"与"自我选择效应"来间接影响出口企业加成率。产品质量和全要素生产率影响的中介效应分别为0.0676%、0.0101%。

第五，现阶段提高产品质量对我国出口企业加成率的提升有着非常重要的影响。平均而言，产品质量每提高1%，则出口企业加成率将提升0.0194个百分点。

第六，企业内效应和资源再配置效应对中国出口企业加成率增长的贡献率分别为77.89%、22.11%，依靠企业自身技术进步带来的加成率增长占据主导地位。

第七，从企业产品资源配置视角来看，最低工资政策虽然总体上降低了多产品出口企业的加成率，但是提高了企业内部的资源配置效率，总体上改善了企业的福利，真正实现了劳动者和企业的双赢。

与既有研究相比，本书可能存在的创新之处体现在以下四个方面：

第一，构建了一个包含竞争效应和选择效应共同影响出口企业加成率的双边SFA模型。将竞争效应、选择效应与企业加成率的分析置于统一的分析框架中，进一步挖掘"出口低加成率之谜"背后的经济逻辑，对接新新贸易理论，合理解释了中国目前所面临的出口低加成率问题，丰富了关于中国出口企业行为的研究。

第二，系统测算了企业加成率、产品质量、空间集聚、产品加成率等一系列量化指标体系。本书在借鉴De Loecker等（2012）、Lu和Yu（2015）的基础上，采用更为灵活的三要素超越对数生产函数，利用 ACF 两步法有效解决了收入法隐含的价格问题和不可观测的效率冲击。进一步地，本书对全要素生产率、空间集聚、产品质量、出口加成率等指标的测算，也具有重要的理论贡献。

第三，定量测度了竞争效应和选择效应对企业加成率的影响效应。基于中国工业企业数据库和海关数据库的匹配数据，本书应用双边随机边界模型定量测度了竞争效应和选择效应对企业加成率的影响效应，不仅克服了两种效应难以衡量的问题，而且弥补了现有文献只对单一方面进行研究的不足，有利于准确定位影响中国出口企业加成率的关键因素，为有的放矢地提出相应的政策措施提供依据。

第四，构建了最低工资政策影响多产品出口企业加成率调整的数理模型，基于中国工业企业数据库和海关数据库的匹配数据，系统检验了最低工资政策对多产品出口企业产品加成率的影响，并重点探讨了最低工资政策对核心和非核心产品加成率的差异化作用机制。同时，从微观产品层面探讨了企业面对外部冲击的资源配置行为。

关键词：加成率；产品质量；资源配置；出口低加成率之谜

Abstract

Enterprise's markup is the key indicator in both measuring market's power and enterprise's pricing ability. It influences the benefit allocation in global value chain, and welfare income in international trades. It exists phenomenon that the markup is unusually low in Chinese export enterprises. Nowadays, advancing the markup of Chinese export enterprises help enhancing their competitiveness worldwide, furthermore, leap the trap of low exporting enterprise markup. What's more, it can overall increase China's trade gains.

This book based on current situation of enterprise's markup in China, sets up a theoretical foundation of enterprise's markup, froms macro conclusion to micro analysis, which was influenced by competitive effect and selective effect. An empirical test of the relationship between product quality, income distribution, industry agglomeration, minimun wage policy and markup was made through mathematical analysis model. And explores the puzzle of China's low export markup Finally, reasonable reference for policy-making was made.

Conclusions were drawn in this study:

Firstly, enterprise's markup is in a tendency of increase as a whole in China, the increase range is not wide, but the average growth rate per annum reached 1. 52%. The markup of exporting enterprises through propensity score matching is always lower than those of non-exporting enterprises, which shows that it exists a trap of low exporting enterprises' markup indeed.

Secondly, the interaction of selective effect and competitive effect will finally contributed to the real enterprise's markup is 4.02% higher when compared to effective markup. The selective effect couldn't bring its superiority into full play, also there is a paradox between export and productivity, these two factors both make a restriction to the development of the enterprise's markup in China.

Thirdly, spatial cluster and the expansion of city could significantly develop the export enterprise's markup. But it's not a "the more the better" thing, after the city size grow to a certain range, crowding effect would exceed agglomeration effect gradually, thus suppressed the increase of enterprise's markup.

Fourthly, every 10% increase of the labor income would lead to an increase of 0.495%~0.523% in enterprise's markup. Improving labor remuneration indirectly affects export enterprise's markup through strengthening "quality effect" and "self-selection effect". The mediating effect of product quality and total factor productivity is 0.0676% and 0.0101% respectively.

Fifthly, the development of product quality would cause a significant influence on the increase of exporting enterprise's markup in China nowadays. On average, every 1% of product quality development would result in a 0.0194% increase in exporting enterprise's markup.

Sixly, the contribution of in-company effects and resource redeployment effects to the growth rate of Chinese export enterprise's markup is 77.89% and 22.11% respectively. The increase in the rate of markup caused by the increase in technological progress of enterprise has dominated.

Sevenly, from the perspective of enterprise's product resource allocation, although the minimum wage policy reduces the markup of multi-product export enterprises on the whole, it improves the internal resource allocation efficiency of enterprises, improves the welfare of enterprises on the whole, and truly realizes a win-win situation for both workers and enterprises.

Compared with the existing research, the innovation that can exist in this book is embodied in the following four aspects:

Firstly, build a Two-tier SFA model that includes the competitive effect and the selective effect to affect the export enterprise's markup. The analysis of the competitive effect, selective effect and the enterprise's markup are put into the unified analysis framework. Further analysis the economic logic that behind the low markup in exports, Cooperate with the New New Trade Theory, it is reasonable to explain the mystery of low markup for exports, which has enriched the research on the Chinese export enterprise behavior.

Secondly, systematically measures the quantitative index system, such as the enterprise's markup, product quality and spatial agglomeration. This book is based on the reference to De Loecker et al. (2012) and Lu and Yu (2015), and uses the more flexible three elements translog production function. The ACF two-step method is used to solve the hidden price problem and unobserved efficiency impact. Moreover, this book has an important contribution to the measurement of total factor productivity, spatial agglomeration and the quality of export products.

Thirdly, systematically measures the competition effect and the selection effect on the enterprise's markup. Based on the matching data of the Chinese industrial enterprises database and the customs database, this book applies the bilateral stochastic boundary model to measure the effect of the competition effect and the selection effect on the enterprise's markup. Not only to overcome the problem that the two effects are hard to measure, but also it makes up for the lack of research on a single aspect of the existing literature. It would make a contribution to defining accurately the key factor which influencing exporting enterprise's markup in China, and provide references to relating policy with a definite object view.

Forthly, this book constructs a mathematical model of the effect of minimum wage policy on the adjustment of the markups of multi-product export enterprises. Based on the matching data of the Chinese industrial enterprises database and the customs database, this book systematically examines the effect of minimum wage policy on markups of multi-product export enterprises, and focuses on the differentiation mechanism of minimum wage policy on markups of core and non-core products. At the same time, this book discusses the resource allocation behavior of enterprises in the face of external shocks from the micro product level.

Key Words: Markup; Product Quality; The Allocation of Resources; Puzzle of Low Export Markup

目　录

第一章　绪论·· 1

　第一节　选题背景与研究意义··· 1

　　一、选题背景·· 1

　　二、研究意义·· 2

　第二节　国内外研究现状··· 4

　　一、关于企业层面加成率测算的研究······································· 4

　　二、关于企业出口与加成率的关系研究··································· 5

　　三、关于中国"出口低加成率之谜"的研究·························· 6

　　四、关于资源配置效率问题的研究··· 7

　第三节　研究思路、主要内容及研究方法··································· 8

　　一、研究思路·· 8

　　二、主要内容·· 9

　　三、研究方法·· 13

　第四节　可能的创新之处··· 14

第二章　中国企业加成率的全面测算与比较····························· 15

　第一节　引言及文献综述··· 15

　第二节　企业加成率的测算方法··· 18

　　一、会计法·· 18

二、生产函数法 ………………………………………… 18

第三节 数据的来源与处理 ………………………………… 23

　　一、数据来源 …………………………………………… 23

　　二、数据处理 …………………………………………… 23

第四节 不同企业层面加成率测算方法的结果比较 ………… 27

第五节 中国企业加成率的测算及趋势分析 ………………… 29

　　一、企业加成率的动态变化与分析 …………………… 29

　　二、按是否垄断分类的企业加成率动态变化与分析 …… 31

　　三、不同所有权类型的企业加成率动态变化与分析 …… 32

　　四、不同地区的企业加成率动态变化与分析 ………… 34

　　五、不同产业类型的企业加成率动态变化与分析 …… 36

　　六、不同规模的企业加成率动态变化与分析 ………… 38

第六节 基于倾向得分匹配法的出口与非出口企业加成率比较 …… 39

第七节 关于中国企业加成率动态变化的总结 ……………… 42

第三章 中国出口低加成率之谜：竞争还是选择 ………… 45

第一节 引言与文献评述 …………………………………… 45

第二节 理论模型 …………………………………………… 50

第三节 研究设计 …………………………………………… 53

　　一、计量模型的设定 …………………………………… 53

　　二、企业层面加成率的估计 …………………………… 55

　　三、其他变量定义与描述性统计 ……………………… 58

　　四、数据来源及处理 …………………………………… 60

第四节 实证结果与分析 …………………………………… 62

　　一、全样本的随机边界模型估计 ……………………… 63

　　二、选择效应、竞争效应影响出口企业加成率的

　　　　子样本分布特征 …………………………………… 69

第五节 稳健性检验 ………………………………………… 75

一、"出口低加成率之谜"与"出口—生产率悖论" ………… 75

二、基于倾向得分匹配的出口与非出口企业差异 ………… 77

第四章　产业集聚与中国出口企业加成率 ………… 79

第一节　引言 ………………………………………………… 79

第二节　文献评述 …………………………………………… 80

第三节　理论模型 …………………………………………… 81

第四节　数据处理与计算 …………………………………… 85

一、数据处理说明 …………………………………………… 85

二、企业加成率的测算方法 ………………………………… 86

三、产业集聚指标的计算 …………………………………… 88

第五节　企业加成率的测算 ………………………………… 89

第六节　实证检验 …………………………………………… 93

一、模型设定 ………………………………………………… 93

二、基准回归 ………………………………………………… 94

三、稳健性检验 ……………………………………………… 99

第五章　劳动报酬与中国出口企业加成率 ………… 105

第一节　引言 ………………………………………………… 105

第二节　文献回顾 …………………………………………… 106

第三节　影响机制分析 ……………………………………… 109

第四节　数据处理与计算 …………………………………… 112

一、计量模型设定 …………………………………………… 112

二、变量的定义与描述性统计 ……………………………… 112

三、数据来源及处理 ………………………………………… 117

第五节　实证结果与分析 …………………………………… 119

一、基准回归结果 …………………………………………… 119

二、异质性检验 ……………………………………………… 122

三、稳健性检验 ………………………………………………… 124

第六节 进一步讨论 ………………………………………… 128

一、"质量效应"与"自我选择效应"的影响路径 ………… 128

二、对产品价格与边际成本的影响 ……………………… 130

第六章 产品质量与中国出口企业加成率 ………………… 133

第一节 引言与文献综述 ………………………………… 133

第二节 研究设计 ………………………………………… 135

一、计量模型的设定 …………………………………… 135

二、关键变量的定义 …………………………………… 136

第三节 实证结果与分析 ………………………………… 143

一、基准回归结果 ……………………………………… 143

二、异质性检验 ………………………………………… 145

三、稳健性检验 ………………………………………… 147

第四节 进一步讨论 ……………………………………… 150

一、出口企业动态与出口倾向 ………………………… 150

二、对产品价格与边际成本的影响 …………………… 152

**第七章 资源配置视角下的中国出口低加成率之谜及其
形成机制** ……………………………………………… 155

第一节 引言 ……………………………………………… 155

第二节 文献综述 ………………………………………… 156

第三节 数据来源与加成率测算 ………………………… 158

一、数据来源 …………………………………………… 158

二、加成率测算方法 …………………………………… 158

三、出口企业加成率计算结果 ………………………… 161

第四节 影响机制分析：基于资源配置视角 …………… 163

第八章 多产品出口企业、最低工资政策与产品加成率 ········ 167

第一节 引言与文献评述 ··· 168
第二节 典型事实与理论框架 ·· 173
一、最低工资制度 ··· 173
二、中国多产品企业特征 ··· 175
三、理论框架 ··· 177
第三节 研究设计 ·· 182
一、模型设定 ··· 182
二、产品加成率测度 ··· 184
三、数据来源与处理 ··· 186
第四节 实证结果与分析 ·· 188
一、最低工资制度对产品加成率的影响：DID 估计 ············ 188
二、DID 前提假设检验 ··· 190
三、稳健性检验 ··· 192
四、异质性检验 ··· 194
第五节 影响机制检验 ··· 198
一、最低工资政策实施引致的产品层面的自选择效应和
生产率效应 ··· 199
二、最低工资政策实施引致的产品差异化调整效应 ··········· 200
第六节 进一步讨论 ··· 206
一、最低工资政策实施的资源配置效应 ····················· 206
二、《中华人民共和国劳动合同法》实施的影响 ············· 209

第九章 结论、政策建议与研究展望 ································ 213

第一节 结论 ··· 213
第二节 政策建议 ·· 217
第三节 研究展望 ·· 219

参考文献 ·· 221

索 引 ·· 235

专家推荐表 ·· 239

Contents

1 Introduction ·· 1

  1. 1 Research Background and Research Significance ·············· 1

      1. 1. 1 Research Background ······························· 1

      1. 1. 2 Research Significance ······························ 2

  1. 2 Research Status ······································· 4

      1. 2. 1 Research on the Measurement of Markup at the
            Enterprise Level ······························· 4

      1. 2. 2 Research on the Relationship between Enterprise Export
            and Markup ································· 5

      1. 2. 3 Research on the Puzzle of China's Low Export Markup ··· 6

      1. 2. 4 Research on the Efficiency of Resource Allocation ········· 7

  1. 3 Research Ideas, Main Contents and Research Methods ······ 8

      1. 3. 1 Research Ideas ······························· 8

      1. 3. 2 Main Contents ······························· 9

      1. 3. 3 Research Methods ····························· 13

  1. 4 Possible Innovations ·································· 14

2 Comprehensive Measurement and Comparison of the Markup
  of Chinese Enterprises ······························· 15

  2. 1 Introduction and Literature Review ···················· 15

  2. 2 Calculation Method of Enterprise's Markup ············· 18

　　2.2.1　Accounting Method ·············· 18

　　2.2.2　Production Function Method ·············· 18

2.3　Data Sources and Processing ·············· 23

　　2.3.1　Data Sources ·············· 23

　　2.3.2　Data Processing ·············· 23

2.4　Comparison of the Results of Different Measurement Methods of Markup at Enterprise Level ·············· 27

2.5　Calculation and Trend Analysis of Chinese Enterprise's Markup ·············· 29

　　2.5.1　Dynamic Change and Analysis of Enterprise's Markup ··· 29

　　2.5.2　Dynamic Change and Analysis of Enterprise's Markup Based on the Degree of Monopoly ·············· 31

　　2.5.3　Dynamic Change and Analysis of Enterprise's Markup Based on Different Ownership Types ·············· 32

　　2.5.4　Dynamic Change and Analysis of Enterprise's Markup Based on Different Regions ·············· 34

　　2.5.5　Dynamic Change and Analysis of Enterprise's Markup Based on Different Industry Types ·············· 36

　　2.5.6　Dynamic Change and Analysis of Enterpries's Markup Based on Different Scales ·············· 38

2.6　Comparison of Markup between Export Enterprises and Non-export Enterprises Based on Propensity Score Matching Method ·············· 39

2.7　A Summary of the Dynamic Change of Chinese Enterprise's Markup ·············· 42

3　The Puzzle of China's Low Export Markup：Competition or Selection ·············· 45

3.1　Introduction and Literature Review ·············· 45

3. 2   Theoretical Model 50

3. 3   Research Design 53

    3. 3. 1   Setting of Econometric Model 53

    3. 3. 2   Estimates of Markup at the Enterprise Level 55

    3. 3. 3   Other Variable Definitions and Descriptive Statistics 58

    3. 3. 4   Data Sources and Processing 60

3. 4   Empirical Results and Analysis 62

    3. 4. 1   Random Boundary Model Estimation for the

              Whole Sample 63

    3. 4. 2   Selection Effect and Competition Effect Affect the Distribution

              Characteristics of Export Enterprise's Markup 69

3. 5   Robustness Test 75

    3. 5. 1   "The Puzzle of China's Low Export Markup" and

              "Exportation-Productivity Paradox" 75

    3. 5. 2   Differences between Exporting and Non-exporting

              Enterprise's Based on Propensity Score Matching 77

4   Industrial Agglomeration and Markup of Chinese

Export Enterprises 79

4. 1   Introduction 79

4. 2   Literature Review 80

4. 3   Theoretical Model 81

4. 4   Data Processing and Calculation 85

    4. 4. 1   Data Processing Instructions 85

    4. 4. 2   Calculation Method of Enterprise's Markup 86

    4. 4. 3   Calculation of Industrial Agglomeration Index 88

4. 5   Calculation of Enterprise's Markup 89

4. 6   Empirical Test 93

4. 6. 1　Specification of Model ················· 93

4. 6. 2　Baseline Regression Result ················· 94

4. 6. 3　Robustness Test ················· 99

5　Labor Remuneration and Markup of Chinese Export Enterprises ··· 105

5. 1　Introduction ················· 105

5. 2　Literature Review ················· 106

5. 3　Influence Mechanism Analysis ················· 109

5. 4　Data Processing and Calculation ················· 112

5. 4. 1　Econometric Model Setting ················· 112

5. 4. 2　Definition and Descriptive Statistics of Variables ········· 112

5. 4. 3　Data Sources and Processing ················· 117

5. 5　Empirical Results and Analysis ················· 119

5. 5. 1　Baseline Regression Result ················· 119

5. 5. 2　Heterogeneity Test ················· 122

5. 5. 3　Robustness Test ················· 124

5. 6　Further Discussion ················· 128

5. 6. 1　Influence Path of "Mass Effect" and
"Self-selection Effect" ················· 128

5. 6. 2　Impact on Product Price and Marginal Cost ············· 130

6　Product Quality and Markup of Chinese Export Enterprises ········· 133

6. 1　Introduction and Literature Review ················· 133

6. 2　Research Design ················· 135

6. 2. 1　Setting of Econometric Model ················· 135

6. 2. 2　Definition of Key Variables ················· 136

6. 3　Empirical Results and Analysis ················· 143

6. 3. 1　Baseline Regression Result ················· 143

6. 3. 2　Heterogeneity Test ················· 145

6. 3. 3　Robustness Test ················· 147

6. 4　Further Discussion ················· 150

6. 4. 1　Export Enterprise's Dynamics and Export Tendency ··· 150

6. 4. 2　Impact on Product Price and Marginal Cost ··············· 152

7　The Puzzle and Formation Mechanism of China's Low

Export Markup from the Perspective of Resource Allocation ········· 155

7. 1　Introduction ················· 155

7. 2　Literature Review ················· 156

7. 3　Data Sources and Markup Measurement ····················· 158

7. 3. 1　Data Sources ················· 158

7. 3. 2　Calculation Method of Markup ··················· 158

7. 3. 3　Calculation Result of Export Enterprise's Markup ······ 161

7. 4　Influence Mechanism Analysis: Based on Perspective

of Resource Allocation ················· 163

8　Multi-product Export Enterprises, Minimum Wage

Policy and Product Markup ················· 167

8. 1　Introduction and Literature Review ··················· 168

8. 2　Typical Factual and Theoretical Framework ···················· 173

8. 2. 1　Minimum Wage System ··················· 173

8. 2. 2　Characteristics of Multi-product Enterprises in China ··· 175

8. 2. 3　Theoretical Framework ··················· 177

8. 3　Research Design ················· 182

8. 3. 1　Specification of Model ··················· 182

8. 3. 2　Measure of Product Markup ··················· 184

8. 3. 3　Data Source and Processing ··················· 186

8. 4　Empirical Results and Analysis ··················· 188

8.4.1 Effect of Minimum Wage System on Product Markup: DID Estimation 188

8.4.2 DID Hypothesis Testing 190

8.4.3 Robustness Test 192

8.4.4 Heterogeneity Test 194

8.5 Test of Influence Mechanism 198

8.5.1 Self-selection Effect and Productivity Effect at Product Level Caused by Minimum Wage Policy Implementation 199

8.5.2 Adjustment Effect of Product Differentiation Caused by Minimum Wage Policy Implementation 200

8.6 Further Discussion 206

8.6.1 Effect of Minimum Wage Policy on Resource Allocation 206

8.6.2 Impact of the Implementation of the Labor Contract Law of the People's Republic of China 209

9 Conclusion, Policy Suggestion and Research Prospect 213

9.1 Conclusion 213

9.2 Policy Suggestion 217

9.3 Research Prospect 219

References 221

Index 235

Recommendations 239

第一章 绪 论

第一节 选题背景与研究意义

一、选题背景

加成率（Markup），又称为成本加成率，定义为产品或服务的价格对边际成本的偏离，是衡量市场势力及企业定价能力的关键指标，其高低事关一国在全球价值链中的利益分配和国际贸易中的福利所得（Peters，2013；De Loecker 和 Goldberg，2014；Edmond 等，2015）。大量文献表明，出口企业相比非出口企业通常具有更高的生产率水平（Melitz，2003；Melitz 和 Ottaviano，2008），① 这意味着在面临相同的外部市场环境下，出口企业可以承担选择出口的进入成本，因此加成率水平更高（De Loecker 和 Warzynshi，2012）。然而，由于改革开放以来，尤其是加入 WTO 之后，随着贸易自由化和便利化程度的提升，大量低效率企业涌入出口市场，而这类企业普遍缺乏足够的产品定价权，产生了"出口低加成率陷阱"问题（黄先海等，

---

① 与此相反的是，在使用中国企业数据对出口与生产率的研究中，大部分文献发现中国出口企业的生产率反而低于非出口企业，与新新贸易理论的核心结论相悖，存在典型的中国企业"出口—生产率悖论"（戴觅等，2014；李春顶，2015；杨汝岱，2015b）。

2016a；刘啟仁和黄建忠，2015；祝树金和张鹏辉，2015；许家云和毛其淋，2016）。一方面，"中国制造"往往被贴上低价格、低质量、低利润的"三低"标签，国际市场上的动态竞争力不足，低价出口之谜背后的主要原因在于我国出口企业的加成率过低（盛丹和王永进，2012）；另一方面，非出口企业的加成率高于出口企业，不仅导致我国长期受到内需特别是消费需求不足的困扰，而且增加了国外反倾销风险、资源环境冲突等一系列问题。在不稳定性、不确定性明显增强的背景下，提升出口企业的加成率既有助于增强我国出口企业的国际市场竞争力，也具有重大的理论和现实意义。

对于大量低效率企业进入出口市场竞相压价带来的竞争效应，不仅缺少企业微观机制支撑，而且忽视了高效率企业主动进入市场而带来的选择效应。Feenstra（2010）认为，综合考虑以上两种效应可以更加全面地估计出全球化对企业加成率的影响，并准确地衡量贸易福利。在此基础上，结合我国出口贸易具有的显著不同特征，系统测度我国制造业企业加成率，并结合新新贸易理论，综合考虑企业竞相进入出口市场带来的竞争效应和高效率企业主动进入产生的选择效应，重新解读我国"出口低加成率之谜"，并在此基础上进一步讨论企业内产品层面的加成率。基于此，本书试图解决的核心问题包括：选择效应和竞争效应如何影响企业加成率？中国企业加成率的现状和趋势如何？中国是否存在"出口低加成率陷阱"？关键因素（劳动报酬、产品质量、空间集聚等）如何影响了企业加成率？这些问题都需要基于合理的理论和科学的研究方法来给出明确的答案，本书深入探讨了中国"出口低加成率之谜"的形成机制与优化路径，为我国有效跨越"出口低加成率陷阱"提供了学理支撑，这也正是本书的研究主旨所在。

二、研究意义

在对现有研究梳理的基础上（Melitz 和 Ottaviano，2008；盛丹和王永进，2012；刘啟仁和黄建忠，2015；Edmond 等，2015），既有研究忽视了从企业加成率的角度来研究企业竞争力，尤其是来自企业微观层面的证据较少，因此遗留了诸多论题。在现有文献的基础上，本书对中国出口企业加成率的形成机制进行了理论探讨，并在此基础上通过详细的指标测算和实证检验，深入研究了中国"出口低加成率之谜"的形成机制与优化路径，具有重要的理论和现实意义。

本书的理论研究意义大体可以概括为以下三个方面：

第一，在基础工作方面，本书重点对中国工业企业数据库（1998～2013年）和海关数据库（2000～2013年）进行了全面清理与对接。同时，完成了关于企业层面和产品层面加成率、产品质量、全要素生产率（TFP）等一系列相关指标的测算，这将对相关领域的后续研究具有重要的参考价值和借鉴意义。

第二，在研究视角方面，本书在新新贸易理论基础上，构建了一个包含竞争效应和选择效应共同影响企业加成率的统一理论分析框架，测度了竞争效应和选择效应对加成率的影响程度，对中国目前面临的"出口低加成率之谜"进行了合理解释。

第三，在研究方法方面，本书是用中国的发展实践对理论和实证模型进行构建和改进，是现代经济理论应用于中国本土化研究的重要实践，有助于推动我国经济学研究"问题本土化、视野国际化、方法规范化"。

本书的实践意义具体可以概括为以下三个方面：

第一，有助于了解中国企业加成率的现状及趋势。就目前而言，从微观企业层面研究企业加成率的文献较少。从中国的实际情况来看，要充分结合经济新常态下的中国发展状况，牢牢把握供给侧结构性改革的大背景。本书以微观企业数据为基础，系统测算了中国企业加成率的动态变化，对中国企业加成率，尤其是出口企业的加成率现状及趋势有了一个较为清晰的认识，并为从加成率角度研究中国的企业、贸易、产品等问题提供了一个崭新的视角。

第二，有助于帮助中国企业跨越"出口低加成率陷阱"。本书从收入分配、产品质量、经济地理、"出口—生产率悖论"等关键角度解答了如何提高我国出口企业的加成率问题，结合不同类型企业的实际情况，能够为企业如何提高加成率提供有益指导。同时，在此基础上，本书进一步探究了产品层面的加成率水平，从企业内部的资源配置视角研究了以最低工资政策为代表的外部冲击对产品加成率的影响效应。

第三，有助于为相关政策的制定提供借鉴。本书的研究有助于从根本上将提高选择效应（TFP、集聚效应）和改善竞争效应（产品质量）对企业加成率的影响机理阐释清楚，理论分析和实证检验的结果能够为未来政策的制定提供依据，帮助政策制定者为相关政策的"落地"提供参考和借鉴，以期通过本书的研究及后续跟踪唤起国家政府部门和学术界对我国"出口低加成率之谜"问题的普遍重视。

第二节　国内外研究现状

本书涉及的文献主要包括关于企业层面加成率测算的研究、关于企业出口与加成率的关系研究、关于中国"出口低加成率之谜"的研究和关于资源配置效率问题的研究四个主要部分。

一、关于企业层面加成率测算的研究

在不完全竞争市场下，计算企业加成率主要有两类方法：一类是收入法。利用企业的增加值、工资、中间投入要素成本等指标计算企业加成率（Domowitz 等，1988）。虽然这种方法计算简单易行，但是会计变量与经济变量仍存在差别，且存在不可观测的边际成本，这种方法计算的结果具有一定的片面性，此种方法常见于国内较早关于出口企业加成率的文献中，如盛丹和王永进（2012）。另一类是生产函数法。在企业利润最大化的条件下，利用设定的生产函数推导加成率表达式。这种方法提出了市场需求变动和价格对生产函数的影响，能够更准确地估测出企业的加成率（Hall，1986）。De Loecker 和 Warzynski（2012）通过设定更为灵活的生产函数，解决了不可观测的投入要素的差异问题，更为准确地估计了企业层面的加成率，丰富了相关领域文献。

纵观而论，大量文献侧重于企业层面的加成率测算，也为本书的研究提供了借鉴，但现有研究仍存在两点不足：一是由于企业层面数据很少提供关于产品价格和边际成本的数据，相关文献在测度企业加成率方面并没有可比较的方法和数据基础（钱学锋和范冬梅，2015）；二是现有研究大多基于收入法对企业加成率进行测算，无法克服不可观测的投入要素差异对加成率估计的影响。鉴于以上分析，本书的研究将做两点改进：数据上，重点利用中国工业企业数据库和海关数据库匹配的大型微观企业数据库。方法上，以 De Loecker 和 Warzynski（2012）、Lu 和 Yu（2015）为基础，本书的研究将采用更为灵活的三要素超越对数生产函数，利用 ACF 两步法更为准确地测算企业层面的加成率。

二、关于企业出口与加成率的关系研究

在 M-O 模型的基础上，学者们开始从实证经验的角度探究加成率与企业出口之间的关系。De Loecker 和 Warzynski（2012）基于 1994~2000 年斯洛文尼亚 7951 家制造业企业数据的实证研究表明，出口可以显著提高企业加成率相对水平的 4%~5%，或者提高加成率绝对水平的 0.079~0.099，就平均而言，出口企业具有更高的加成率。Bellone 等（2016）在扩展 M-O 模型的基础上，利用 1998~2007 年法国数据实证检验了区位和产品质量约束下的加成率与企业出口的关系，研究发现出口企业相比非出口企业具有更高的加成率，这主要在于企业依靠质量增强渠道产生的"价格提高效应"高于市场竞争产生的"价格降低效应"。与上述研究不同，刘啟仁和黄建忠（2015）、祝树金和张鹏辉（2015）、黄先海等（2016a）基于中国工业企业数据库的研究发现，我国的出口企业加成率显著低于非出口企业，我国高

密度出口企业存在典型的"低加成率陷阱"。

纵观而论，这些研究与国际主流文献密切结合，为本书的研究提供了很好的研究方法和研究思路，为本书研究的顺利开展提供了很好的基础，但现有研究主要探析加成率与企业出口的关系，忽略了中国背景下出口企业加成率应该如何提高的问题。有鉴于此，本书一方面在 M-O 模型的基础上，构建了一个包含竞争效应和选择效应共同影响企业加成率的统一框架，进一步挖掘中国出口低加成率背后的经济逻辑；另一方面，综合考虑了收入分配、经济地理、产品质量等因素对加成率的影响。

三、关于中国"出口低加成率之谜"的研究

对于什么因素影响了企业加成率，相关文献主要从市场竞争（Lu 和 Yu，2015）、政府政策（任曙明和张静，2013）、生产率（De Loecker 和 Warzynski，2012；李卓和赵军，2015）、目的地市场特征（Melitz 和 Ottaviano，2008）和产品质量（Kugler 和 Verhoogen，2012；Bellone 等，2016）等方面进行探讨。但鉴于中国出口低加成率的特殊事实，刘啓仁和黄建忠（2015）强调，M-O 模型推导出出口企业具有更高的加成率结论成立的条件是出口市场的选择效应大于竞争效应，由于大量企业涌入出口市场竞相压价，而政策又未使低效率企业退出，导致出口密度越高的企业加成率越低，但刘啓仁和黄建忠（2015）并未将竞争效应和选择效应置于同一实证框架下以比较两者影响的大小。黄先海等（2016b）则认为"低质量、低价格"是企业由不出口转向出口市场的内生选择，当企业面临出口市场"竞争加剧效应"和"质量升级效应"叠加时，则会选择"高质量、高价格"的出口模式。盛丹和王永进（2012）则认为出口退税等贸易政策产生的选择效应是导致我国出口企业低加成率的主要原因。

纵观而论，相关研究虽然认识到新新贸易理论框架下出口行为与企业加成率的经验研究存在差异，根源在于选择效应和竞争效应的影响差异，但现有对我国企业加成率与出口行为之间的经验分析几乎没有进一步区分

和量化这两种影响效应，且主要集中于竞争效应对出口企业加成率的影响。有鉴于此，本书将在理论机制部分利用双边随机边界模型，准确区分和测度竞争效应和选择效应对出口企业加成率的影响以破解我国"出口低加成率之谜"的关键。

四、关于资源配置效率问题的研究

自 Baily 等（1992）在国际贸易研究领域提出资源配置效率问题以来，这一主题引起了学术界的广泛讨论和研究，涌现了大量的理论和实证文献，主要关注发展中国家资源配置问题，涉及经济增长（Hsieh 和 Klenow，2009；Edmond 等，2015）、金融市场、国际贸易等诸多领域。

结合本书的研究，可以从两条主线进行探讨。一是探讨资源错配的程度及其影响。根据要素投入扭曲或测算 TFP 扭曲来衡量资源错配程度（Hsieh 和 Klenow，2009），Brandt 等（2012）、聂辉华和贾瑞雪（2011）研究了资源错配对中国经济增长的影响。这些研究成果更多从国别的角度展开，Hsieh 和 Klenow（2009）比较了中国、美国、印度的资源配置效率差异，结果表明如果中国能够达到美国的资源配置水平，整体经济发展潜力和全要素生产率水平将会有很大的提升。Lu 和 Yu（2015）利用企业加成率的离散代表资源误置程度。当产品间所有的加成率均相等时，资源配置效率最高。高加成率的企业雇佣员工的数量低于最优资源配置效率情况，而低加成率企业则高于最优资源配置效率情况，在存在加成率离散的情况下，以上两种情况均会导致资源误配。二是直接分析资源配置的效率及其变化（Baily 等，1992；Melitz 和 Polanec，2015）。许家云和田朔（2016）基于2000~2007 年中国海关数据库和中国工业企业数据库的匹配数据，实证检验了人民币汇率变动对企业加成率离散度的影响，研究发现人民币升值显著降低了行业加成率的离散度。杨汝岱（2015a）、孙元元和张建清（2015）据此分析了制造业生产率与资源配置效率之间的关联，研究发现我国制造业存在一定的资源配置效率恶化趋势。

纵观而论，这类研究与国际主流文献密切结合，为本书的研究提供了很好的研究思路和借鉴方法，但相关研究较少从企业加成率和企业内部的产品加成率角度研究资源配置效率问题。有鉴于此，在 Hsieh 和 Klenow（2009）的研究基础上，本书将影响企业层面和产品层面加成率的关键因素与加成率的离散程度结合起来，重点研究了关键因素对企业加成率引发的资源配置问题的影响。

第三节　研究思路、主要内容及研究方法

一、研究思路

本书尝试系统研究中国企业面临的"出口低加成率之谜"问题，重点破解影响中国"出口低加成率之谜"的作用机制和优化路径，这既有利于提升我国企业国际市场竞争力进而跨越"出口低成本加成陷阱"，又有利于我国贸易利得的整体提升，具有重要的理论和现实意义。本书沿着"提出问题—理论分析—现状分析—实证检验—政策建议"的思路展开研究。

首先，本书对企业加成率涉及的相关研究文献进行了归纳和总结，这是本书展开研究的基础。在此基础上，通过对相关理论的借鉴和总结，本书提出了选择效应和竞争效应影响企业加成率的理论基础。其次，本书利用中国企业层面的大型微观数据，从整体、行业、规模、所有权性质、产业类型、出口企业和非出口企业等方面系统测算了中国企业加成率的动态变化，这样有利于对中国企业加成率的动态变化有一个全面且清晰的认识。再次，在理论分析的基础上，本书利用中国工业企业数据库，采用极大似然估计法（MLE）、最小二乘估计法（OLS）、工具变量估计法（IV）等实

证检验了空间集聚、产品质量、收入分配对企业加成率的影响，实际测度选择效应和竞争效应对企业加成率的影响程度。进一步地，从产品加成率视角，探讨企业内部的资源配置问题，深入剖析最低工资政策对企业产品加成率的影响效应。最后，根据理论分析和经验分析的结论，结合中国企业加成率的实际情况，提出了具有针对性的政策建议。

二、主要内容

本书强调以中国企业加成率的实际状况为依据，从宏观总论再到微观透析，逐步建立了竞争效应和选择效应影响企业要素收入分配的理论基础，通过科学的计量方法对产品质量、收入分配、产业集聚与企业加成率的关系进行实证检验，深入探析中国"出口低加成率之谜"的作用机制与优化路径，并为相关政策的制定提供合理的借鉴和依据。本书主要研究内容如下：

第一章：绪论。介绍本书的选题背景和研究意义，并对本书涉及的相关文献进行系统的归纳和总结。通过对企业加成率重要性的阐述，本章简要介绍了全书的研究思路、主要内容、研究方法、可能存在的创新之处。

第二章：中国企业加成率的全面测算与比较。从典型事实出发，基于1998~2007年中国工业企业数据库，从微观层面对中国制造业企业加成率进行系统测算。研究方法上，本章为克服以 Domowitz 等（1988）为代表的采用会计法计算成本加成产生的问题，借鉴 De Loecker 和 Warzynshi（2012）的生产函数法，利用结构模型的方法对中国企业加成率进行系统估算。研究对象上，本章主要从企业类型（国有、民营、外商独资、中国港澳台）、行业分类（二位码）、产业类型（劳动密集型、资本密集型、技术密集型）、规模分组（大、中、小）、是否获补贴、产品质量分组（高、中、低）以及出口企业和非出口企业进行区分。研究内容上，在对中国制造业企业进行系统测算的基础上，通过运用倾向得分匹配方法（PSM），计算出口企业和非出口企业在样本区间内的变化趋势，并与未运用 PSM 方法得到的计算结果对比，清晰验证中国企业"低成本加成陷阱"存在的典型事实。

第三章：中国出口低加成率之谜：竞争还是选择。由于竞争效应和选择效应的复杂性和难以衡量性，本章根据 Polachek 和 Yoon（1996）以及 Kumbhaka 和 Parmeter（2009）的模型设定，考虑到竞争效应和选择效应对企业成本加成影响具有典型的单边分布（One-sided Distribution）特征和二者对实际企业成本加成影响的双边（Two-tier）作用机制。因此，将竞争效应和选择效应对企业加成率的影响转化为一个典型的双边随机边界模型（双边 SFA 模型）。通过构建双边随机边界模型，在控制企业个体特征的条件下，实证检验竞争效应和选择效应对企业加成率的影响，以期从这一角度合理剖析中国"出口低成本加成之谜"。

第四章：产业集聚与中国出口企业加成率。之所以出现产业集聚，主要取决于两方面的因素：一方面由地区的自然禀赋、环境、地理区位等天然因素决定，称为"地理第一性"；另一方面为外部性经济，是一种滚雪球式的内生递增效应。其微观机制主要有分享、匹配、学习效应。本章在前文理论分析的基础上，通过对 1998~2007 年中国工业企业数据库进行详细的数据处理及面板匹配，构建了不同类型的产业集聚指标，并且基于不同的计量估计方法，深入分析了产业集聚对企业加成率的影响，以期通过实证研究进一步支撑本书的理论研究。

第五章：劳动报酬与中国出口企业加成率。本章以 2000~2006 年中国工业企业数据库和海关数据库的匹配数据为基础，在 Melitz 和 Polanec（2015）分解出口企业加成率的基础上，探讨提高员工超额劳动收入对企业加成率的影响效应。同时，本章还深入探讨了提高员工劳动报酬如何通过全要素生产率和产品质量两条路径影响企业加成率。本章为理解我国在供给侧结构性改革下，有效提升出口企业加成率找到合理依据，为现阶段合理提高员工劳动报酬找到另一条识别路径——能够通过提升出口企业加成率惠及国家。

第六章：产品质量与中国出口企业加成率。如何破解中国"出口低成本加成之谜"？对于这一问题，本章提出以提高产品质量为动力跨越现阶段中国出口"低成本加成陷阱"的路径。中国本土企业出口产品长期处于世界质量阶梯的中低端，严重制约企业加成率的提高，探求产品质量对出口企业加成率的微观影响和作用机制，依靠升级质量促进"中国制造"形象转变，有利于中国供给侧结构性改革的有序推进，是继续保持出口贸易可持续发展的关键。本章在估计产品质量对出口企业成本加成影响的过程中，为保证结论稳健性，综合运用 Heckman 两步法、工具变量法、GMM 估计法等，较好地控制了样本的自选择和内生性问题。进一步地，考察了企业出口动态、价格和边际成本的潜在作用机制，丰富了产品质量与企业加成率的相关研究。

第七章：资源配置视角下的中国出口低加成率之谜及其形成机制。本章主要基于中国工业企业数据库与海关数据库的匹配数据，采用学术界常用的加成率测算方法对比中国企业的加成率，在动态 OP 方法的基础上对出口企业加成率进行分解，从资源配置角度挖掘中国出口低加成率背后的机制。

第八章：多产品出口企业、最低工资政策与产品加成率。最低工资制度相关法律的建立、实施和完善对多产品出口企业的行为产生了重要影响，现有研究主要发现，最低工资政策的实施通过成本效应降低了出口企业的绩效（Gan 等，2016；赵瑞丽等，2018），这主要是由于仅仅把企业看作一个"黑匣子"，却忽视了出口企业面对最低工资政策实施的冲击在企业内部所进行的资源配置行为，最终导致评估最低工资政策对企业绩效的影响评估过于"片面"。在此基础上，本章基于 2000~2011 年中国工业企业数据库和海关数据库的匹配数据、中国城市统计年鉴数据与各城市最低工资标准数据，利用《最低工资规定》实施的准自然实验，深入检验最低工资政策的实施对多产品出口企业的产品加成率的影响效应，重点探讨了最低工资政策实施对核心和非核心产品加成率影响的差异。本章的发现解决了现有文献忽视多产品企业的典型事实和多产品出口企业内产品层面结构的"倒逼式"调整和升级，进而片面高估最低工资制度消极作用的问题，有助于重新审视最低工资政策的实施对出口企业行为绩效的影响。

第九章：结论、政策建议与研究展望。在对理论模型分析与实证检验的主要结论进行总结、归纳和提炼的基础上，通过严谨的实证分析，找准影响我国制造业企业，尤其是出口企业加成率的关键因素，为跨越我国现阶段出口"低加成率陷阱"提出行之有效的对策建议。本章是本书的最终立足之处、落地之处（见图1-1）。

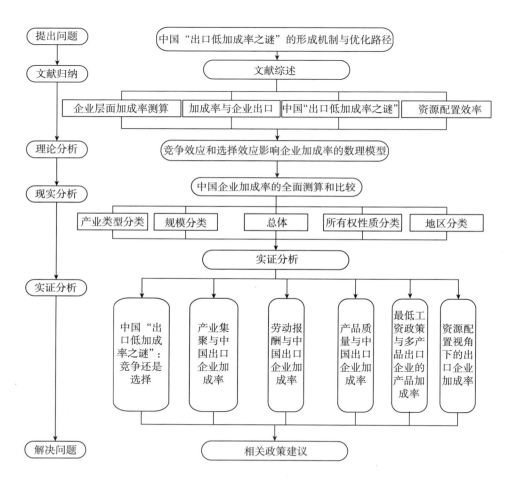

图1-1 本书研究的总体框架

三、研究方法

总体而言，本书的研究要重点把握"问题本土化、方法规范化、视野国际化"的大原则，强化以下三点要求：一是找准现有理论与现实问题之间的缺口；二是规范研究方法和加强学术交流；三是突出中国经济问题的特殊性。在此基础上，综合运用、深入贯彻如下四点主要研究方法：

第一，数据处理研究方法。本书全面清理最新的中国工业企业数据库，并与海关总署企业层面进出口数据实现对接，由于企业层面的数据还较为粗糙，需要对相关变量进行进一步整理，这一工作的开展将丰富现有研究。此外，本书将与国际贸易数据相结合，形成专题数据，为后续相关领域的研究提供良好的数据支持和文献基础。

第二，多学科交叉渗透与方法的创新。利用多种方法对中国社会经济发展的特点和未来走向进行较为全面的梳理。在经济学科方面，注重发展经济学、制度经济学、国际经济学等经济学分支结合研究，多方面、多层次体现多学科交叉渗透与方法的创新。

第三，宏观表现与微观行为相结合的方法。目前研究多聚焦于分析如何计算企业加成率，少有研究关注我国出口企业加成率提升机制的微观行为问题。本书在全面收集相关数据的基础上，以微观企业决策为载体，致力于寻找提升我国出口企业加成率的关键因素，并全方位、多学科、多角度地进行深入阐述和研究。

第四，实证分析与规范分析相结合的研究方法。本书以探索我国"出口低加成率之谜"的形成机制与优化路径的微观基础为核心研究内容，在大样本微观数据集的基础上，为确保研究的严谨性将实证分析与规范分析有效结合。

第四节　可能的创新之处

与既有研究相比，本书的主要创新之处可以总结为以下三点：

第一，构建了一个包含竞争效应和选择效应共同影响企业加成率的双边 SFA 模型。将竞争效应和选择效应与企业加成率的分析置于统一的分析框架中，进一步挖掘出口低加成率背后的经济逻辑，对接新新贸易理论，合理解释中国目前所面临的"出口低加成率之谜"，丰富了关于中国出口企业加成率的研究。

第二，系统测算了企业层面和产品层面的加成率、产品质量、空间集聚等一系列量化指标体系。本书在借鉴 De Loecker 和 Warzynski（2012）、Lu 和 Yu（2015）的基础上，采用更为灵活的三要素超越对数生产函数，利用 ACF 两步法有效地解决了收入法隐含的价格问题和不可观测的效率冲击。进一步地，本书对全要素生产率、空间集聚和出口产品质量等指标的测算，具有重要的文献贡献。本书的研究充分体现了现代经济理论应用于中国本土化研究的重要实践。

第三，定量测度了竞争效应和选择效应对企业加成率的影响效应。基于中国工业企业数据库与海关数据库的匹配数据，本书应用双边随机边界模型定量测度了竞争效应和选择效应对企业加成率的影响效应，不仅克服了两种效应难以衡量的问题，而且弥补了现有文献只对单一方面进行研究的不足，有利于准确定位影响中国出口企业加成率的关键因素，为提出相应的政策措施提供了依据。本书的研究为宏观经济判断构建了扎实的微观基础，是对相关理论与方法论的丰富和充实。

第二章 中国企业加成率的全面测算与比较

研究中国企业的加成率问题，首先要对中国企业加成率的变动有一个较为清晰的了解和认识。目前，从企业层面对中国企业加成率进行系统测算的文献较少，为了更为准确和清晰地研究中国企业的加成率问题，笔者采用不同方法对中国企业加成率的动态变化进行测算和分析。本章主要包括七个方面的内容：一是引言及文献综述；二是企业加成率的测算方法；三是介绍数据的来源与处理过程；四是不同企业层面加成率测算方法的结果比较；五是中国企业加成率的系统测算（总体和分类）及趋势分析；六是基于倾向得分匹配方法的出口与非出口企业加成率比较；七是关于中国企业加成率的动态变化总结与分析。

第一节 引言及文献综述

根据新古典经济学，在完全竞争市场条件下，企业提供的产品价格与边际成本相等，此时资源效率有效配置。但现实世界由于交易成本的存在（Coase，1937；Williamson，1985），使企业的产品价格与边际成本之间存在一定的偏离，即企业加成率，它是衡量企业市场势力或定价能力的指标，其高低事关一个国家能否在全球价值链和国际贸易当中取得更多的收益和优先定价的权利（Edmond 等，2015；钱学锋和范冬梅，2015）。由于"中国制造"长期在国际市场上被贴上低价格、低质量、低利润的"三低"产品标签，导致国际市场上的动态竞争力不足，低价出口之谜背后的主要原因在于我国出口企业的加成率过低（盛丹和王永进，2012）。我国长期鼓励企业"走出去"，这在一定程度上导致大量低效率企业涌入出口市场，缺乏足够的产品定价权，我国出口企业存在典型的"出口加成率陷阱"，这与新新贸易理论相悖（刘啟仁和黄建忠，2015；祝树金和张鹏辉，2015；许家云和毛其淋，2016），研究我国的企业，尤其是出口企业的加成率问题具有丰富的理论和现实意义。

目前，国内外已有不少学者对企业加成率问题进行研究，现有研究大致可以分为两类：第一类是关于出口与企业加成率关系的研究。Melitz 和 Ottaviano（2008）（以下简称 M—O 模型）开创性地通过内生化出口企业加成率推导出企业的可变加成率为临界成本与企业自身边际成本之差的函数，从理论上证明了具有更高生产率的出口企业越容易克服出口所面临的出口进入成本，相比内销企业通常具有更高的加成率。随后，在 M—O 模型的基础上，学者们开始从实证经验角度探究加成率与企业出口之间的关系。De Loecker 和 Warzynski（2012）基于 1994~2000 年斯洛文尼亚 7951 家制造业企业数据的实证研究表明，出口可以显著提高企业加成率相对水平的 4%~5%，或者提高加成率绝对水平的 0.079~0.099，即平均而言，出口企业具有更高的加成率。另外，De Loecker 和 Warzynski（2012）还发现加成率的提高主要归因于新进入的出口企业。Bellone 等（2016）在扩展 M—O 模型的基础上，利用 1998~2007 年法国数据实证检验了区位和产品质量约束下的加成率与企业出口的关系，研究发现出口企业相比非出口企业具有更高的加成率，这主要在于企业依靠质量增强渠道产生的"价格提高效应"高于市场竞争产生的"价格降低效应"。与上述研究不同，黄先海等（2016a）、刘啟仁和黄建忠（2015）、祝树金和张鹏辉（2015）基于中国工业企业数据库的研究发现，我国的出口企业加成率显著低于非出口企业，我国高密度出口企业存在典型的"低加成率陷阱"。

第二类是关于资源误配问题的研究。当产品间所有的加成率均相等时，资源配置效率最高。高加成率的企业雇佣员工的数量低于最优资源配置效率情况，而低加成率企业则高于最优资源配置效率情况，在存在加成率离散的情况下，以上两种情况均会导致资源误配。Lu 和 Yu（2015）在 Hsieh 和 Klenow（2009）的基础上，研究了中国贸易自由化对行业加成率离散的影响，结果表明贸易自由化能够有效降低行业加成率的离散度，并通过价格和成本两条渠道进行反馈。徐蕾和尹翔硕（2012）基于企业加成率视角探讨非对称的贸易自由化所导致的资源误配问题。钱学锋等（2015）利用 2000~2006 年企业层面数据发现，出口退税政策加大了出口部门和非出口部门之间加成率的差异，加剧了部门间的资源误配程度。许家云和田朔（2016）基于 2000~2007 年的海关数据库和中国工业企业数据库的匹配数据，实证检验了人民币汇率变动对企业加成率分散度的影响，研究发现人民币升值显著地降低了行业加成率的离散。

以上文献加深了对企业加成率的认识，也有部分国内学者对企业加成率进行了一定的研究，但仍有两个问题亟须规范：其一，如何利用中国微观企业数据科学合理地测算企业加成率；其二，我国企业加成率，尤其是 2000 年以来企业加成率的动态变化如何。只有在合理解决这两个问题的基础上，才能进一步探讨何种因素影响了企业加成率、如何提高我国出口企业加成率等问题。具体来看，第一个问题是第二个问题的基础，也是本章需要首先解决的问题。在现有文献的基础上，本章的贡献主要包括以下两点：第一，方法上，在借鉴 De Loecker 等（2012）、Lu 和 Yu（2015）的基础上，采用更为灵活的三要素超越对数生产函数，有效解决了收入法隐含的价格问题和不可观测的效率冲击，与 Domowitz 等（1988）和 Edmond 等（2015）测算结果进行对比，准确估计出企业层面加成率。第二，内容上，从所有权类型、产业结构、地区、行业等角度系统测算和分析了 1998~2007 年我国企业加成率的变动，并在倾向得分匹配法（PSM）的基础上进一步解释说明了我国存在的典型"出口低加成率陷阱"，为后续相关研究提供了基础。

第二节　企业加成率的测算方法

在不完全竞争市场条件下，企业层面加成率的测算主要包括会计方法和生产函数法（钱学锋和范冬梅，2015）。但是根据不同企业加成率的计算方法以及数据的可得性差异，加成率计算的结果存在一定的差异。因此，准确测算企业层面的加成率是相关研究的基础。

一、会计法

会计法主要利用企业层面的财务数据对加成率进行测算，常用的是通过增加值、工资、中间投入要素成本等指标计算企业加成率（Domowitz 等，1988）。虽然这种方法计算简单易行，但是会计变量与经济变量仍存在差别，且存在不可观测的边际成本，这种方法计算的结果具有一定的片面性，此种方法常见于国内较早关于出口企业成本加成的文献。例如，盛丹和王永进（2012）认为中国数据样本的时间跨度较短，因此利用会计法计算企业加成率受到外部冲击的可能性较小。根据 Domowitz 等（1988），企业产品价格与边际成本之间的关系可以表示为：

$$\left(\frac{p-mc}{p}\right)_{it} = 1 - \frac{1}{markup_{it}} = \left(\frac{va-pr}{va+ncm}\right)_{it} \qquad (2-1)$$

其中，p 代表企业的产品价格，mc 代表产品的边际成本，markup 代表企业加成率，va 代表企业工业增加值，pr 代表企业当年应付的工资和福利总额，ncm 代表净中间投入要素成本。

二、生产函数法

在企业利润最大化的条件下，利用设定的生产函数推导加成率表达式。

这种方法提出了市场需求变动和价格对生产函数的影响，能够更准确地估测出企业的加成率（Hall，1986）。Edmond 等（2015）在 Atkeson 和 Burstein（2008）模型框架基础上推导出劳动收入份额等于劳动的产出弹性与企业加成率的比值，最终估计出内生可变的企业加成率。De Loecker 和 Warzynski（2012）通过设定更为灵活的生产函数，解决了不可观测的投入要素差异问题，更为准确地估计了企业层面的加成率，丰富了相关领域的文献。一般而言，企业的加成率大于 1，加成率越高，则企业具有更高的垄断利润（Konings 等，2005）。由于企业层面数据很少包括关于产品价格和边际成本的数据，相关文献在测度企业加成率方面并没有可比较的方法和数据基础（钱学锋和范冬梅，2015），现有研究大多基于收入法对企业加成率进行测算，无法克服不可观测的投入要素差异对加成率估计的影响，对企业加成率的准确测度仍有待于进一步完善。

1. Edmond 等（2015）的测算方法

Edmond 等（2015）基于 Atkeson 和 Burstein（2008）的模型框架，以 C-D 生产函数为基础，根据利润最大化的约束条件进一步求解得到企业加成率的表达式，从而测算出企业内生可变的加成率。基于 Edmond 等（2015）方法的优点主要在于估计企业加成率只需要企业层面有关工资、企业增加值、劳动的产出弹性、资本的产出弹性等信息，因此具有广泛的应用。但 Edmond 等（2015）的缺点也较为明显，主要基于寡头垄断竞争模型推导而得，只考虑了两种要素的投入产出，未考虑产品价格、数量等信息，具有一定的局限性。根据 Edmond 等（2015），企业加成率具体可以表达为：

$$\left(\frac{wl}{py}\right)_{it} = \left(\frac{1-\beta}{markup}\right)_{it} \tag{2-2}$$

其中，w 代表人均工资，l 代表企业从业人数，wl 代表企业给员工的劳动报酬总额，p 代表企业生产产品的价格，y 代表企业的产出水平，β 表示资本的产出弹性，markup 代表企业加成率。

2. De Loecker 和 Warzynski（2012）的方法

本章主要在 De Loecker 和 Warzynski（2012）生产函数法的基础上对企业加成率进行估计。De Loecker 和 Warzynski（2012）可以在不依赖任何需求结构的假设条件下，采用结构模型的方法克服不可观测的生产率冲击和价格因素，使用企业层面的产出数据估计中国企业加成率。

本章考虑同时存在劳动、资本和中间材料三种生产要素投入，假设企业 i 在时间 t 的生产函数形式为：

$$Q_{it} = Q_{it}(L_{it}, K_{it}, M_{it}, \omega_{it}) \tag{2-3}$$

其中，L_{it}、K_{it} 和 M_{it} 分别代表劳动、资本和中间材料投入要素，ω_{it} 为企业异质性生产率，生产函数 $Q(\cdot)$ 为连续二次可微。根据 Lu 和 Yu（2015），企业 i 在时间 t 面临的成本最小化条件为：

$$\begin{cases} \min\limits_{\{L_{it}, K_{it}, M_{it}\}} w_{it}L_{it} + r_{it}K_{it} + p_{it}^m M_{it} \\ \text{s. t. } Q_{it}(L_{it}, K_{it}, M_{it}, \omega_{it}) \geqslant \overline{Q}_{it} \end{cases} \tag{2-4}$$
$$L_{it} \geqslant I[D_{it}=1]\overline{S}_{it} \tag{2-5}$$

其中，w_{it}、r_{it} 和 p_{it}^m 分别代表工资、投资价格和中间材料投入要素价格。D_{it} 代表是否为国企的虚拟变量，$I[\cdot]$ 代表是否为国企的指示函数，如果 $D_{it}=1$ 则取值为 1，否则为 0。$\overline{S}_{it}$ 代表社会最低就业水平。式2-5反映国有企业特征，即要求雇佣的员工满足社会最低就业水平。

由于根据上述约束条件，成本最小化的拉格朗日函数为：

$$\ell(L_{it}, K_{it}, M_{it}, \lambda_{it}, \eta_{it})_{it} = w_{it}L_{it} + r_{it}K_{it} + p_{it}^m M_{it} + \lambda_{it}[\overline{Q}_{it} - Q_{it}(L_{it}, K_{it}, M_{it}, \omega_{it})] +$$
$$\eta_{it}\{I[D_{it}=1]\overline{S}_{it} - L_{it}\} \tag{2-6}$$

企业层面的加成率估计取决于无调整成本的可变要素投入，由于式2-5表明国有企业的劳动并非无成本的调整，因此本章关注中间材料投入要素的最优决定。进一步地，对中间材料投入要素的一阶导数为：

$$\frac{\partial \ell}{\partial M_{it}} = p_{it}^m - \lambda_{it}\frac{\partial Q_{it}}{\partial M_{it}} = 0 \tag{2-7}$$

其中，$\lambda_{it} = \dfrac{\partial \ell}{\partial Q_{it}}$ 为给定产出水平下的边际成本。对式2-7两边同时乘以

$\dfrac{M_{it}}{Q_{it}}$ 得到：

$$\frac{\partial Q_{it}}{\partial M_{it}}\frac{M_{it}}{Q_{it}}=\frac{1}{\lambda_{it}}\frac{p_{it}^{m}M_{it}}{Q_{it}} \tag{2-8}$$

由于企业加成率 μ_{it} 表示产品价格与边际成本的比值，即 $\mu_{it}=\dfrac{P_{it}}{\lambda_{it}}$ 根据式2-8 得到企业加成率 μ_{it} 的表达式为：

$$\mu_{it}=\theta_{it}^{m}\ (\alpha_{it}^{m})^{-1} \tag{2-9}$$

其中，θ_{it}^{m} 代表中间材料投入要素的产出弹性，α_{it}^{m} 代表中间材料投入要素支出占比，即中间材料投入要素的成本与总销售额之比。

根据式2-9可知，中间材料投入要素的支出占比可以直接从企业层面的数据得到，因而计算企业层面加成率的关键在于无偏地估计出中间材料投入要素的产出弹性。大量文献探讨生产函数的估计方法，其核心问题在于如何控制不可观测的生产率冲击[1]，现有研究通常通过以 OP 法和 LP 法为代表的半参数方法控制企业投资和中间投入与生产率的单调关系对生产率冲击的影响，但仍可能产生共线性问题，导致估计失效（Ackerberg 等，2015）。[2] 因此，本章采用 ACF 两步法进行估计从而得到稳健的企业层面加成率。在生产函数设定方面，由于柯布—道格拉斯生产函数假设要素产出弹性恒定，因此本章采用更为灵活的超越对数（Translog）生产函数形式，具体如下：

$$y_{it}=\beta_{l}l_{it}+\beta_{k}k_{it}+\beta_{m}m_{it}+\beta_{ll}l_{it}^{2}+\beta_{kk}k_{it}^{2}+\beta_{mm}m_{it}^{2}+\beta_{lk}l_{it}k_{it}+\beta_{km}k_{it}m_{it}+$$
$$\beta_{lm}l_{it}m_{it}+\beta_{lkm}l_{it}k_{it}m_{it}+\omega_{it}+\varepsilon_{it} \tag{2-10}$$

其中，y 代表工业总产值，ε 代表随机误差项，以上小写字母变量均为相应变量的自然对数。

运用 ACF 两步法处理生产率的内生性问题时，利用中间材料投入要素

---

① De Loecker 和 Warzynski（2012）指出，由于生产率往往与企业投入选择相关，不控制生产率冲击将导致要素产出弹性估计产生偏误。

② Ackerberg 等（2015）认为，OP 方法主要依赖企业投资是生产率的严格递增函数，但是现实中很多企业缺少投资，这就导致必须把投资为零的样本全部剔除，导致样本损失很大。同时，LP 方法中的劳动和中间投入都是非动态投入，因而二者很可能有相同的决定方式，即 $m_{it}=m_{t}(\omega_{it}, k_{it})$，$l_{it}=l_{t}(\omega_{it}, k_{it})$，因此 LP 方法第一阶段的回归会产生多重共线性问题，导致估计失效。

与资本、生产率和其他潜变量的单调关系，设企业中间材料投入要素投入函数表达式为：

$$m_{it} = m_t(k_{it}, \omega_{it}, Z_{it}) \tag{2-11}$$

其中，潜变量 Z_{it} 包括是否出口的虚拟变量、产品市场份额、年份虚拟变量及其各变量对应的交互项。根据 $m_t(\cdot)$ 的单调性，进一步得到生产率的表达式：

$$\omega_{it} = h_t(k_{it}, m_{it}, Z_{it}) \tag{2-12}$$

将式 2-12 代入式 2-10 中，可得：

$$y_{it} = \varphi_t(l_{it}, k_{it}, m_{it}) + h_t(k_{it}, m_{it}, Z_{it}) + \varepsilon_{it} = \varphi_t(l_{it}, k_{it}, m_{it}, Z_{it}) + \varepsilon_{it} \tag{2-13}$$

第一阶段，利用非参数方法对式 2-13 采用三次多项式来逼近拟合，得到无偏估计 $\widehat{\varphi}_{it}$。

第二阶段，依据生产率动态过程假设对生产函数中的弹性系数进行估计。假设生产率服从马尔科夫过程，可得：

$$\omega_{it} = g(\omega_{it-1}, \underline{\omega}_{it-1}) + v_{it} \tag{2-14}$$

其中，$g(\cdot) = E'_{t-1}\{\omega_{it}\}$，$\underline{\omega}_{it-1}$ 为厂商退出的生产率下限值，v_{it} 为独立同分布的生产率随机冲击。本章进一步采用 Probit 模型对企业的退出概率进行估计并用于替换 $\underline{\omega}_{it-1}$。利用第一阶段得到的产出 $\widehat{\varphi}_{it}$ 通过非参数方法对式 2-14 进行估计，得到生产率随机冲击 $\widehat{v}_{it}(\beta)$。借助资本 k 在初期决定、劳动 l 和中间材料投入要素 m 与滞后一期生产率无关的性质，得到如下矩条件：

$$E\left[\widehat{v}_{it}(\beta)(l_{it-1}, k_{it}, m_{it-1}, l_{it-1}^2, k_{it}^2, m_{it-1}^2, l_{it-1}k_{it}, k_{it}m_{it-1}, l_{it-1}m_{it-1}, l_{it-1}k_{it}m_{it-1})'\right] = 0 \tag{2-15}$$

利用 GMM 估计采用式 2-15 估计得到生产函数中对应的参数估计向量，再根据 $\widehat{\beta}_m + 2\widehat{\beta}_{mm}m_{it} + \widehat{\beta}_{lm}l_{it} + \widehat{\beta}_{km}k_{it} + \widehat{\beta}_{lmk}l_{it}k_{it}$ 得到行业层面的中间材料投入要素的产出弹性。[①] 最后，利用企业层面加成率的计算式 2-9 计算出企业层面的

[①] 根据 De Loecker 和 Warzynski（2012）、Lu 和 Yu（2015）的处理方式，考虑到行业间资本密集度不同可能导致生产函数具有较大的差异性，本章对《国民经济行业分类与代码》（GB/T 4754—2002）中的 2 位码行业对应投入要素的产出弹性进行估计，并在此基础上计算企业层面的加成率和全要素生产率。

加成率估计值 $\hat{\mu}$。

第三节　数据的来源与处理

一、数据来源

测算企业加成率的数据来源于1998~2007年中国规模以上工业企业微观调查数据库（以下简称中国工业企业数据库）。中国工业企业数据库是各地区和各部门按照全国统一规定的统计范围、计算方法、统计口径和填报目录，根据国家统计局拟订的工业企业报表制度的内容，按时报送的。中国工业统计数据库的特点是统计指标比较多、统计范围比较全、分类目录比较细、准确程度要求高。笔者选择中国工业企业数据库样本的主要原因有以下三点：一是该样本数据集大、观测值多，包含了采矿业、制造业和燃气供应业等行业数据。经统计，1998~2007年进入样本库的观测值个数共计2224381个，统计行业对应于《国民经济行业分类与代码》（GB/T 4754—2002）中的代码13~42共29个行业的制造业企业[1]，该数据库是目前可获得的最大企业层面微观数据库，非常具有代表性。二是该样本数据集所包含的指标齐全，主要包括企业基本信息和财务指标共100多个。三是由于使用面板数据，使该样本既包含了时间维度，又包含了个体维度，能够有效克服个体异质性问题，保证估计的一致性和准确性。

二、数据处理

由于本章使用的样本年度跨度时期较长，对中国工业企业数据库的整

---

① 我国《国民经济行业分类与代码》（GB/T 4754—2002）中并不包含行业代码38。

合和处理是一项非常复杂的工作。简而概之，本章主要基于以下原则对样本进行了处理：

（1）构建面板。以法人代码为基准进行企业匹配，识别的原则是出现同一代码、不同名称或同一名称、不同代码的企业往往其他信息也不同，即为不同企业。处理面板的基本思路是，先利用法人代码进行识别，如果法人代码对应不上，再利用企业名称进行识别；如果企业名称不匹配，则利用"地区+法人代表姓名"进行匹配；如果依然匹配不上，则使用其他信息进行匹配。在 Brandt 等（2012）工作的基础上，本章克服其匹配方法导致的过宽问题，即容易使不同的企业匹配为相同的企业。[①] 因此，本章采取识别信息的方法是"地区代码（县）+电话号码+成立年份"。基于以上匹配思路，本章分三步构建面板数据：

第一步，对连续两年的数据进行匹配。根据处理面板数据的基本思路，对连续两年的数据进行匹配，将没有匹配上的和匹配上的企业组合，生成连续两年的非平衡面板数据。

第二步，对连续三年的数据进行匹配。在原始数据中有的企业可能在中间几年会缺失，但是并不一定是这一年没有数据，而是可能由于某些匹配的信息缺失或者改变了。本章在基本处理思路的基础上，如果对于 A 企业，它第一年没有跟任何企业进行匹配，B 企业在第三年与 A 企业进行了匹配，而 B 企业又与 C 企业在第二年进行了匹配，那么就可以将 A、B、C 企业看成同一企业，这样就可以生成连续三年的平衡面板数据。

第三步，生成连续十年的平衡面板数据。根据第一步和第二步的处理方法，可以根据初始数据 1998~2000 年的非平衡面板数据，再利用 1999~2001 年数据，就可以得到 1998~2001 年数据，以此类推可扩展到 2009 年。

通过以上步骤可以得到 1998~2007 年的非平衡面板数据。通过表 2-1 可以发现，退出企业比重平均为 14.10%，新进企业比重平均为 20.41%，

---

① Brandt 等（2012）采取"邮政编码+行业代码+主要产品+所在县名称+开工年份"，这种匹配方法容易产生很多不等同的企业被匹配成相同的企业，因为在同一地方有不同企业从事某一行业是很正常的现象。

企业的进入率和退出率相对而言是比较高的。2004 年的进入比率明显过高，这主要是经济普查带来的影响，将一些应该调查但之前没有进行调查的观测值重新纳入进来。经过面板数据的构建，1998～2007 年样本共包含 593574 家企业，具体分布如表 2-1 所示。

表 2-1 中国工业企业数据库面板数据的整理和构成分布

年份	总数	下期存活	退出	上期在位	新进入	退出比重（%）	新进比重（%）
1998	165118	139976	25142			15.23	
1999	162033	137331	24702	139976	22057	15.25	13.61
2000	162883	129331	33552	137331	25552	20.60	15.69
2001	171241	149864	21376	129331	41909	12.48	24.47
2002	181557	157457	24100	149864	31693	13.27	17.46
2003	196222	157165	39057	157457	38765	19.90	19.76
2004	274763	232969	41794	157165	117598	15.21	42.80
2005	271835	248641	23194	232969	38866	8.53	14.30
2006	301961	276257	25704	248641	53320	8.51	17.66
2007	336768	296382	40386	276257	60511	11.99	17.97

资料来源：笔者整理得到。

（2）对行业代码进行调整。中国工业企业数据库存在两种行业划分标准：一种是《国民经济行业分类与代码》（GB/T 4754—1994），存在于 2002 年及其之前的年份；另一种是《国民经济行业分类与代码》（GB/T 4754—2002），存在于 2003 年及以后的年份。两种分类标准在二位数行业分类上没有任何差异，而在三位数和四位数行业分类上则存在较大差异。本章采取的办法是对 2003 年以前按照 GB/T 4754—1994 划分的企业按照小行业进行调整，使全样本行业口径保持一致。具体调整方法是将 1994GB 四位数行业分类对应到 2002GB 三位数行业分类，实现所有年份行业在 2002GB 三位数分类层面统一。

（3）删除关键变量观察值缺失的样本、不满足逻辑关系的错误记录，如固定资产为负数、固定资产总值小于固定资产净值等的样本。删除开工时间为缺漏值且小于 0 元的样本 3544 个；删除本年应付职工总额缺失或小于 0 元的样本 13512 个；删除本年应付福利总额缺失或小于 0 元的样本 889 个；删除管理费用中的税金缺失或小于 0 元的样本 1981 个；删除应交所得税缺失和小于 0 元的样本 26249 个；删除补贴收入缺失或小于 0 元的样本 1981 个；删除本年折旧缺失或小于 0 元的样本 1260 个；剔除固定资产总值小于固定资产净值的样本 65082 个。

（4）剔除兼并重组或业绩较差样本的影响。本章进一步剔除资产负债率大于 1 或小于 0，以及营业利润率大于 1 或小于 -1 的样本，共计剔除 124949 个。此外，本章还对关键指标在 1% 和 99% 分位进行 Winsorize 处理以控制极端值。

基于以上原则，本章最终得到了 1526699 个观测值，具体分布如表 2-2 所示。

表 2-2　样本分布状况

企业类型		观测样本	占比（%）	年份分布（%）									
				1998 年	1999 年	2000 年	2001 年	2002 年	2003 年	2004 年	2005 年	2006 年	2007 年
所有权性质	国有	115325	7.55	1.33	1.21	1.06	0.84	0.73	0.65	0.58	0.45	0.39	0.32
	集体	189094	12.39	2.10	1.92	1.68	1.42	1.21	0.99	0.96	0.75	0.68	0.65
	法人	347895	22.79	0.93	1.05	1.25	1.42	1.60	2.05	2.96	3.26	3.71	4.55
	民营	656546	43.00	1.04	1.23	1.70	2.41	3.12	4.03	6.42	6.58	7.69	8.80
	中国港澳台	113263	7.42	0.40	0.45	0.49	0.54	0.57	0.72	0.91	1.02	1.10	1.21
	外商独资	104576	6.85	0.33	0.35	0.39	0.44	0.51	0.61	0.88	0.99	1.10	1.24
垄断	非垄断	1426794	93.46	5.66	5.75	6.11	6.58	7.23	8.45	11.89	12.22	13.78	15.79
	垄断	99905	6.54	0.47	0.46	0.47	0.48	0.51	0.61	0.84	0.83	0.89	0.99
地区	东部	1143541	74.90	4.24	4.32	4.61	5.14	5.72	6.69	9.98	10.10	11.34	12.75
	中部	246927	16.17	1.25	1.24	1.24	1.21	1.30	1.51	1.73	1.89	2.15	2.64
	西部	136231	8.92	0.64	0.66	0.72	0.71	0.73	0.85	1.01	1.05	1.17	1.38
规模	小型	503966	33.01	2.03	2.05	2.17	2.33	2.56	2.99	4.20	4.31	4.84	5.54
	中型	503622	32.99	2.02	2.05	2.17	2.33	2.56	2.99	4.20	4.30	4.84	5.53
	大型	519111	34.00	2.09	2.11	2.24	2.40	2.64	3.08	4.33	4.44	4.99	5.70
合计		1526699	100.00	6.13	6.21	6.58	7.07	7.75	9.05	12.72	13.05	14.67	16.77

注：有关所有权性质、垄断性质、地区分布及企业规模具体的划分方法按照下文变量指标的选取方法确定。

资料来源：笔者整理得到。

第四节　不同企业层面加成率测算方法的结果比较

基于 1998 ~ 2007 年中国工业企业数据库，本章分别按照 Domowitz 等（1988）、Edmond 等（2015）、De Loecker 和 Warzynski（2012）中的方法计算企业及其所在二位码行业对应的平均加成率，并对不同计算方法下的结果进行比较。表 2-3 显示了基于不同测算方法的中国制造业二位码行业的平均加成率。表 2-3 中第（1）列为利用 Domowitz 等（1988）会计法计算得到的行业加成率平均值，第（2）列为根据 Edmond 等（2015）计算得到的二位码行业平均加成率，第（3）列为根据 De Loecker 和 Warzynski（2012）计算得到的结果。可以发现，根据 Domowitz 等（1988）和 Edmond 等（2015）的计算结果大多高于 De Loecker 和 Warzynski（2012）的，一方面，由于会计法并没有剔除经济周期和外部冲击等因素的影响；另一方面，Edmond 等（2015）忽略了中间品投入和资本投入，所以这两种方法估计的结果仍然存在一定的偏误。

根据 De Loecker 和 Warzynski（2012）方法的计算结果，分行业的加权平均加成率基本均高于 1，但行业间的差异较大，平均加成率为 1.267，范围为 0.982 ~ 1.564。加成率较高的行业是烟草（1.525）、印刷业和记录媒介的复制（1.564）、专业设备制造业（1.418），其中烟草为典型的垄断行业。加成率较低的行业是石油加工（0.982）、黑色金属冶炼（1.139）、化学化纤（1.094）和农副加工业（1.124）。由于石油行业样本较少，导致石油行业加成率的估计受到一定影响，而其他较低加成率的行业主要为产能过剩行业和劳动密集型行业。

表 2-3　基于不同测算方法的中国制造业二位码行业的平均加成率

行业	（1） Domowitz 等（1988）	（2） Edmond 等（2015）	（3）De Loecker 和 Warzynski（2012）
13	1.461	1.045	1.124

行业	（1） Domowitz 等（1988）	（2） Edmond 等（2015）	（3）De Loecker 和 Warzynski（2012）
14	1. 367	1. 067	1. 374
15	1. 469	1. 065	1. 349
16	1. 854	1. 651	1. 525
17	1. 266	1. 241	1. 202
18	1. 237	1. 089	1. 333
19	1. 263	1. 084	1. 192
20	1. 327	1. 263	1. 262
21	1. 328	1. 308	1. 340
22	1. 329	1. 059	1. 202
23	1. 318	1. 420	1. 564
24	1. 233	1. 104	1. 319
25	1. 408	1. 125	0. 982
26	1. 379	0. 995	1. 180
27	1. 516	1. 365	1. 328
28	1. 272	1. 127	1. 094
29	1. 329	1. 458	1. 290
30	1. 329	1. 142	1. 153
31	1. 352	1. 268	1. 302
32	1. 377	1. 135	1. 139
33	1. 419	1. 148	1. 145
34	1. 314	1. 251	1. 234
35	1. 311	1. 261	1. 267
36	1. 378	1. 197	1. 418
37	1. 325	1. 168	1. 279
39	1. 313	1. 051	1. 255
40	1. 360	1. 378	1. 268
41	1. 327	1. 121	1. 381
42	1. 314	1. 254	1. 239

资料来源：根据中国工业企业数据库计算而得。

第五节 中国企业加成率的测算及趋势分析

根据 De Loecker 和 Warzynski（2012）的测算方法，本节利用 ACF 两步法对企业层面的加成率进行系统测算，并对不同所有权类型、地区、行业、是否垄断、产业类型对应的加成率进行计算和分析，尤其是要利用倾向得分匹配方法重点比较我国出口企业和非出口企业的加成率差异及变化趋势，旨在对我国企业层面加成率的变动有一个全局性的认识和把握。

一、企业加成率的动态变化与分析

近年来，我国企业加成率发生了较为显著的变化（钱学锋等，2016）。图 2-1 展示了分别利用简单平均、按从业人数加权、按增加值加权和按总产值加权得到的 1998~2007 年我国企业加成率的变动趋势。从简单平均结果来看，我国企业加成率呈逐年上涨趋势，由 1998 年的 1.176 上升到 2007年的 1.347，年均上涨 1.52 个百分点。当考虑到企业的从业人数、增加值、总产值的权重时，则我国企业加成率在样本区间内波动较为平缓，总体略有下降。从按从业人数加权的测算结果来看，我国企业加成率由 1998 年的 1.273 略微下降到 2007 年的 1.267，总计下降 0.006，年均下降不足 0.10 个百分点。从按增加值加权的测算结果来看，我国企业加成率由 1998 年的 1.446 略微下降到 2007 年的 1.432，总计下降 0.014。从按总产值加权的测算结果来看，我国企业加成率从 1998 年的 1.378 略微下降到 2007 年的 1.372，总计下降 0.006。从均值来看，按增加值加权计算的企业加成率最大，按总产值加权计算的企业加成率次之，而简单平均计算出的企业加成率最小。根据钱学锋等（2016），由于加权得到的企业加成率趋势性并不明显，因此我们选择简单平均得到的企业加成率变动趋势作为基准分析对象。

根据图 2-1 我国企业加成率的变动趋势，可以发现两个主要特点：第一，总体上看，我国企业加成率呈整体上升趋势，虽然上升幅度较为缓慢，但是年均增长幅度仍达到了 1.52 个百分点；第二，2002~2004 年，我国企业加成率虽然与样本区间总体层面的变动趋势一致，但是上升幅度较为缓慢。总体而言，由于我国企业平均加成率显著大于 1，因此在国际上仍具有一定的竞争力。从市场改革的历程来看，我国积极实施了对外开放政策，尤其是在加入 WTO 以后，对外开放水平的提高以及政府政策的支持使更多的企业从事出口贸易活动，一方面，高效率企业主动从事出口活动，提高了我国出口企业在国际市场上的竞争力，使企业加成率在样本区间内呈整体上升趋势；另一方面，由于政府"看得见的手"对我国出口市场干预过多，出口退税、补贴等政策的长期存在，又使很多低效率的企业大量涌入出口市场，竞相压价的局面导致我国企业加成率并不高，并且上升幅度有限。2002~2004 年，由于中国加入 WTO，关税下调、进口渗透率上升等因素导致出口市场竞争相对之前加剧，因此我国企业的加成率在这段时间的提高较为缓慢。

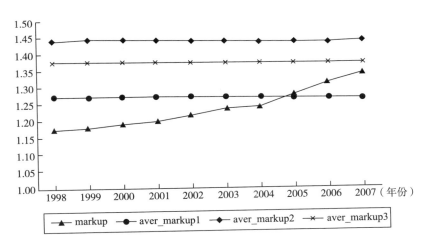

图 2-1　1998~2007 年中国企业加成率动态变化

注：markup、aver_markup1、aver_markup2 和 aver_markup3 分别代表简单平均、按从业人数加权、按增加值加权和按总产值加权得到的企业加成率。本章余图同。

囿于数据，本章只能对 1998～2007 年企业加成率进行测算。进一步地，将对这一时期企业加成率为何变动进行分析。从整体上看，我国企业加成率呈逐年上升趋势，这与这一时期中国的出口和市场体制改革密不可分。这一时期，政策上积极支持市场经济改革和对外贸易出口政策。政府开始支持市场在资源配置中发挥基础性作用，积极鼓励企业加大出口力度，努力提高企业竞争力水平。尤其是相比非出口企业，出口企业的加成率水平更低，这与 Melitz 和 Ottaviano（2008）为代表的新新贸易理论相违背，这也是下文将要重点讨论的问题。

二、按是否垄断分类的企业加成率动态变化与分析

由于垄断行业更容易受到相关政策的支持，这可能导致垄断行业与非垄断行业的企业加成率存在差异。本节重点考察垄断行业和非垄断行业企业加成率的动态变化。

根据岳希明等（2010），将样本划分为垄断行业和非垄断行业，即一般竞争性行业。设定样本中的垄断行业包括：①采矿业中的"石油和天然气开采业（07）"；②制造业中"烟草制品业（16）""石油加工、炼焦及核燃料加工业（25）"；③电力、燃气及水的生产和供应业中的"电力、热力的生产和供应业（44）""燃气生产和供应业（45）""水的生产和供应业（46）"。将样本中的其他行业则划分为非垄断行业（一般竞争性行业）。垄断行业和非垄断行业企业的加成率测算结果如图 2-2 所示。

从图 2-2 可以发现垄断和非垄断行业的企业加成率变动存在以下两个特点：第一，整体而言，垄断行业和非垄断行业的企业加成率均呈现逐年上升趋势。垄断行业的企业加成率从 1998 年的 1.159 上升到 2007 年的 1.361，共上升 0.202，年均上涨 1.80 个百分点；非垄断行业的企业加成率从 1998 年的 1.177 上升到 2007 年的 1.336，共上升 0.159，年均上涨 1.42 个百分点。第二，垄断行业的企业加成率虽然在 2002 年以前明显低于非垄断行业的，但是在加入 WTO 以后则显著高于非垄断行业的企业加成率；虽

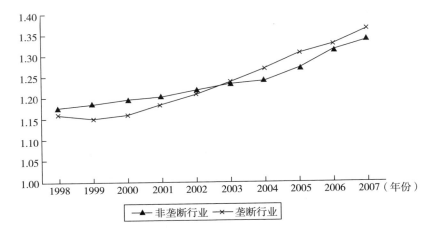

图 2-2　1998~2007 年垄断行业与非垄断行业的企业加成率动态变动

资料来源：笔者整理得到。

然非垄断行业的企业加成率（1.237）在样本区间内总体高于垄断行业的企业加成率（1.235），但垄断行业的企业加成率增长速度（1.80）明显高于非垄断行业的企业加成率增长速度（1.42）。垄断行业凭借其在政策上的优越性和自身的垄断地位，不仅获得了高额的政府补贴，而且获得了高额的垄断利润，这更有利于企业自身加成率的提升，尤其是在加入 WTO 以后，出口退税、补贴等政策的支持，使得垄断企业迅速提升了自身的加成率水平。相反，对于非垄断行业而言，一方面其获得政府政策支持的力度较小，另一方面非垄断行业内的企业通常为了维持市场份额需要尽可能压低价格，尤其是在 2002 年以后，更加剧了这一情况，导致非垄断行业加成率的提升较为缓慢。

三、不同所有权类型的企业加成率动态变化与分析

企业目标由其所有者决定，企业的所有权能够直接影响企业的加成率变化（Lu 和 Yu，2015）。本章并未采取中国工业企业数据库提供的"工商

登记注册号"来进行识别[①]，而是根据"实收资本"一栏中的国家资本、集体资本、法人资本、个人资本、中国港澳台资本和外商独资资本实际占比大小来最终对企业所有权性质进行分类。根据聂辉华等（2012），按照实收资本所占比例将所有权类型划分为国有企业、民营企业、中国港澳台企业和外商独资企业四种类型。本章进一步考察不同所有权类型下的企业加成率差别，分别测算这四类企业的加成率动态变化，具体如图 2-3 所示。

由图 2-3 可知，所有权性质不同企业的加成率动态变化存在以下三个特点：第一，从总体趋势上看，四类企业的加成率均在样本区间呈逐年上升趋势。其中，国有企业加成率由 1998 年的 1.163 提高至 2007 年的 1.386，共计上涨 0.223，年均增长 1.97 个百分点；民营企业由 1998 年的 1.175 提高至 2007 年的 1.330，共计上涨 0.155，年均增长 1.39 个百分点；中国港澳台企业由 1998 年的 1.213 提高至 2007 年的 1.343，共计上涨 0.130，年均增长 1.14 个百分点；外商独资企业由 1998 年的 1.218 提高至 2007 年的 1.395，共计上涨 0.177，年均增长 1.52 个百分点。第二，从均值上看，外商独资企业的加成率均值最高，达到 1.296，其次是中国港澳台企业，加成率为 1.250，而国有企业与中国港澳台企业的加成率较为接近，达到 1.249，民营企业的最低，仅为 1.231。第三，从趋势上看，国有企业年均增长最大，达到 1.97 个百分点，而中国港澳台企业的年均增长最小，仅为 1.14 个百分点。民营企业的加成率增长也较为缓慢，仅为 1.39 个百分点。相对而言，外商独资企业不仅具有最高的加成率水平，而且年均增长较快，这进一步表明外商独资企业在国际市场上相比国内企业具有更强的定价能力和竞争力。

在政策支持下，国有企业相对其他类型企业更具有"政策优势"，根据笔者计算，国有企业获得的补贴比例明显高于非国有企业。[②] 正是由于国有

---

① 聂辉华等（2012）指出，为了享受适用于外商独资企业的各种税收优惠，企业会通过填报"登记注册号"来改变企业类型，这将导致依靠"登记注册号"来识别所有权类别的做法失效，因此根据实收资本比例来确定企业所有权更加准确。

② 根据中国工业企业数据库，样本区间内国有企业获得补贴的占比为 36%，而民营企业只占 28.9%，补贴政策明显倾向于国有企业。

企业特殊的背景，使其在定价方面更具有优势，尤其是加入 WTO 以后，这种政策的支持使国有企业加成率的提升更加快速。对于外商独资企业而言，由于其本身相对于其他类型企业拥有更高的生产效率和技术水平，生产的产品更具有品牌知名度，并不需要用降低价格来维持市场份额，因此外商独资企业的加成率一直保持着较高的水平。对于民营企业而言，为了维持市场份额往往需要尽可能压低价格，导致竞争效应过大，而且相比其他类型企业更容易受融资约束的影响（许明，2016）。由此看来，重点解决好民营企业的技术创新问题，营造有序的市场竞争环境，对我国出口企业加成率水平的总体提升大有裨益。

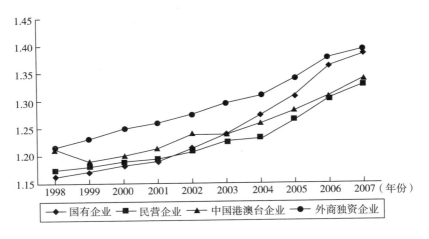

图 2-3　1998~2007 年按所有权类型的企业加成率动态变动

资料来源：笔者整理得到。

四、不同地区的企业加成率动态变化与分析

本章进一步考察地区差别带来的企业要素收入分配区别。根据统计局 2003 年公布的标准，将全国 31 个省（自治区、直辖市，不包含中国港澳台地区）划分为东部地区、中部地区和西部地区三大区域。其中，东部地区

包括北京、天津、河北、辽宁、上海、江苏、浙江、福建、山东、广东、广西、海南12个省（自治区、直辖市）；中部地区包括山西、内蒙古、吉林、黑龙江、安徽、江西、河南、湖北、湖南9个省（自治区）；西部地区包括四川、重庆、贵州、云南、西藏、陕西、甘肃、宁夏、青海、新疆10个省（自治区、直辖市）。按地区分类的我国企业加成率动态变化的测算结果如图2-4所示。

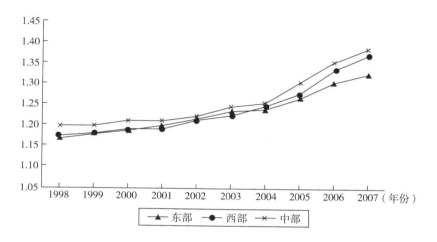

图2-4 1998~2007年按地区的企业加成率动态变动

资料来源：笔者整理得到。

从图2-4中可以看出，东部、中部、西部地区差异带来的企业加成率变动呈现以下两个特征：第一，从总体来看，东部、中部和西部地区的企业加成率均呈逐年上升趋势。其中，东部地区从1998年的1.170提高到2007年的1.324，共提高0.154，年均增长1.38个百分点；中部地区从1998年的1.199提高到2007年的1.385，共计提高0.186，年均增长1.62个百分点；西部地区从1998年的1.176提高到2007年的1.370，共计提高0.194，年均增长1.71个百分点。第二，从均值来看，中部地区的企业加成率均值最高，达到1.258，其次为西部地区，达到1.240，东部地区最低，只有1.232。从增长幅度来看，西部地区年均增长最快，为1.71%，而东部地区最低，仅为 1.38%。由于地理位置优势，出口企业主要集中于东部地区，大量低生产效率、缺乏定价权的企业从事出口行为，过大的竞争效应使东部地区企业的加成率提升有限。相反，由于中部、西部地区相对于东部地区在地理位置上的弱势，使企业面临的竞争效应有限，从而提升了企业的加成率。加之，2000 年的西部大开发和 2004 年的中部崛起计划的相继提出，在一定程度上推动了中部、西部企业加成率的提升。

五、不同产业类型的企业加成率动态变化与分析

根据王洁玉等（2013），本章进一步将样本划分为劳动密集型产业、资本密集型产业以及技术密集型产业。其中，劳动密集型产业包括农副食品加工业（13），食品制造业（14），饮料制造业（15），纺织业（17），纺织服装、鞋、帽制造业（18），皮革、毛皮、羽毛（绒）及其制品业（19），木材加工及木、竹、藤、棕、草制品业（20），家具制造业（21），造纸及纸制品业（22），印刷业和记录媒介的复制（23），文教体育用品制造业（24），工艺品及其他制造业（42）；资本密集型产业包括石油加工、炼焦及核燃料加工业（25），化学原料及化学制品制造业（26），化学纤维制造业（28），橡胶制品业（29），塑料制品业（30），非金属矿物制品业（31），黑色金属冶炼及压延加工业（32），有色金属冶炼及压延加工业（33），金属制品业（34），通用设备制造业（35）；技术密集型产业包括烟草制品业（16），医药制造业（27），专用设备制造业（36），交通运输设备制造业（37），电气机械及器材制造业（39），通信设备、计算机及其他电子设备制造业（40），仪器仪表及文化办公用机械制造业（41）。按产业结构分类的我国企业加成率动态变化的测算结果如图 2-5 所示。

根据图 2-5，劳动密集型、资本密集型和技术密集型产业差异带来的企业加成率变动呈现以下两个特征：第一，从总体来看，三类产业的企业加成率均呈逐年上升趋势。其中，劳动密集型产业从 1998 年的 1.188 提高到 2007 年的 1.334，共提高 0.146，年均增长 1.30 个百分点；资本密集型产业

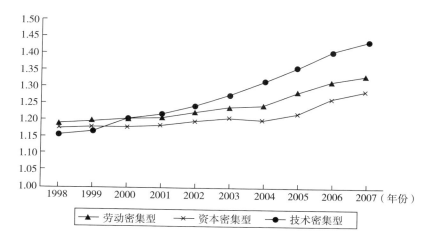

图 2-5 1998~2007 年按产业类型的企业加成率动态变动

资料来源：笔者整理得到。

从 1998 年的 1.175 提高到 2007 年的 1.289，共计提高 0.114，年均增长
1.03 个百分点；技术密集型产业从 1998 年的 1.159 提高到 2007 年的
1.434，共计提高 0.275，年均增长 2.39 个百分点。第二，从均值来看，技
术密集型产业的企业加成率最高，达到 1.277，其次为劳动密集型产业，均
值为 1.243，而资本密集型产业最低，只有 1.209。从增长幅度来看，技术
密集型产业的年均增长最快，为 2.39%，而资本密集型产业的增长率最低，
仅为 1.03 个百分点。劳动密集型产业在我国经济结构中占有重要地位，虽
然我国劳动密集型出口企业生产率仍然很低，但是由于我国劳动密集型产
业具有相对比较优势，边际成本较低，因此加成率始终较高，但是这类企
业也通常采取"低质、低价"的出口模式，不利于我国出口企业在国际市
场上的长期发展。我国技术密集型产业更多的是依靠对国外先进设备的引
进和技术模仿，但自主创新能力不足，使此类产业的企业加成率相对较高。
资本密集型产业主要包括基础工业和重工业，与技术密集型产业相比，资
本密集型产业更加依靠资金和设备的投入，但未充分利用劳动力的比较优
势，因此资本密集型产业的企业加成率最低。

六、不同规模的企业加成率动态变化与分析

本章利用企业的从业人数代表企业的规模，根据固定资产规模的第 33
百分位和第 66 百分位将样本划分为大规模企业、中等规模企业和小规模企
业三组。根据规模划分标准对企业加成率进行测算，如图 2-6 所示。

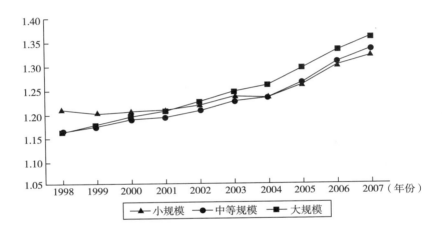

图 2-6　1998~2007 年按企业规模的企业加成率动态变动

资料来源：笔者整理得到。

从图 2-6 可以发现不同规模企业的加成率动态变化存在以下两个特
点：第一，从整体波动来看，无论是大规模企业、中等规模企业还是小规
模企业的加成率均呈现整体上涨趋势。其中，大规模企业的加成率从
1998 年的 1.160 提高到 2007 年的 1.360，总计提高 0.20，年均增长 1.78
个百分点；中等规模企业的加成率从 1998 年的 1.162 提高到 2007 年的
1.331，总计提高 0.169，年均增长 1.52 个百分点；小规模企业的加成率
从 1998 年的 1.208 提高到 2007 年的 1.320，共计提高 0.112，年均增长
0.99 个百分点。第二，从均值来看，大规模企业的加成率最高，达到
1.244，其次为小规模企业，均值为 1.239，而中等规模企业最低，只有

1.227。从增长幅度来看，大规模企业的加成率年均增长最快，为1.78%，而小规模企业的增长率最低，仅为0.99%。从企业规模来看，规模越大的企业，其加成率的增长提高越快。对于小规模企业而言，一般处于初创期，由于自身缺乏足够的抵押品，获得金融机构的外部贷款能力不足，这类企业往往面临着较大的竞争压力和融资约束，因而小企业的企业加成率提高有限。对于大企业和中等规模企业而言，由于其可能受到政府的政策支持更大，且有较强的资金实力，外部所受的融资约束较小，因此这两类企业的加成率会随着企业规模的扩大而提升，尤其是在2004年以后，这种趋势更加明显。

第六节　基于倾向得分匹配法的出口与非出口企业加成率比较

根据新新贸易理论，出口企业通常具有较高的生产率水平，这意味着在外部面临相同的市场环境下，出口企业普遍具有更高的加成率。令人难解的是，中国出口企业不仅在国际市场上与国外同类企业相比加成率较低，甚至普遍低于在国内市场上的同类企业的加成率，中国出口企业存在典型的"出口低加成率之谜"（刘啟仁和黄建忠，2015；祝树金和张鹏辉，2015；黄先海等，2016b）。鉴于中国出口低加成率的特殊事实，刘啟仁和黄建忠（2015）强调，M-O模型推导出出口企业具有更高的加成率结论成立的条件是出口市场的选择效应大于竞争效应，由于大量企业涌入出口市场竞相压价，而政策上的扭曲又未使低效率企业退出，导致出口密度越高的企业加成率越低。盛丹和王永进（2012）则认为出口退税等贸易政策产生的选择效应是导致我国出口企业低加成率的主要原因。

为验证中国出口企业的低加成率典型事实，笔者利用PSM方法筛选出具备出口条件但未选择出口的内销企业，并在此基础上对比出口企业和非出口企业的加成率差异，选取 1998~2007 年的面板数据作为样本。

基本步骤：第一步，估计企业的出口倾向。通过选取影响企业特征的因素，基于 Logit 模型进行回归，计算得到对应的倾向性得分（Propensity Score）。根据祝树金和张鹏辉（2015）、盛丹和王永进（2012）的做法，选取从业人数（lsize）、营业利润（yylr）、企业年龄（lage）、资产负债率（fzl）和全要素生产率（tfpop）等维度，采用最近邻域法进行倾向得分匹配，选择的匹配维度和前后差异如图 2-7 所示。

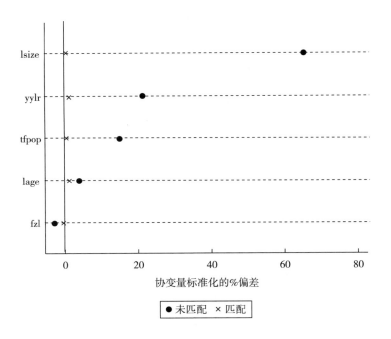

图 2-7　匹配前后的变量差异

第二步，根据最近邻域匹配法对样本进行匹配，区分内销企业（控制组）和出口企业（处理组），并满足平行性假设和共同支撑假设。匹配前后的核密度如图 2-8 所示。

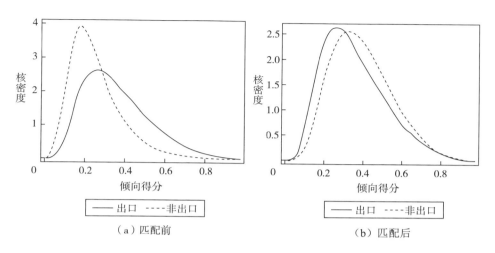

（a）匹配前　　　　　　　　　（b）匹配后

图 2-8　出口与非出口企业匹配前后的核密度分布

第三步，利用倾向得分匹配法对比出口组和非出口组的加成率差异。估计结果如表 2-4 所示。

表 2-4　1998~2007 年基于 PSM 的出口企业与非出口企业加成率变动差异

年份	非出口	出口	二者之差
1998	1.1901	1.1600	0.0301
1999	1.1975	1.1593	0.0382
2000	1.2109	1.1731	0.0378
2001	1.2137	1.1838	0.0299
2002	1.2287	1.2013	0.0274
2003	1.2489	1.2166	0.0323
2004	1.2562	1.2286	0.0276
2005	1.2851	1.2646	0.0205
2006	1.3266	1.3005	0.0261
2007	1.3570	1.3179	0.0391

资料来源：笔者整理得到。

根据表2-4测算结果，在1998~2007年样本区间内，虽然非出口企业和出口企业的加成率均呈逐年上涨趋势，但是出口企业的加成率始终低于非出口企业，中国的确存在典型的"出口低加成率陷阱"。出口企业加成率从1998年的1.160上升到2007年的1.318，共计上升0.158，年均增长1.43个百分点；非出口企业加成率从1998年的1.190上升到2007年的1.357，共计上升0.167，年均增长1.47个百分点。非出口企业与出口企业加成率的差额也在样本区间内保持稳定，差额均值为0.031。与非出口企业相比，出口企业无论是在增长幅度（1.43<1.47），还是在均值上（1.221<1.251）均更小。对于我国出口企业加成率更低的事实，既有企业生产率的因素，又与我国的政策背景、市场分割等因素密切相关，我们将在后续章节做进一步展开。

第七节 关于中国企业加成率动态变化的总结

根据前文的测算结果，有关中国企业加成率动态变化可以得到如下结论：

第一，总体上，我国企业加成率呈整体上升趋势，虽然上升幅度较为缓慢，但是年均增长幅度仍达到了1.52个百分点。从加成率可以看出，我国企业在国际上仍具有一定的竞争力，但是由于企业加成率数值不高，进一步表明我国企业的竞争能力仍有限。

第二，从垄断类型看，垄断行业凭借其在政策上的优越性和自身的垄断地位，尤其是在加入WTO以后，垄断企业迅速提升了自身的加成率水平，而非垄断行业内的企业加成率的提升较为缓慢。从所有权类型看，外商独资企业加成率最高，国有企业增长幅度最大，而民营企业不仅加成率平均水平最低，而且增长速度最慢，由此看来，重点解决好民营企业的技术创新问题，营造有序的市场竞争环境，对我国出口企业加成率水平的总

体提升大有裨益。从地区分类看，东部地区由于地理位置优势导致的竞争
效应过大并不利于企业加成率的提高，而 2000 年的西部大开发和 2004 年的
中部崛起计划地相继提出在一定程度上推动了中西部企业加成率的提升。
从产业类型看，技术密集型产业的企业加成率最高，且增长最快，其次为
劳动密集型产业，而资本密集型产业的企业加成率最低。从企业规模看，
规模越大的企业，其加成率的增长提高越快。对于小规模企业而言，一般
处于初创期，由于自身缺乏足够的抵押品，获得金融机构的贷款能力不足，
这类企业往往面临着较大的竞争压力和融资约束，因而小规模企业的加成
率提高有限。

第三，基于倾向得分匹配法的出口企业和非出口企业加成率的比较，
本章发现，在 1998~2007 年样本区间内，与非出口企业相比，出口企业无
论是在增长幅度（1.43 < 1.47），还是在均值上（1.221 < 1.251）均更小。
虽然非出口企业和出口企业的加成率均呈逐年上涨趋势，但是出口企业的
加成率始终低于非出口企业，中国的确存在典型的"出口低加成率陷阱"。

第三章 中国出口低加成率之谜：竞争还是选择

本章基于中国工业企业数据库与海关数据库的匹配数据，利用双边随机前沿分析方法测度和验证了选择效应和竞争效应对出口企业加成率的影响效应。研究结果表明：第一，选择效应和竞争效应的相互作用最终导致出口企业实际加成率比有效加成率高 4.02%；第二，出口企业的实际加成率虽然在不同程度上高于有效加成率，但异质性分组表明选择效应对出口企业加成率的提升有限，而过大的竞争效应进一步抵减了选择效应的正向影响；第三，选择效应未能有效发挥和"出口—生产率悖论"典型事实的存在严重制约了我国出口企业实际加成率的提升，这也是解释我国"出口低加成率之谜"的关键。这些结论的发现，对于深刻理解我国"出口低加成率之谜"提供了合理的解释和经验证据。

第一节 引言与文献评述

企业加成率（Markup）定义为产品或服务的价格对边际成本的偏离，是衡量市场势力及企业定价能力的关键指标，其高低事关一国在全球价值链中的利益分配和国际贸易中的福利所得（Peters，2013；De Loecker 和 Goldberg，2014；Edmond 等，2015）。然而，中国出口却长期以来被贴上低价格、低质量、低利润的"三低"标签，在国际市场上的动态竞争力不足，"中国制造"低价出口之谜背后的主要原因在于中国出口企业的加成率过低（盛丹和王永进，2012）。令人难解的是，中国出口企业不仅在国际市场上和国外同类企业相比加成率较低，甚至普遍低于国内市场上的同类企业的加成率，中国出口企业存在典型的"出口低加成率之谜"（刘啟仁和黄建忠，2015；祝树金和张鹏辉，2015；黄先海等，2016b）（见图3-1）。[1] 这一方面压低了出口企业的利润水平和劳动者的工资，降低了国内消费者的购买能力，另一方面导致我国长期受到内需特别是消费需求不足的困扰，而且增加了国外反倾销、资源环境冲突等一系列问题。当前，提升出口企业加成率既有助于增强中国出口企业国际市场竞争力进而跨越"低加成率陷阱"，又有利于中国贸易利得的整体提升，尤其在供给侧结构性改革的大背景下，中国企业如何有竞争力的"走出去"，是需要思考的重大议题。

根据 Melitz 和 Ottaviano（2008）的新新贸易理论，出口企业通常具有较高的生产率水平，这意味着在面临相同的外部市场环境下，出口企业可以克服较高的出口固定成本进入国际市场，出口企业相比非出口企业而言，普遍具有更高的加成率。中国"出口低加成率之谜"由于违背国际贸易理论预期，很难从理论上加以解释，国内学术界对这一问题的解读更多地转向现实和政策层面（黄先海等，2016a；刘啟仁和黄建忠，2015；钱学锋等，2016）。在现实层面，中国长期受到内需不足的困扰，但外部需求却较为旺盛，这导致大量缺乏市场定价权的企业涌入出口市场，降低了我国出口企业加成率的总体水平；在政策层面，中国对外开放以来，尤其是加入 WTO 以来，企业出口便利化和贸易自由化程度不断提高。在国内企业竞相出口的同时，广泛的出口贸易退税、补贴等政策给予出口企业大量的政策支持，加剧了出口企业竞相降价的局面。然而上述解读却主要基于现实或政策上的分析，更多地将中国"出口低加成率之谜"归因于我国

---

[1] 图3-1 的结果由倾向得分匹配法得到。本章发现，匹配后的结果显示中国出口企业的加成率明显低于非出口企业。这表明中国出口企业普遍低于国内的同类企业的加成率，存在典型的"出口低加成率之谜"。

出口贸易具有的独有特征，但如何用新新贸易理论对这一现象进行合理的解释，正是现有研究所忽视的问题。

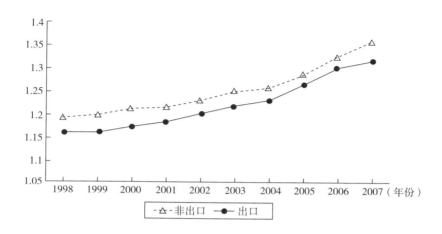

图 3-1　1998~2007 年基于倾向得分匹配法的中国工业企业加成率

资料来源：笔者根据中国工业企业数据库计算所得。

本章涉及三类文献：第一类是关于企业加成率测算的研究。在不完全竞争市场下，对企业加成率的测算主要包括收入法和生产函数法。收入法主要基于企业的增加值、中间投入、工资等会计指标近似计算企业的加成率，这种方法虽然计算简单，但是由于无法得到准确的企业边际成本指标，导致测算结果存在较大的偏误（Domowitz 等，1988；盛丹和王永进，2012）。生产函数法主要在企业利润最大化的条件下，利用设定的生产函数得到加成率的计算公式，并通过对要素弹性的计算测算企业加成率。比较有代表性的文献包括 De Loecker 和 Warzynski（2012）、Edmond 等（2015），等等。一般而言，如果企业的加成率大于 1，且加成率越高，则企业具有更高的垄断利润（Konings 等，2005）。由于企业层面数据很少提供关于产品价格和边际成本的数据，相关文献在测度企业成本加成方面并没有可比较的方法和数据基础（钱学锋和范冬梅，2015），现有研究大多基于收入法对企业加成率进行测算，无法克服不可观测的投入要素差异对加成率估计的影响，国内对企业加成率的准确测度仍有待进一步完善。

第二类是关于加成率与企业出口之间的关系研究。Melitz 和 Ottaviano（2008）开创性地通过内生化出口企业加成率推导出企业的可变加成率为临界成本与企业自身边际成本之差的函数，从理论上证明了具有更高生产率的出口企业越容易克服出口所面临的出口进入成本，相比内销企业通常具有更高的加成率。随后，在 M-O 模型的基础上，学者们开始从实证经验角度探究加成率与企业出口之间的关系。De Loecker 和 Warzynski（2012）基于 1994~2000 年斯洛文尼亚 7951 家制造业企业数据的实证研究表明，出口可以显著提高企业加成率相对水平的 4%~5%，或者提高加成率绝对水平的 0.079~0.099。另外，De Loecker 和 Warzynski（2012）还发现加成率的提高主要归因于新进入的出口企业。Bellone 等（2016）在扩展 M-O 模型的基础上，利用 1998~2007 年法国数据实证检验了区位和产品质量约束下的加成率与企业出口的关系，研究发现出口企业相比非出口企业具有更高的加成率，这主要在于企业依靠质量增强渠道产生的"价格提高效应"高于市场竞争产生的"价格降低效应"。与上述研究不同，黄先海等（2016a）、刘啟仁和黄建忠（2015）、祝树金和张鹏辉（2015）基于中国工业企业数据库的研究发现，我国的出口企业加成率显著低于非出口企业，我国高密度出口企业存在典型的"低加成率陷阱"。相关研究主要探析加成率与企业出口的关系，却没有进一步研究中国出口企业加成率应该如何提高的问题。

第三类是关于中国"出口低加成率之谜"的研究。对于什么因素影响了企业加成率，相关文献主要从市场竞争（Lu 和 Yu，2015）、政府政策（任曙明和张静，2013）、生产率（De Loecker 和 Warzynski，2012；李卓和赵军，2015）、目的地市场特征（Melitz 和 Ottaviano，2008）和产品质量（Kugler 和 Verhoogen，2008；Bellone 等，2016）等方面进行探讨。但鉴于中国出口低加成率的特殊事实，刘啟仁和黄建忠（2015）强调，中国出口企业低加成率与竞争效应和选择效应密切相关，由于大量企业涌入出口市场竞相压价，而政策上的扭曲又未使低效率企业退出，导致出口密度越高的企业加成率越低，但刘啟仁和黄建忠（2015）并未将竞争效应和选择效应置于同一实证框架下进行比较。钱学锋等（2016）利用中国工业企业数据库和WTO关税数据库的数据，研究发现进口竞争对中国制造业的加成率具有显著的负向影响，进口竞争越激烈，企业的加成率越低。黄先海等（2016a）则认为"低质量、低价格"是企业由不出口转向出口市场的内生选择，是较低生产率水平下"最优出口产品质量选择"所带来的一种阶段性现象，当企业面临出口市场"竞争加剧效应"和"质量升级效应"叠加时，则会选择"高质量、高价格"的出口模式。盛丹和王永进（2012）则认为出口退税等贸易政策产生的选择效应是导致我国出口企业低加成率的主要原因。相关研究虽然认识到新新贸易理论框架下出口行为与企业加成率的研究存在差异，所产生的根源在于选择效应和竞争效应的影响差异，但现有对我国企业加成率与出口行为之间的经验分析几乎没有进一步区分和量化这两种影响效应，且主要集中于竞争效应对出口企业加成率的影响。因此，准确区分并测度竞争效应和选择效应对加成率的影响成为破解我国"出口低加成率之谜"的关键。

与既有文献相比，本章主要贡献可能体现在三个方面：①方法上，本章在借鉴De Loecker等（2014）、Lu和Yu（2015）的基础上，采用更为灵活的三要素超越对数生产函数，有效解决了收入法隐含的价格问题和不可观测的效率冲击，准确估计了企业层面加成率。②内容上，本章在M—O模型的基础上，利用双边随机边界模型构建了一个包含竞争效应和选择效应共同影响企业加成率的统一框架，进一步挖掘出我国出口低加成率背后的经济逻辑，以新新贸易理论合理解释了中国目前所面临的"出口低加成率之谜"，丰富了关于中国出口企业加成率的研究。③政策内涵上，基于中国工业企业数据库与海关数据库的匹配数据，应用双边随机前沿分析法定量测度了竞争效应和选择效应对企业加成率的影响效应，不仅克服了两种效应难以衡量的问题，而且弥补了现有研究只关注单一方面的不足，有利于准确定位影响中国出口企业加成率的关键因素。本章发现，"出口—生产率悖论"典型事实的存在使选择效应未能有效发挥，严重制约了我国出口企业实际加成率的提升，这也是解释我国"出口低加成率之谜"的关键。对有的放矢地提出相应的政策措施提供依据。

第二节 理论模型

究竟什么原因影响了企业加成率的偏离？对于企业出口行为，从理论上可以通过两种渠道影响企业加成率：一是选择效应机制。由于进入出口市场需要克服相对国内市场更高的固定成本，这就促使生产规模更大、生产率更高和更有成本优势的企业主动选择进入出口市场（Bernard 和 Jensen，1999；Bernard 等，2003；Melitz，2003）。此外，随着出口市场竞争加剧，导致规模较小、盈利能力差、生产率低的国内企业主动选择退出市场（钱学锋等，2015）。在上述两方面因素的综合作用下，通过选择效应进入出口市场的企业通常具有更高的加成率，因此选择效应倾向于提高出口企业的加成率。现有研究表明，企业成本、目标市场距离、生产率、出口退税等主要影响企业选择效应的作用效果（Melitz 和 Ottaviano，2008；盛丹，2013；刘啟仁和黄建忠，2015；Edmond 等，2015）。二是竞争效应机制。贸易自由化使本土企业进入出口市场，伴随着出口市场竞争加剧和运输成本的分摊，致使大量出口企业竞相降低产品的出口价格，缩小加成率离散度（Altomonte 和 Barattieri，2015；Bellone 等，2016）。竞争效应通常不利于出口企业加成率的提升。现有研究表明，竞争效应与市场竞争程度、本地需求、出口便利化程度等因素密切相关（Tybout，2003；De Loecker 和 Warzynski，2012；许家云和田硕，2016）。

在给定企业个体特征的前提下，选择效应和竞争效应会共同影响企业加成率，如果企业面临的竞争效应大于选择效应，则企业更倾向于降低自身的加成率水平，以适应外部市场环境；如果企业面临的选择效应强于竞争效应，则企业会选择提高自身的加成率水平，以取得竞争优势。因此，加成率的形成是由企业的竞争效应和选择效应的强弱来决定的（Feenstra，2010；钱学锋等，2016）。基于相关文献和前文的机制分析（Melitz，2003；Bernard 等，2003；Melitz 和 Ottaviano，2008；刘启仁和黄建忠，2015），竞争效应和选择效应对企业加成率的影响具有典型的单边分布特征。在 Kumbhaka 和 Parmeter（2009）的基础上，构建竞争效应、选择效应影响企业加成率的双边随机边界模型。企业加成率的分解公式为：

$$
\begin{aligned}
markup_{it} &= markup_{it}^{*} + w_{it} - u_{it} + \mu_{it} \\
&= markup_{it}^{*} + \varepsilon_{it} \\
&= z_{it}^{'}\delta + \varepsilon_{it}
\end{aligned}
\tag{3-1}
$$

其中，markup 代表企业实际加成率；z_{it} 代表样本个体特征，包括企业规模、年龄、全要素生产率、产品质量等特征变量；$markup^{*}$ 代表企业有效加成率，即在给定企业个体特征的条件下，不存在竞争效应和选择效应时的企业加成率，代表市场认可的企业竞争力或定价能力的基准；$markup^{*} = z_{it}^{'}\delta$，$\delta$ 代表参数估计向量；复合残差项 $\varepsilon_{it} = w_{it} - u_{it} + \mu_{it}$，$\mu_{it}$ 代表随机误差项，反映不可观测因素所导致的企业实际加成率对企业有效加成率的随机偏离；w_{it} 代表选择效应对企业加成率的正向影响程度，且 $w_{it} \geq 0$；u_{it} 代表竞争效应对企业加成率的负向影响程度，且 $u_{it} \geq 0$。当 $w_{it} = 0$ 时，则企业只受竞争效应影响；当 $u_{it} = 0$ 时，则企业只受选择效应影响；当出现这两种情况中的任意一种时，则模型为单边（One-tier）随机边界模型；当 w_{it}、u_{it} 同时为零时，则模型转化为一般的最小二乘法（OLS）模型。由于复合残差项 ε_{it} 可能并不为零，这导致如果利用 OLS 模型对式 3-1 进行估计，可能会出现结果有偏。式 3-1 表明，企业实际加成率的形成是企业面临的竞争效应和选择效应共同作用的结果。其中，选择效应对加成率的正向效应使企业实际加成率高于企业有效加成率，而竞争效应带来的负向效应又会使企业实际加成率低于企业有效加成率，可以通过测度二者共同影响的净效应来衡量企业实际加成率的偏离程度。为得到有效的模型估计，需要采取最大似然法来对式 3-1 进行估计。对残差分布做如下假设：

第一，随机误差项 μ_{it} 服从正态分布，即 $\mu_{it} \sim i.i.d. N(0, \sigma_r^2)$；

第二，w_{it} 和 u_{it} 均服从指数分布[①]，即 $w_{it} \sim$ i. i. d. Exp（σ_w，σ_w^2），$u_{it} \sim$ i. i. d. Exp（σ_u，σ_u^2）；

第三，误差项 w_{it}、u_{it} 和 μ_{it} 之间彼此独立，且与企业的个体特征 z_{it} 不相关。

基于上述分布假设，进一步推导出复合残差项 ε_{it} 的概率密度函数如下：

$$
\begin{aligned}
f(\varepsilon_i) &= \frac{\exp(a_{it})}{\sigma_u + \sigma_w}\Phi(c_{it}) + \frac{\exp(b_{it})}{\sigma_u + \sigma_w}\int_{-d_{it}}^{\infty}\phi(x)\,dx \\
&= \frac{\exp(a_{it})}{\sigma_u + \sigma_w}\Phi(c_{it}) + \frac{\exp(b_{it})}{\sigma_u + \sigma_w}\phi(d_{it})
\end{aligned}
\tag{3-2}
$$

其中，$\Phi(\cdot)$ 和 $\phi(\cdot)$ 分别为标准正态分布的累积分布函数和概率密度函数，其他参数设定为：

$$
m_{it} = \frac{\sigma_v^2}{2\sigma_w^2} + \frac{\varepsilon_i}{\sigma_w};\quad b_{it} = \frac{\sigma_v^2}{2\sigma_w^2} - \frac{\varepsilon_i}{\sigma_w};\quad c_{it} = -\frac{\varepsilon_{it}}{\sigma_v} - \frac{\sigma_v}{\sigma_u};\quad d_{it} = \frac{\varepsilon_{it}}{\sigma_v} - \frac{\sigma_v}{\sigma_w}
\tag{3-3}
$$

对于包含 n 个观测值的样本而言，可以得到对数似然函数的表达式为：

$$
\ln L(Z;\xi) = -n\ln(\sigma_w + \sigma_u) + \sum^n \ln\left[e^{m_{it}}\Phi(c_{it}) + e^{b_{it}}\Phi(d_{it})\right]
\tag{3-4}
$$

其中，$\xi = [\beta, \sigma_v, \sigma_w, \sigma_u]$。通过对似然函数式 3-4 进行最大化处理，最终可获得所有参数的极大似然估计值。为了进一步得到 w_{it} 和 u_{it} 的点估计值，需要对二者分布的条件密度函数进行推导，可以得到：

$$
f(w_{it} \mid \varepsilon_{it}) = \frac{(1/\sigma_u + 1/\sigma_w)\exp\left[-(1/\sigma_u + 1/\sigma_w)w_{it}\right]\Phi(w_{it}/\sigma_v + d_{it})}{\exp(b_{it} - m_{it})\left[\Phi(d_{it}) + \exp(m_{it} - b_{it})\Phi(c_{it})\right]}
\tag{3-5}
$$

$$
f(u_{it} \mid \varepsilon_{it}) = \frac{(1/\sigma_u + 1/\sigma_w)\exp\left[-(1/\sigma_u + 1/\sigma_w)u_{it}\right]\Phi(u_{it}/\sigma_v + d_{it})}{\Phi(d_{it}) + \exp(m_{it} - b_{it})\Phi(c_{it})}
\tag{3-6}
$$

在式 3-5、式 3-6 的基础上，分别估计 w_{it} 和 u_{it} 的条件期望为：

$$
E(w_{it} \mid \varepsilon_{it}) = \frac{1}{(1/\sigma_u + 1/\sigma_w)} + \frac{\sigma_v\left[\Phi(-d_{it}) + d_{it}\Phi(d_{it})\right]}{\exp(b_{it} - m_{it})\left[\Phi(d_{it}) + \exp(m_{it} - b_{it})\Phi(c_{it})\right]}
\tag{3-7}
$$

[①] Kumbhakar 和 Parmeter（2009）、许明（2016）对 u_{it} 和 w_{it} 的处理均采用指数分布，另外 Kumbhakar 和 Lovell（2000）也指出，可以将 w_{it} 和 u_{it} 假定服从单边分布、伽玛分布等分布形式，不同的分布假设对随机边界分析的结果并没有实质的影响，因此本章仍采用这种设定。

$$E(u_{it} \mid \varepsilon_{it}) = \frac{1}{(1/\sigma_u + 1/\sigma_w)} + \frac{\exp(m_{it} - b_{it})\sigma_v\left[\phi(-c_{it}) + c_{it}\Phi(c_{it})\right]}{\Phi(d_{it}) + \exp(m_{it} - b_{it})\Phi(c_{it})} \quad (3-8)$$

利用式 3-7、式 3-8 估计每家企业面临的竞争效应与选择效应带来的企业实际加成率与有效加成率之间的绝对偏离程度，为使数据可比，本章将绝对数值转换为选择效应产生的正向影响高于或竞争效应产生的负向低于企业有效加成率的百分比，表达式为：

$$E(1 - e^{-w_{it}} \mid \varepsilon_{it}) = 1 - \frac{(1/\sigma_u + 1/\sigma_w)}{1 + (1/\sigma_u + 1/\sigma_w)} \times$$

$$\frac{\left[\Phi(c_{it}) + \exp(b_{it} - m_{it})\exp(\sigma_v^2/2 - \sigma_v d_{it})\Phi(d_{it} - \sigma_v)\right]}{\exp(b_{it} - m_{it})\left[\Phi(d_{it}) + \exp(m_{it} - b_{it})\Phi(c_{it})\right]}$$

$$(3-9)$$

$$E(1 - e^{-u_{it}} \mid \varepsilon_{it}) = 1 - \frac{(1/\sigma_u + 1/\sigma_w)}{1 + (1/\sigma_u + 1/\sigma_w)} \times$$

$$\frac{\left[\Phi(d_{it}) + \exp(m_{it} - b_{it})\exp(\sigma_v^2/2 - \sigma_v c_{it})\Phi(c_{it} - \sigma_v)\right]}{\Phi(d_{it}) + \exp(m_{it} - b_{it})\Phi(c_{it})}$$

$$(3-10)$$

进一步地，根据式 3-9、式 3-10 推导出选择效应和竞争效应对企业加成率的净效应：

$$NE = E(1 - e^{-w_{it}} \mid \varepsilon_{it}) - E(1 - e^{-u_{it}} \mid \varepsilon_{it}) = E(e^{-u_{it}} - e^{-w_{it}} \mid \varepsilon_{it}) \quad (3-11)$$

第三节　研究设计

一、计量模型的设定

依据双边随机边界模型，采用企业个体特征来刻画出口企业加成率。根据刘啟仁和黄建忠（2015）、Lu 和 Yu（2015）的研究，并考虑数据的可获得性，设定回归模型如下：

$$lnmarkup_{it} = \beta_0 + \beta_1 lnage_{it} + \beta_2 lnsize_{it} + \beta_3 lnTFP\_op_{it} + \beta_4 lnquality_{it} + \beta_6 lnwage_{it} +$$

$$\beta_6 lnkl_{it} + \beta_7 dabr_{it} + \sum ownership_{it} + \sum year_t + \sum prov_l +$$

$$\sum ind_s + w_{it} - u_{it} + r_{it} \tag{3-12}$$

其中，lnmarkup 代表出口企业加成率的自然对数，lnage 代表企业年龄的自然对数，lnsize 代表企业规模的自然对数，lnTFP_op 代表全要素生产率的自然对数，lnquality 代表企业产品质量的自然对数，lnwage 代表人均工资的自然对数，lnkl 代表资本集中度的自然对数，dabr 代表企业的资产负债率，Σownership 代表所有权类型的虚拟变量。考虑到一些不可观测的因素，本章同时控制了时间固定效应（Σyear）、地理效应（Σprov）和产业固定效应（Σind）。w_{it} 代表选择效应对出口企业加成率影响的正向效应；u_{it} 代表竞争效应对出口企业加成率影响的负向效应；r_{it} 为随机误差项。i、t、l、s 分别代表企业、年份、省份和行业。

关于计量模型的估计问题，有三点需要指出：①由于竞争效应、选择效应的多维度且难以衡量的特征，而利用双边随机边界模型则无须在模型中假定样本企业是否受到了竞争效应或选择效应的影响，也无须寻找二者的代理变量，对出口企业加成率的影响完全由模型的估计结果决定，在一定程度上克服了变量难以衡量的问题。① ②现有研究通常考察竞争效应对企业加成率的影响，忽视了选择效应对企业加成率的影响，这不仅割裂了二者对企业加成率的综合影响，而且无法对二者的综合影响进行定量估计。利用双边随机边界模型进行估计，不仅能够将竞争效应和选择效应置于同一理论框架下估算各自在多大程度上影响了企业加成率，而且可以定量评估二者对企业加成率的综合影响效应。③考虑到结果的稳健性，本章除了对全样本进行估计外，还按年份、所有权类型、质量等级等子样本进行分组估计，以保证研究结论的稳健性。

---

① 选择效应既包含企业进入出口市场的选择效应，也包含补贴等政策对企业退出出口市场的选择效应，还包含 TFP 对企业出口行为的影响，很难用单一变量完全刻画选择效应。

二、企业层面加成率的估计

本章在 De Loecker 和 Warzynski（2012）生产函数法的基础上对企业加成率进行估计。De Loecker 和 Warzynski（2012）可以在不依赖任何需求结构的假设条件下，采用结构模型的方法克服不可观测的生产率冲击和价格因素，使用企业层面的产出数据估计中国企业加成率。

考虑同时存在劳动、资本和中间材料三种生产要素投入，假设企业 i 在时间 t 的生产函数形式为：

$$Q_{it} = Q_{it}(L_{it}, K_{it}, M_{it}, \omega_{it}) \tag{3-13}$$

其中，L_{it}、K_{it} 和 M_{it} 分别代表劳动、资本和中间材料投入要素，ω_{it} 代表企业异质性生产率，生产函数 $Q(\cdot)$ 为连续二次可微。根据 Lu 和 Yu（2015）的研究，企业 i 在时间 t 所面临的成本最小化条件为：

$$\begin{cases} \min\limits_{\{L_{it}, K_{it}, M_{it}\}} w_{it}L_{it} + r_{it}K_{it} + p_{it}^{m}M_{it} \\ \text{s. t. } Q_{it}(L_{it}, K_{it}, M_{it}, \omega_{it}) \geq \overline{Q}_{it} \\ \qquad\qquad L_{it} \geq I[D_{it} = 1]\overline{S}_{it} \end{cases} \tag{3-14} \tag{3-15}$$

其中，w_{it}、r_{it} 和 p_{it}^{m} 分别代表工资、投资价格和中间材料投入要素价格。D_{it} 代表是否为国企的虚拟变量，$I[\cdot]$ 代表是否为国企的指示函数，如果 $D_{it} = 1$ 则取值为 1，否则为 0。$\overline{S}_{it}$ 代表社会最低就业水平。式 3-15 反映国有企业特征，即要求雇佣的员工满足社会最低就业水平。

根据上述约束条件，成本最小化的拉格朗日函数为：

$$\ell(L_{it}, K_{it}, M_{it}, \lambda_{it}, \eta_{it})_{it} = w_{it}L_{it} + r_{it}K_{it} + p_{it}^{m}M_{it} + \lambda_{it}[\overline{Q}_{it} - Q_{it}(L_{it}, K_{it}, M_{it}, \omega_{it})] +$$
$$\eta_{it}\{I[D_{it} = 1]\overline{S}_{it} - L_{it}\} \tag{3-16}$$

企业层面的加成率估计取决于无调整成本的可变要素投入，由于式 3-15 表明国有企业的劳动并非无成本的调整，因此本章关注中间材料投入要素的最优决定。进一步地，中间材料投入要素的一阶导数为：

$$\frac{\partial \ell}{\partial M_{it}} = p_{it}^m - \lambda_{it} \frac{\partial Q_{it}}{\partial M_{it}} = 0 \tag{3-17}$$

其中，$\lambda_{it} = \dfrac{\partial \ell}{\partial Q_{it}}$ 为给定产出水平下的边际成本。对式 3-17 两边同时乘以

$\dfrac{M_{it}}{Q_{it}}$ 得到：

$$\frac{\partial Q_{it}}{\partial M_{it}} \frac{M_{it}}{Q_{it}} = \frac{1}{\lambda_{it}} \frac{p_{it}^m M_{it}}{Q_{it}} \tag{3-18}$$

由于企业加成率 μ_{it} 表示为产品价格与边际成本的比值，即 $\mu_{it} = \dfrac{P_{it}}{\lambda_{it}}$ 根据

式 3-18 得到企业加成率 μ_{it} 的表达式为：

$$\mu_{it} = \theta_{it}^m (\alpha_{it}^m)^{-1} \tag{3-19}$$

其中，θ_{it}^m 代表中间材料投入要素的产出弹性，α_{it}^m 代表中间材料投入要素支出占比，[①] 即中间材料投入要素的成本与总销售额之比。

根据式 3-19 可知，中间材料投入要素的支出占比可以直接从企业层面数据得到，因而计算企业层面加成率的关键在于无偏地估计出中间材料投入要素的产出弹性。大量文献探讨生产函数的估计方法，其核心问题在于如何控制不可观测的生产率冲击，[②] 现有研究通常通过以 OP 法和 LP 法为代表的半参数方法控制企业投资和中间投入与生产率的单调关系对生产率的冲击影响，但仍可能产生共线性问题，导致估计失效（Ackerberg 等，2015）。[③]因此，本章采用 ACF 两步法进行估计从而得到稳健的企业层面加成率。在生产函数设定方面，由于柯布-道格拉斯生产函数假设要素产出弹性恒定，

[①] 此处参考 De Loecker 和 Warzynski（2012）采用调整后的要素份额，即在 ACF 的第一阶段得到残差后，用工业总产值除以 exp（估计残差）得到调整的总收入，再采用要素支出额除以调整的总收入，得到调整的要素份额。

[②] De Loecker 和 Warzynski（2012）指出，由于生产率往往与企业投入选择相关，不控制生产率冲击将导致要素产出弹性估计产生偏误。

[③] Ackerberg 等（2015）认为，OP 方法主要依赖企业投资是生产率的严格递增函数，但是现实中很多企业缺少投资，这就必须把投资为零的样本全部剔除，导致样本损失很大。同时，LP 方法中的劳动和中间投入都是非动态投入，因而二者很可能有相同的决定方式，即 $m_{it} = m_t(\omega_{it}, k_{it})$，$l_{it} = l_t(\omega_{it}, k_{it})$，因此 LP 方法第一阶段的回归会产生多重共线性问题，导致估计失效。

本章采用更为灵活的超越对数（Translog）生产函数形式，具体如下：

$$y_{it} = \beta_l l_{it} + \beta_k k_{it} + \beta_m m_{it} + \beta_{ll} l_{it}^2 + \beta_{kk} k_{it}^2 + \beta_{mm} m_{it}^2 + \beta_{lk} l_{it} k_{it} + \beta_{km} k_{it} m_{it} + \beta_{lm} l_{it} m_{it} +$$
$$\beta_{lkm} l_{it} k_{it} m_{it} + \omega_{it} + \varepsilon_{it} \tag{3-20}$$

其中，y 代表工业总产值，ε 代表随机误差项，以上小写字母变量表示相应变量的自然对数。

运用 ACF 两步法处理生产率的内生性问题时，利用中间材料投入要素与资本、生产率和其他潜变量的单调关系，设定企业中间材料投入要素对应的函数表达式为：

$$m_{it} = m_t(k_{it}, \omega_{it}, Z_{it}) \tag{3-21}$$

其中，潜变量 Z_{it} 包括是否出口的虚拟变量、产品市场份额、年份虚拟变量及其各变量对应的交互项。根据 $m_t(\cdot)$ 的单调性，进一步得到生产率的表达式：

$$\omega_{it} = h_t(k_{it}, m_{it}, Z_{it}) \tag{3-22}$$

将式 3-22 代入式 3-20 中，可得：

$$y_{it} = \varphi_t(l_{it}, k_{it}, m_{it}) + h_t(k_{it}, m_{it}, Z_{it}) + \varepsilon_{it} = \phi_t(l_{it}, k_{it}, m_{it}, Z_{it}) + \varepsilon_{it} \tag{3-23}$$

第一阶段，利用非参数方法对式 3-23 采用三次多项式来逼近拟合，得到无偏估计 $\bar{\phi}_{it}$；

第二阶段，依据生产率动态过程假设对生产函数中的弹性系数进行估计。假设生产率服从马尔科夫过程，可得：

$$\omega_{it} = g(\omega_{it-1}, \underline{\omega}_{it-1}) + v_{it} \tag{3-24}$$

其中，$g(\cdot) = E'_{t-1}\{\omega_{it}\}$，$\underline{\omega}_{it-1}$ 代表厂商退出的生产率下限值，v_{it} 代表独立同分布的生产率随机冲击。本章进一步采用 Probit 模型对企业的退出概率进行估计并用于替换 $\underline{\omega}_{it-1}$。利用第一阶段得到的产出 $\bar{\phi}_{it}$ 后通过非参数方法对式 3-24 进行估计，得到生产率随机冲击 $\bar{v}_{it}(\beta)$。借助资本 k 在初期决定，劳动 l 和中间材料投入要素 m 与滞后一期生产率无关的性质，得到如下矩条件：

$$E(\bar{v}_{it}(\beta)(l_{it-1}, k_{it}, m_{it-1}, l_{it-1}^2, k_{it}^2, m_{it-1}^2, l_{it-1}k_{it}, k_{it}m_{it-1}, l_{it-1}m_{it-1},$$

$l_{it-1}k_{it}m_{it-1})'$$) = 0 \hspace{4cm}$ (3-25)

利用 GMM 估计采用式 3-20 估计得到生产函数中对应的参数估计向量，再根据 $\hat{\beta}_m + 2\hat{\beta}_{mm}m_{it} + \hat{\beta}_{lm}l_{it} + \hat{\beta}_{km}k_{it} + \hat{\beta}_{lmk}l_{it}k_{it}$ 得到行业层面的中间材料投入要素的产出弹性。[①] 最后，利用企业层面加成率的计算式 3-19 计算出企业层面的加成率估计值 $\hat{\mu}$。

图 3-2 列示了二位码行业对应的按从业人员加权平均的加成率。分行业的加权平均加成率均高于 1，但行业间的差异较大，平均加成率为 1.26，范围为 1.01～1.67。加成率较高的行业是烟草制品业（1.67），纺织服装、鞋、帽制造业（1.46），专业设备制造业（1.45）。其中烟草制造业为典型的垄断行业。加成率较低的行业是石油加工、炼焦及核燃料加工业（1.01），有色金属冶炼及压延加工业（1.05），化学化纤制造业（1.07）和农副食品加工业（1.17）。由于石油加工业样本较少，导致石油加工业加成率的估计受到一定影响，而其他较低加成率的行业主要为产能过剩行业和劳动密集型行业。

三、其他变量定义与描述性统计

（1）企业个体特征变量。根据 Bellone 等（2016）、黄先海等（2016b）的研究，本章主要选取以下变量：①企业年龄（age），以企业的"被调查年份-开业年份+1"表示。②企业规模（size），以企业每年的从业人数表示。③全要素生产率（TFP_op），根据杨汝岱（2015a），运用 OP 方法对二位码行业的全要素生产率进行估计，具体公式为 $TFP_{it}^{op} = \ln Y - \hat{\beta}_k^{op}\ln K_{it} - \hat{\beta}_l^{op}\ln L_{it}$。④出口产品质量（quality）。本章基于 Piveteau 和 Smagghue（2013）的研究，通过构建产品质量的局部均衡模型，将中间产品进口来源

---

① 根据 De Loecker 和 Warzynski（2012）、Lu 和 Yu（2015）的处理方式，考虑到行业间资本密集度不同可能导致生产函数具有较大差异性，本章对《国民经济行业分类》（GB/T 4754—2002）中的二位码行业对应投入要素的产出弹性进行估计，并在此基础上计算企业层面的加成率和全要素生产率。

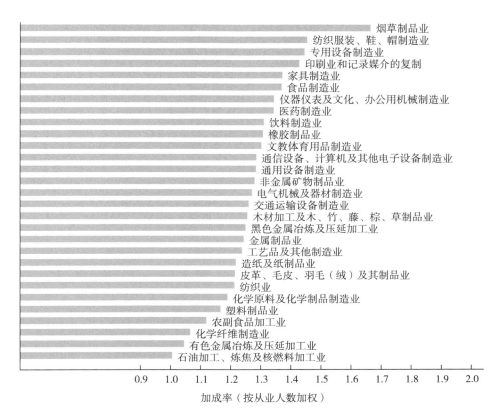

图 3-2　按从业人数加权平均的行业加成率

资料来源：笔者根据中国工业企业数据库计算所得。

国的实际汇率作为工具变量，[1] 克服模型内生性问题，在控制其他变量的条件下，剔除产品价格的影响得到产品质量，最终根据企业出口额加权得到企业层面的出口产品质量。⑤人均工资（wage），采用企业应付工资、福利费之和与其用工人数的比值来衡量。⑥资本集中度（kl），采用企业资本与

---

① 利用2000～2011年的中国海关企业层面进出口数据（Chinese Longitudinal Firm Trade Transaction Data，CLFTTD），本章分别选用了名义汇率和实际汇率作为工具变量对单位产品层面的质量进行测算。结果发现，名义汇率和实际汇率测算出来的质量基本相同，而实际汇率作为工具变量得到的负回归系数比例更高。同时，本章还尝试用"进口国的真实汇率×出口国的真实汇率"作为工具变量，但由于企业同一年从A国进口又出口到A国的比例只占样本的3.4%，因而采用此种方法需删除大量样本。

年均从业人数的比值来反映企业的技术结构和进入该行业的难易程度。⑦资产负债率（dabr），以企业的总资产与总负债的比值表示。

（2）控制变量。本章选取如下控制变量：①所有权类型（ownership）。根据 Lu 和 Yu（2015），按实收资本占比大小划分为国有企业、民营企业、中国港澳台企业和外商独资企业四种类型①。②年份变量（year），生成对应样本区间内的时间虚拟变量。③省份类别（prov），生成对应省份的虚拟变量。④行业类别（ind），生成二分位行业对应的虚拟变量。主要变量的描述性统计如表3-1所示。

表 3-1　主要变量的描述性统计

变量	变量名称	平均值	标准差	最小值	最大值
加成率	markup	1.2301	0.2477	0.8721	1.8231
企业年龄的对数值	lnage	2.1961	0.6167	0.6931	5.0562
企业规模的对数值	lnsize	10.8270	1.3635	8.0371	15.1801
出口产品质量	quality	2.9667	2.3970	-6.0266	7.1943
全要素生产率的对数值	TFP_op	2.9166	0.9807	0.1576	5.3924
人均工资的对数值	lnwage	2.8639	0.6184	0.0680	7.3224
资产负债率	dabr	0.5149	0.2398	0.0000	1.0000
资本集中度的对数值	lnkl	3.9706	1.3064	-0.0225	9.9183

资料来源：笔者整理得到。

四、数据来源及处理

1. 中国工业企业数据库

本章使用1998~2007年国家统计局提供的规模以上工业企业数据库。对应于《国民经济行业分类》（GB/T4754—2002）中的代码13~43共30个行业所有制造业企业。② 并根据 Brandt 等（2012）、杨汝岱（2015a）的做

---

① 根据企业登记注册类型来划分所有制类型并不准确。详见本书第33页脚注①。
② 2002年《国民经济行业分类》（GB/T4754—2002）中并不包含行业代码38。

法，对行业代码、价格指数进行调整。经统计，1998~2007年进入样本库的观测值共计2224381个。该数据库是目前可获得的最大企业层面微观数据库，非常具有代表性。

2. 中国工业企业数据库与海关数据库的匹配数据

中国海关企业层面进出口数据（CLFTTD）是目前较为原始、翔实、准确的出口贸易数据。每条出口记录包括企业代码、企业名称、企业类型、企业地址和联系信息、贸易方式、运输方式、产品计量单位、进出口产品HS8编码、出口数量、出口金额等详细信息。本章对企业出口产品质量的估测主要使用2000~2006年中国海关企业层面数据，将海关数据、GDP数据和汇率等数据进行对接时，删除了一些无法获得名义汇率和宏观数据的出口市场①数据记录，保留了180个出口目的国家。2000~2006年，海关库共有527099家企业，经过以上处理可用样本企业335077家，占比为63.6%。

由于中国海关企业数据库未提供有关企业年龄、规模等企业特征方面的信息，需要进一步将海关数据库与中国工业企业数据库对接。由于两个数据库采用不同的编码系统，两个数据库的匹配是一项非常复杂的工作。参考杨汝岱和李艳（2013）的匹配思路：第一步，根据企业名称进行直接匹配；第二步，对于未能匹配的企业，根据企业名称拆分的"词段"进行匹配，对于存在匹配关系的数据，再使用电话、区号和厂址等信息进行匹配。本章得到2000~2006年的匹配数据共计185068个观测值。

3. 其他数据库

出口产品质量的测算涉及企业进口中间产品来源国的汇率、进口国或出口国市场特征、进口国进口占比等变量，本章进一步使用了Penn World Table（PWT）8.0国别数据库②、IMF数据库中的IFS子数据库③、COMTRADE数据库。其中，中间产品进口国的GDP数据来自Penn World Table 8.0国别数据库；中国进口贸易伙伴国的年度双边名义汇率来自IFS

① 利用综合汇率数据和PWT8.0，本章主要分析中国的180个出口目的国。
② 资料来源：https：//pwt. sas. upenn. edu/php_ site/pwt_ index. php。
③ 资料来源：http：//data. imf. org/? sk=5DABAFF2-C5AD-4D27-A175-1253419C02D1。

数据库、每个贸易国的总进口数据来自COMTRADE数据库。

4. 数据处理

根据黄先海等（2016a）的做法，本章对2000~2006年的中国工业企业数据库与海关数据库的合并样本进行数据处理，主要包括删除了从业人数小于8、固定资产总值小于固定资产净值、非制造业行业等异常值样本；删除固定资产折旧、营业收入等指标缺失的样本；为剔除企业业绩较差或兼并重组等影响，剔除了营业利润率绝对值大于1和资产负债率大于1或小于0的样本。同时，本章对关键指标在第1%、第99%分位进行了Winsorize处理，并对涉及的变量均以1998年为基期进行了平减处理，本章最终得到了147490个样本观测值。样本分布见表3-2。

表3-2　样本分布状况

		观测样本	占比（%）	规模（%）			质量（%）			是否获得补贴（%）	
				小	中	大	低	中	高	否	是
所有权	国有企业	5651	3.83	0.44	0.70	2.70	1.37	1.26	1.20	2.45	1.38
	民营企业	49237	33.38	11.04	10.98	11.37	12.31	12.24	8.84	23.73	9.65
	中国港澳台企业	44354	30.07	11.50	10.79	7.79	10.35	9.46	10.27	26.24	3.83
	外商独资企业	48248	32.71	10.04	10.53	12.14	8.98	10.04	13.69	27.24	5.47
地区	东部地区	138222	93.72	31.75	31.39	30.58	30.65	31.04	32.03	75.47	18.25
	中部地区	5681	3.85	0.86	1.03	1.97	1.42	1.23	1.20	2.71	1.14
	西部地区	3587	2.43	0.40	0.58	1.45	0.93	0.72	0.78	1.49	0.94
	合计	147490	100.00	33.00	32.99	34.00	33.00	33.00	34.00	79.67	20.33

资料来源：笔者整理得到。

第四节　实证结果与分析

根据双边随机边界模型的设定，首先，本章对影响出口企业加成率的因素进行回归分析，在回归的基础上进行方差分解，测度竞争效应、选择效应对出口企业加成率的影响效应；其次，根据样本的异质性问题，本章对所有权、地区、质量等子样本分组的分布特征差异进行了深入分析；最后，本章考虑到全要素生产率对出口企业选择效应的影响，进行了相应的稳健性检验。

一、全样本的随机边界模型估计

1. 出口企业加成率的影响因素分析

基于竞争效应和选择效应对出口企业加成率的影响机制及定量测度方法，本章首先对计量模型式3-12进行估计，表3-3列示了运用双边随机前沿模型估计得到的回归结果。在表3-3中，第（1）列采用直接控制全部变量的最小二乘估计（OLS），第（2）~（6）列采用逐步增加控制变量的双边随机前沿下的最大似然估计（MLE）。其中，第（2）列不加入所有权类型、年份等控制变量，第（3）~（6）列在第（2）列的基础上依次加入所有权类型（ownership）、年份（year）、省份（prov）和行业（ind）的控制变量，模型6对所有变量均进行了控制。似然比检验结果表明，第（3）~（6）列结果显著异于第（2）列，即通过逐步增加变量回归的方法更为合理。根据回归模型对应的对数极大似然函数值（Log likelihood），本章后续以第（6）列作为方差分解的基准模型。

根据表3-3第（6）列的回归结果，从影响方向看，企业年龄、企业规模、全要素生产率、产品质量和资本集中度对出口企业的加成率影响为正，而资产负债率和人均工资对出口企业的加成率呈负向影响。从影响大小看，全要素生产率对出口企业加成率的影响最大，全要素生产率每提高1%，则出口企业的加成率将提升0.145%。原因在于，一方面，全要素生产率较高的企业将生产产品的能力转化为技术水平的效率更高，有利于出口企业加成率的提高；另一方面，根据 Melitz 和 Ottaviano（2008），高效率企业可以承担出口进入成本，通常具有更高的企业加成率水平。由于高效率企业可以通过"自我选择"进入出口市场，使出口企业的平均表现高于非出口企业（余子良和佟家栋，2016），对全要素生产率的控制可能降低了选择效应对出口企业加成率的影响程度，本章将在稳健性检验部分对这一问题进行深入讨论。

表3-3 双边随机边界模型的基本估计结果（全样本）

因变量	lnmarkup					
	（1）	（2）	（3）	（4）	（5）	（6）
lnage	0.0163***	0.0155***	0.0160***	0.0160***	0.0155***	0.0124***
	(33.6766)	(30.1903)	(30.0839)	(29.8885)	(28.9805)	(32.6729)
lnsize	0.0112***	0.0177***	0.0177***	0.0175***	0.0178***	0.0188***
	(37.4896)	(62.7433)	(62.5810)	(61.2973)	(62.2848)	(86.1454)
TFP_op	0.1521***	0.1249***	0.1248***	0.1247***	0.1244***	0.1452***
	(363.7222)	(318.7643)	(315.4147)	(314.2400)	(314.3026)	(453.7039)
lnquality	0.0102***	0.0054***	0.0051***	0.0051***	0.0061***	0.0070***
	(21.0775)	(10.8306)	(10.0989)	(10.0979)	(11.9862)	(18.9650)
lnwage	−0.0061***	0.0231***	0.0225***	0.0208***	0.0216***	−0.0041***
	(−9.5643)	(40.4327)	(38.5381)	(34.7351)	(34.4600)	(−8.7245)
kl	0.0146***	0.0001	−0.0000	0.0004	−0.0003	0.0139***
	(49.3432)	(0.5192)	(−0.1636)	(1.5208)	(−1.0985)	(62.7648)
dabr	−0.0328***	−0.0373***	−0.0368***	−0.0369***	−0.0361***	−0.0191***
	(−26.2844)	(−29.5103)	(−28.4281)	(−28.3510)	(−27.6851)	(−20.5497)
ownership	YES	NO	YES	YES	YES	YES
year	YES	NO	NO	YES	YES	YES
prov	YES	NO	NO	NO	YES	YES
ind	YES	NO	NO	NO	NO	YES
Constant	−0.5368***	−0.5253***	−0.5249***	−0.5226***	−0.5073***	−0.6638***
	(−1.2e+02)	(−2.1e+02)	(−1.6e+02)	(−1.5e+02)	(−1.2e+02)	(−1.9e+02)
adj. R^2	0.7341					
Log likelihood		93517.7000	93555.5770	93646.4530	94561.3230	137441.1700

因变量	lnmarkup					
	（1）	（2）	（3）	（4）	（5）	（6）
LR（chi2）			75.7551	257.5072	2087.2461	87846.9360
p-value			0.0000	0.0000	0.0000	0.0000
N	139738	139738	139738	139738	139738	139738

注：①＊、＊＊、＊＊＊分别表示在10%、5%和1%水平下显著，括号内为t值。②在回归变量中，ownership以国有企业为基准，prov以北京（代码11）为基准，ind以农副食品加工行业（二位行业代码13）为基准。

2. 方差分解：选择效应与竞争效应对出口企业加成率的解释能力

表3-4呈现了在表3-3第（6）列的回归结果基础上的方差分解结果。出口企业面临的选择效应与竞争效应对加成率具有重要的影响，其中选择效应系数的估计值为0.0865[①]，而竞争效应系数的估计值为0.0409，这使得二者对出口企业加成率的综合效应的影响为正，即 $E（w-u）=\sigma_w-\sigma_u=0.0456$，这表明综合而言，选择效应对出口企业加成率的正向效应大于竞争效应对出口企业加成率的负向效应，导致出口企业实际提供的加成率高于企业有效加成率水平。根据方差分解结果，复合扰动项的总方差为0.0099，选择效应与竞争效应的共同影响可以解释总方差（$\sigma_v^2+\sigma_u^2+\sigma_w^2$）的92.24%，未能解释的部分只占7.76%。其中，选择效应的影响占比高达81.70%，而竞争效应的影响占比仅为18.30%。方差分解结果表明，出口企业面临的选择效应明显大于竞争效应，我国企业更加倾向于主动选择出口行为，虽然整体上存在出口企业加成率低于非出口企业加成率的"悖论"，但出口企业的实际加成率相对有效加成率水平仍出现正向偏离。

---

① 这一数值通过表3-3对应的回归系数结果来分析对出口企业加成率的具体影响效应，实际强弱程度需要进一步根据预期剩余的百分比来进行衡量。

表3-4 方差分解：选择效应与竞争效应的影响

	变量含义	符号	测度系数
复合扰动项	随机误差	σ_v	0.0278
	选择效应系数	σ_u	0.0865
	竞争效应系数	σ_w	0.0409
方差分解	复合扰动项的总方差	$\sigma_v^2 + \sigma_u^2 + \sigma_w^2$	0.0099
	总方差中选择效应与竞争效应共同的影响占比	$(\sigma_u^2 + \sigma_w^2) / (\sigma_v^2 + \sigma_u^2 + \sigma_w^2)$	0.9224
	选择效应的影响占比	$\sigma_u^2 / (\sigma_u^2 + \sigma_w^2)$	0.8170
	竞争效应的影响占比	$\sigma_w^2 / (\sigma_u^2 + \sigma_w^2)$	0.1830

3. 选择效应与竞争效应对出口企业加成率影响的偏离程度测度

本章根据式3-9、式3-10重点测算选择效应与竞争效应分别对出口企业加成率影响的偏离程度，即 $E(1-e^{-w_i} \mid \varepsilon_i)$ 和 $E(1-e^{-u_i} \mid \varepsilon_i)$，其对应的政策含义是由于企业面临的选择效应和竞争效应差异，企业实际提供的加成率相对于有效加成率 $\ln \hat{m} = z_i' \hat{\sigma}$ 偏离的百分比。根据表3-5的估计结果，平均而言，选择效应使出口企业的加成率比有效加成率水平高7.9522%，而竞争效应使出口企业的加成率比有效加成率低3.9305%。根据选择效应和竞争效应对企业加成率的净效应 $E(e^{-u_i} - e^{-w_i} \mid \varepsilon_i)$，二者相互作用的最终效果是使出口企业实际加成率比有效加成率水平高4.0217%。这表明，由于出口企业面临的选择效应和竞争效应差异，如果出口企业的有效加成率为100，最终提供的实际加成率则为104.0217。以2000~2006年中国工业企业数据库与海关数据库的匹配数据为例，样本区间内的出口企业实际平均加成率为1.257，企业本应提供的有效加成率水平为1.208，相比提高了0.049。

表3-5的后三列（Q1~Q3）更为详尽地列示了选择效应和竞争效应对出口企业加成率的净效应分布情况。结果表明，选择效应和竞争效应分别使出口企业加成率的有效水平发生了不同方向的偏离，具有较强的异质性，但是在出口企业加成率的实际形成过程中选择效应始终发挥了主导作用。具体而言，在第1四分位（Q1），选择效应的正向影响与竞争效应的负向影

响共同作用的结果是使 1/4 出口企业的加成率下降了 0.7108%。然而，根据第 2 四分位和第 3 四分位的统计结果，二者共同作用的结果使这一分位对应的 1/4 出口企业加成率分别上升了 2.3930% 和 7.3745%。

表 3-5　选择效应和竞争效应对出口企业加成率影响的净效应估计（全样本）

单位：%

变量	平均值	标准差	Q1	Q2	Q3
选择效应：$\hat{E}(1-e^{-w}\mid\varepsilon)$	7.9522	6.7511	3.2520	5.2603	10.0788
竞争效应：$\hat{E}(1-e^{-u}\mid\varepsilon)$	3.9305	2.5020	2.7043	2.8673	3.9628
净效应：$\hat{E}(e^{-u}-e^{-w}\mid\varepsilon)$	4.0217	8.0104	-0.7108	2.3930	7.3745

注：Q1、Q2、Q3 分别表示第 1、第 2、第 3 四分位，即第 25、第 50 和第 75 百分位，下同。

对于我国出口企业，选择效应的正向影响和竞争效应的负向影响的共同净效应使企业的加成率高于有效加成率水平，这表明我国出口企业平均而言具有一定的盈利能力和定价能力，但从加成率的提高幅度来看，它只高于市场可以认可的企业加成率基准的 4.0217%，我国出口企业在国际市场上的竞争力仍然不足，这就不难理解为何我国出口企业加成率低于内销企业了。一方面，选择效应对我国出口企业的正向影响有限，平均只有 7.9522 个百分点。由于我国广泛存在针对出口企业的出口退税、补贴等产业政策（国内市场分割严重），使大量低加成率企业从事出口，造成我国出口企业的加成率水平偏低（刘啟仁和黄建忠，2015；黄先海等，2016b）。另一方面，我国内需长期不足，但国际市场却保持着较为旺盛的需求，使得大量低加成率的企业涌入出口市场，加之大量新进企业为了抢占市场偏向提供低价产品，竞争效应的负向影响抵减了大部分选择效应对出口企业加成率的正向影响。

图 3-3 更为直观地展示了选择效应和竞争效应对出口企业加成率影响的具体分布特征。图 3-3（a）和图 3-3（b）显示，虽然选择效应和竞争效应的影响都呈向右拖尾的分布特征，但选择效应向右拖尾的特征更加明显，这表明选择效应在少数出口企业中处于绝对的强势地位。但竞争效应

使53.57%的出口企业的实际加成率低于有效加成率3.52%，这进一步表明竞争效应对出口企业的影响更具有普遍性，抵减了大部分选择效应对出口企业加成率的正向影响。图3-3（c）显示，选择效应和竞争效应综合作用的净效应明显大于零，只有不到15%的出口企业的实际加成率低于有效加成率水平。值得注意的是，选择效应使51.36%的出口企业获得的实际加成率高于有效加成率5.34%，这进一步表明虽然选择效应的正向影响和竞争效应的负向影响的共同净效应使企业的加成率高于有效水平，但是选择效应作用效果有限且大部分被竞争效应所抵减，选择效应对我国出口企业加成率的正向作用仍未能有效发挥。

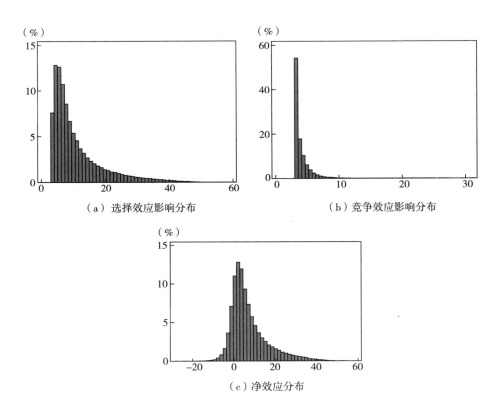

（a）选择效应影响分布　　　　（b）竞争效应影响分布

（c）净效应分布

图3-3　选择效应、竞争效应影响的频数分布

资料来源：笔者整理得到。

二、选择效应、竞争效应影响出口企业加成率的子样本分布特征

为检验实证结果的稳健性，本章进一步从年度、所有权性质、地区、产业类型和质量等级等方面进行分组估计，研究选择效应和竞争效应在不同子样本的分布估计特征。

1. 按年度分组的子样本估计

表3-6列示了选择效应和竞争效应对企业加成率影响的净效应年度分布特征估计结果，选择效应和竞争效应综合影响的净效应从2000年的3.9950%上升到2006年的4.2772%，总体提升只有0.2822个百分点。虽然我国出口企业加成率整体低于非出口企业，但是选择效应的作用效果仍大于竞争效应。总体而言，伴随着对外开放政策的积极实施，我国企业在国际市场上的竞争力有了一定程度的提升，出口企业的实际加成率均高于有效加成率水平，但提高幅度平均只有4个百分点。从市场改革历程来看，自党的十六大以来，尤其是加入WTO之后，我国大力实施"走出去"战略，对全面提高对外开放水平产生了深远影响，选择效应使更多高效率企业从事出口活动，提高了我国出口企业在国际市场上的竞争力和定价能力。但是，伴随着出口退税、出口补贴等政策的实施，越来越多的低效率企业涌入出口市场，阻碍了选择效应的有效发挥。从企业自身来看，大量出口企业的竞相压价带来了过大的竞争效应，进一步抵减了选择效应对出口企业加成率的正向影响，导致我国出口企业总体的加成率提高有限（刘啟仁和黄建忠，2015）。

表3-6　选择效应和竞争效应对企业加成率影响的净效应年度分布特征

单位：%

年份	平均值	标准差	Q1	Q2	Q3
2000	3.9950	7.9631	−0.7505	2.4884	7.5819
2001	3.8809	7.8202	−0.7128	2.4123	7.2423

续表

年份	平均值	标准差	Q1	Q2	Q3
2002	4.0594	8.0561	-0.7469	2.4770	7.4362
2003	3.6958	7.4248	-0.6406	2.2721	6.6027
2004	4.0998	8.3087	-0.6268	2.2426	7.1362
2005	3.9633	7.9290	-0.7197	2.3907	7.2621
2006	4.2772	8.2639	-0.8006	2.5715	8.2231

根据表3-6的结果，本章绘制了净效应、出口企业实际加成率与有效加成率在样本区间内的变动趋势（见图3-4）。图3-4主要呈现两个特点：一是选择效应与竞争效应二者产生的正向净效应使出口企业的实际加成率始终高于有效加成率水平；二是净效应的波动趋势较为平缓，其结果是使出口企业实际加成率相对有效加成率在样本区间内平均提高4个百分点，提高幅度较为有限。这也表明，选择效应未能有效地发挥，并且出口市场存在的过大竞争效应最终限制了我国出口企业实际加成率的进一步提升。

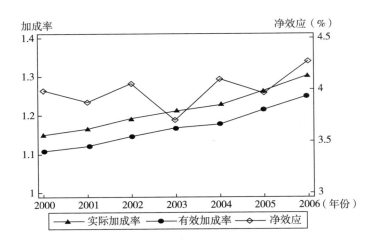

图3-4　2000~2006年净效应、实际加成率与有效加成率

2. 按所有制分组的子样本估计

选择效应和竞争效应对不同所有权企业的出口行为影响具有较大差异（Lu 和 Yu，2015；黄先海等，2016a）。表 3-7 的估计结果显示，在所有权类型方面，选择效应的正向影响均超过了竞争效应的负向影响，出口企业的实际加成率不同程度地高于有效加成率水平。其中，国有企业的加成率最高，外商独资企业次之，而民营企业最低。平均而言，国有企业的实际加成率高于有效加成率 4.3224%，而民营企业实际加成率只高于有效加成率 3.7303%。这主要因为国有企业相对其他类型的企业更具"政策优势"，以补贴为例，样本区间内国有企业获得补贴的占比为 36.0%，而民营企业只有 28.9%，补贴政策明显更倾向于国有企业。[①] 由于存在补贴、出口退税等政策，使国有企业更加倾向于出口，既使企业降低了对国际市场价格竞争的敏感度，又使企业调整后的实际加成率提高。对于外商独资企业而言，由于其相对国内企业具有技术和生产效率优势，选择出口的倾向性最强，且定价受国际市场影响较小，往往并不需要为维持市场份额而压低产品价格，因此外商独资企业的加成率相对较高。对于民营企业而言，为了维持出口市场份额需要尽可能压低价格，这导致竞争效应过大，大部分抵减了选择效应对民营企业加成率的正向影响。由此看来，重点解决好民营企业的技术创新问题，营造良性有序的市场竞争环境，对我国出口企业加成率水平的总体提升大有裨益。

表 3-7 选择效应和竞争效应对企业加成率影响的净效应估计（按所有制分组）

单位：%

企业类型	变量	平均值	标准差	Q1	Q2	Q3
国有企业 （ownership=1）	选择效应：$\hat{E}\,(1-e^{-w}\mid\varepsilon)$	8.3593	7.1490	3.2108	5.4878	11.0582
	竞争效应：$\hat{E}\,(1-e^{-u}\mid\varepsilon)$	4.0370	2.8126	2.7035	2.8372	4.0401
	净效应：$\hat{E}\,(e^{-u}-e^{-w}\mid\varepsilon)$	4.3224	8.5783	-0.8293	2.6506	8.3547

① 根据表 3-2 统计，样本区间内共有国有企业 5651 家，其中获得政府补贴的企业 2035 家，占比 36.0%；民营企业 49237 家，其中获得政府补贴的企业 14229 家，占比 28.9%。

企业类型	变量	平均值	标准差	Q1	Q2	Q3
民营企业 （ownership＝2）	选择效应：$\hat{E}$（$1-e^{-w}$｜ε）	7.6189	6.2476	3.2723	5.1691	9.6292
	竞争效应：$\hat{E}$（$1-e^{-u}$｜ε）	3.8886	2.3986	2.7051	2.8812	3.9274
	净效应：$\hat{E}$（$e^{-u}-e^{-w}$｜ε）	3.7303	7.4744	−0.6551	2.2879	6.9241
中国港澳台 企业 （ownership＝3）	选择效应：$\hat{E}$（$1-e^{-w}$｜ε）	7.9126	6.7925	3.2591	5.2420	9.8827
	竞争效应：$\hat{E}$（$1-e^{-u}$｜ε）	3.8994	2.4188	2.7046	2.8700	3.9503
	净效应：$\hat{E}$（$e^{-u}-e^{-w}$｜ε）	4.0132	7.9929	−0.6911	2.3720	7.1781
外商独资企业 （ownership＝4）	选择效应：$\hat{E}$（$1-e^{-w}$｜ε）	8.2798	7.1286	3.2282	5.3714	10.6289
	竞争效应：$\hat{E}$（$1-e^{-u}$｜ε）	3.9896	2.6373	2.7037	2.8518	4.0066
	净效应：$\hat{E}$（$e^{-u}-e^{-w}$｜ε）	4.2903	8.4609	−0.7784	2.5195	7.9252

3. 按地区分组的子样本估计

根据国家统计局 2003 年的划分标准，将全国 31 个省（自治区、直辖市，不包含港澳台地区）划分为东部地区、中部地区和西部地区。① 表 3-8 的估计结果显示，在地区类别方面，选择效应和竞争效应的综合作用影响按照东部地区、中部地区和西部地区依次增强。平均而言，西部地区企业的实际加成率高于有效加成率 4.5932%，而东部地区实际加成率只高于有效加成率约 4 个百分点。由于地理位置优势，出口高密度企业主要集中于东部地区，促使大量生产效率低、缺乏定价权的企业从事出口行为，这既阻碍了选择效应的发挥，又强化了竞争效应，导致竞争效应抵减了大部分选择效应对东部地区出口企业加成率的正向影响。相反，由于中部、西部地区相对于东部地区在地理位置上的弱势，出口企业的竞争效应偏低，从而提升了出口企业实际加成率。加之，2000 年的西部大开发战略和 2004 年的中部崛起计划地相继提出在一定程度上推动了中部、西部企业加成率的提升，使中部、西部地区出口企业实际加成率偏离有效水平的程度更大。

---

① 东部地区包括北京、天津、河北、辽宁、上海、江苏、浙江、福建、山东、广东、广西、海南；中部地区包括山西、内蒙古、吉林、黑龙江、安徽、江西、河南、湖北、湖南；西部地区包括重庆、四川、贵州、云南、西藏、陕西、甘肃、宁夏、青海、新疆。

表 3-8 选择效应和竞争效应对企业加成率影响的净效应估计（按地区分组）

单位：%

地区	变量	平均值	标准差	Q1	Q2	Q3
东部地区 （region = 1）	选择效应：$\hat{E}$（$1-e^{-w}\mid\varepsilon$）	7.9236	6.7265	3.2560	5.2471	9.9971
	竞争效应：$\hat{E}$（$1-e^{-u}\mid\varepsilon$）	3.9249	2.4916	2.7044	2.8692	3.9558
	净效应：$\hat{E}$（$e^{-u}-e^{-w}\mid\varepsilon$）	3.9987	7.9781	−0.6998	2.3779	7.2927
中部地区 （region = 2）	选择效应：$\hat{E}$（$1-e^{-w}\mid\varepsilon$）	8.2435	6.9690	3.1899	5.4587	10.8594
	竞争效应：$\hat{E}$（$1-e^{-u}\mid\varepsilon$）	3.9975	2.6599	2.7036	2.8407	4.0823
	净效应：$\hat{E}$（$e^{-u}-e^{-w}\mid\varepsilon$）	4.2461	8.3347	−0.8924	2.6180	8.1558
西部地区 （region = 3）	选择效应：$\hat{E}$（$1-e^{-w}\mid\varepsilon$）	8.6434	7.3199	3.1756	5.6062	11.8716
	竞争效应：$\hat{E}$（$1-e^{-u}\mid\varepsilon$）	4.0503	2.6498	2.7033	2.8238	4.1126
	净效应：$\hat{E}$（$e^{-u}-e^{-w}\mid\varepsilon$）	4.5932	8.7245	−0.9371	2.7824	9.1683

4. 按产业类型分组的子样本估计

根据王洁玉等（2013），将产业划分为劳动密集型、资本密集型和技术密集型，表 3-9 显示了按产业类型分组的子样本估计结果。平均而言，劳动密集型产业获得的净效应最高，达到 4.0439%。劳动密集型产业在我国经济结构中占有重要地位，虽然目前我国劳动密集型出口企业平均生产率仍然很低，但出口选择效应的发挥更多地依靠劳动力成本比较优势，使这类企业的实际加成率较高，同时这类企业也通常采取"低质、低价"的出口模式，不利于我国出口企业在国际市场上的长期发展。技术密集型产业获得的净效应较低的原因在于，技术密集型产业对技术和智力要素的依赖大大超过其他生产要素，我国技术密集型产业更多地依靠国外先进设备的引进和技术模仿，但自主创新能力不足，导致此类产业实际出口加成率相对有效加成率水平的提升有限。资本密集型产业主要包括基础工业和重工业，与技术密集型产业相比，资本密集型产业更多依靠资金和设备的投入，并未充分利用劳动力的比较优势，选择效应和竞争效应相互作用的结果是使此类产业获得的净效应居中。另外，根据表 3-9 第 1 四分位的估计结果，选择效应的正向影响和竞争效应的负向影响综合作用的结果是使劳动密集型产业的实际加成率偏离有效加成率−0.7654%，而技术密集型产业只偏

离 −0.6015%，这进一步表明，对于这 25% 的企业而言，主要依靠劳动力比较优势并不能提升其在国际市场上的议价能力和市场地位。

表 3-9 选择效应和竞争效应对企业加成率影响的净效应估计（按产业类型分组）

单位：%

产业类型	变量	平均值	标准差	Q1	Q2	Q3
劳动密集型（ind=1）	选择效应：$\hat{E}(1-e^{-w}\mid\varepsilon)$	7.9858	6.8340	3.2327	5.3408	10.0679
	竞争效应：$\hat{E}(1-e^{-u}\mid\varepsilon)$	3.9418	2.5378	2.7043	2.8559	3.9981
	净效应：$\hat{E}(e^{-u}-e^{-w}\mid\varepsilon)$	4.0439	8.1048	−0.7654	2.4849	7.3636
资本密集型（ind=2）	选择效应：$\hat{E}(1-e^{-w}\mid\varepsilon)$	7.9641	6.6662	3.2437	5.2999	10.2901
	竞争效应：$\hat{E}(1-e^{-u}\mid\varepsilon)$	3.9549	2.5335	2.7040	2.8616	3.9779
	净效应：$\hat{E}(e^{-u}-e^{-w}\mid\varepsilon)$	4.0092	7.9674	−0.7342	2.4383	7.5861
技术密集型（ind=3）	选择效应：$\hat{E}(1-e^{-w}\mid\varepsilon)$	7.8933	6.7180	3.2924	5.1253	9.8601
	竞争效应：$\hat{E}(1-e^{-u}\mid\varepsilon)$	3.8903	2.4180	2.7046	2.8883	3.8939
	净效应：$\hat{E}(e^{-u}-e^{-w}\mid\varepsilon)$	4.0030	7.9195	−0.6015	2.2371	7.1554

5. 按质量等级分组的子样本估计

根据产品质量的第 33 和第 66 百分位将样本划分为低档、中档和高档质量三组，表 3-10 显示了按质量等级分组的子样本估计结果。平均而言，产品质量等级越高，选择效应和竞争效应的综合作用使出口企业的实际加成率越高于有效加成率水平。其中，高档质量等级的企业获得的净效应估计值为 4.1387%，而低档质量等级的企业获得的净效应估计值只有 3.8810%。这表明，企业产品质量的提高有利于增强出口企业加成率，本章的结论与现有文献相一致（Bellone 等，2016；许明和邓敏，2016）。产品质量至少可以通过两条渠道提高出口企业加成率：一是出口企业通过产品的质量强化渠道提高产品价格，降低企业面临的外部市场竞争程度，减少企业面临的竞争效应；二是通过提高产品质量，满足消费者的消费需求和改善消费者福利，增强企业盈利能力，提高企业选择出口的意愿。

表 3-10　选择效应和竞争效应对企业加成率影响的净效应估计（按质量等级分组）

单位：%

质量等级	变量	平均值	标准差	Q1	Q2	Q3
低档质量 （qqual = 1）	选择效应：$\hat{E}$（$1-e^{-w}\mid\varepsilon$）	7.8901	6.6991	3.2053	5.1988	10.0993
	竞争效应：$\hat{E}$（$1-e^{-u}\mid\varepsilon$）	4.0091	2.6297	2.7042	2.8765	4.0511
	净效应：$\hat{E}$（$e^{-u}-e^{-w}\mid\varepsilon$）	3.8810	8.0494	-0.8459	2.3223	7.3951
中档质量 （qqual = 2）	选择效应：$\hat{E}$（$1-e^{-w}\mid\varepsilon$）	7.9080	6.6361	3.2711	5.2954	10.0062
	竞争效应：$\hat{E}$（$1-e^{-u}\mid\varepsilon$）	3.8883	2.4155	2.7044	2.8622	3.9295
	净效应：$\hat{E}$（$e^{-u}-e^{-w}\mid\varepsilon$）	4.0197	7.8519	-0.6584	2.4332	7.3018
高档质量 （qqual = 3）	选择效应：$\hat{E}$（$1-e^{-w}\mid\varepsilon$）	8.0459	6.9014	3.2754	5.2715	10.1313
	竞争效应：$\hat{E}$（$1-e^{-u}\mid\varepsilon$）	3.9072	2.4757	2.7042	2.8656	3.9222
	净效应：$\hat{E}$（$e^{-u}-e^{-w}\mid\varepsilon$）	4.1387	8.1280	-0.6468	2.4058	7.4271

第五节　稳健性检验

通过以上分析，本章发现中国出口企业由于面临的选择效应大于竞争效应，使实际加成率仍高于有效加成率水平，选择效应对我国出口企业的正向影响有限，且竞争效应的负向影响却抵减了大部分选择效应的正向影响，这正是理解我国出口企业低加成率之谜的关键。

一、"出口低加成率之谜"与"出口—生产率悖论"

大量研究表明，中国出口企业的生产率反而低于非出口企业，这与新新贸易理论的核心结论相反，存在典型的中国企业"出口—生产率悖论"（戴觅等，2014；杨汝岱，2015b）。出口企业相比非出口企业通常具有更高的生产率，在选择效应的作用下，出口企业具有更高的加成率。换言之，中国出口低加成率可能与中国典型的"出口—生产率悖论"现象密切相关。

为验证二者的关系，本章以出口企业和非出口企业的加成率均值差（Marku-p_{exp} − Markup$_{noexp}$）与非出口企业加成率均值（Markup$_{noexp}$）的比值，即（Markup$_{exp}$ − Markup$_{noexp}$）/ Markup$_{noexp}$ 表示两类企业的加成率差异，同理构建了全要素生产率（TFP）对应的指标[1]。为保证结果的稳健性，本章在指标计算前对样本进行了倾向得分匹配（Rosenbaum 和 Rubin，1983）。[2]

根据图 3-5 所示结果，本章发现：第一，全要素生产率在样本区间内的离差占比呈现整体下降趋势，尤其是 2003 年之后存在典型的"出口—生产率悖论"的现象。加成率的离差占比始终小于 0，验证了我国出口企业加成率低于非出口企业的典型事实。第二，我国出口企业的低加成率之谜与"出口—生产率悖论"密切相关。2004 年以前，随着全要素生产率离差占比的下降，加成率离差占比始终低于 0，而 2004 年之后，加成率与全要素生产率的离差占比趋势基本一致。

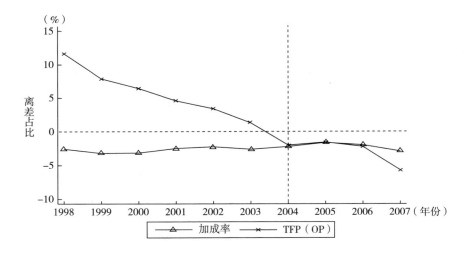

图 3-5 "出口低加成率之谜"与"出口—生产率悖论"（倾向得分匹配）

资料来源：笔者根据 1998~2007 年中国工业企业数据库计算而得。

---

① 采用 OP 法计算的全要素生产率表示，即 TFP（OP）。
② 根据祝树金和张鹏辉（2015）、盛丹和王永进（2012）的做法，选取从业人数、营业利润、企业年龄、资产负债率、员工人均工资和全要素生产率等维度，采用最近邻域法进行倾向得分匹配。

根据以上分析，"出口—生产率悖论"可能是导致我国出口企业低加成率的重要因素，使出口企业扭转加成率低于非出口企业局面的核心在于提升我国出口企业的全要素生产率。为检验这一机制，本章利用 2000~2006 年中国工业企业数据库与海关数据库的匹配数据，在式 3-12 中剔除 TFP 的影响，将其影响效应全部置于选择效应，重新估计得到的结果如表 3-11 所示。稳健性检验结果中的竞争效应与未包含全要素生产率的结果（见表 3-5）相比，并未发生明显变动，但是选择效应从 7.9522% 提高到了 11.0489%，足足增长了 38.94 个百分点，换言之，全要素生产率可以解释选择效应的38.94%。从净效应看，由于选择效应的提高，出口企业的实际加成率相比有效加成率提高 7.095 个百分点，比未包含全要素生产率的净效应结果高 3.0878个百分点。由于全要素生产率可以通过影响选择效应进而影响出口企业的实际加成率，稳健性检验的估计结果进一步表明，"出口—生产率悖论"典型事实的存在严重制约了我国出口企业实际加成率的提升，阻碍了选择效应的有效发挥，这也是导致我国"出口低加成率之谜"的重要因素。

表 3-11　选择效应和竞争效应对企业加成率影响的净效应稳健性估计

（剔除 TFP 影响）　　　　　　　　　单位：%

变量	平均值	标准差	Q1	Q2	Q3
选择效应：$\hat{E}\ (1-e^{-w}\mid \varepsilon)$	11.0489	8.0861	5.5470	8.1037	13.5796
竞争效应：$\hat{E}\ (1-e^{-u}\mid \varepsilon)$	3.9394	1.4236	3.0679	3.4512	4.2298
净效应：$\hat{E}\ (e^{-u}-e^{-w}\mid \varepsilon)$	7.1095	8.8809	1.3173	4.6525	10.5117

二、基于倾向得分匹配的出口与非出口企业差异

为解释中国"出口低加成率之谜"，有必要比较竞争效应和选择效应分别对出口企业与非出口企业的影响效应。利用 PSM 方法，筛选出具备出口条件但并未选择出口的非出口（内销）企业，并在此基础上通过双边随机边界模型估计竞争效应和选择效应分别对出口和非出口企业的影响效应，选取 1998~2007 年的面板数据作为样本。

实现这一比较的基本步骤：第一步，估计企业的出口倾向。通过选取影响企业特征的因素，基于 Logit 模型进行回归，计算得到对应的倾向性得分（Propensity Score）；第二步，根据最近邻域匹配法对样本进行匹配，区分内销企业（控制组）和出口企业（处理组），并满足平行性假设和共同支撑假设；第三步，基于双边随机边界模型，分别对控制组和处理组样本进行估计，计算和比较选择效应和竞争效应对企业加成率影响的净效应。估计结果如表 3-12 所示。

表 3-12　1998~2007 年基于倾向得分匹配的净效应估计　　　　单位：%

企业类型	变量	平均值	标准差	Q1	Q2	Q3
出口 （export = 1）	选择效应：$\hat{E}$（$1-e^{-w}$｜ε）	8.1591	6.9333	3.2705	5.4693	10.5483
	竞争效应：$\hat{E}$（$1-e^{-u}$｜ε）	3.2140	1.7244	2.4050	2.5009	3.1970
	净效应：$\hat{E}$（$e^{-u}-e^{-w}$｜ε）	4.9452	7.7348	0.0735	2.9683	8.1433
内销 （export = 0）	选择效应：$\hat{E}$（$1-e^{-w}$｜ε）	8.6790	7.4222	3.2363	5.8110	11.5542
	竞争效应：$\hat{E}$（$1-e^{-u}$｜ε）	3.2982	1.9715	2.4047	2.4753	3.2301
	净效应：$\hat{E}$（$e^{-u}-e^{-w}$｜ε）	5.3808	8.3486	0.0062	3.3357	9.1495

根据表 3-12 的估计结果，在 1998~2007 年的样本区间内，出口企业获得的净效应为 4.9452%，而内销企业获得净效应为 5.3808%，匹配后出口企业比内销企业获得的净效应少 0.4256 个百分点，这进一步表明我国出口企业的加成率水平确实低于非出口企业，存在典型的"出口低加成率陷阱"。从竞争效应和选择效应的作用效果来看，出口企业与内销企业的差距主要在于选择效应，后者为 8.6790%，而前者只有 8.1591%，二者相差 0.5199 个百分点，这说明选择效应对出口企业的作用有限。一方面，由于我国存在"出口—生产率悖论"的典型事实，出口企业生产率偏低仍是我国出口企业加成率不高的主要原因；另一方面，我国的出口导向政策和政府的出口退税、补贴等政策的存在，使大量低加成率企业主动选择进入出口市场，并且很多低加成率企业选择从事加工贸易，特别是来料加工贸易，这严重阻碍了选择效应的发挥，导致出口企业实际获得的加成率偏低，这与戴觅等（2014）的研究结论相一致。

第四章　产业集聚与中国出口企业加成率

本章基于中国工业企业数据库数据，构建了产业集聚影响中国出口企业加成率的理论模型，并在此基础上深入考察了产业集聚对中国出口企业加成率的影响及其作用机制。研究发现：产业集聚显著促进了企业加成率的提升，经济本地化带来的劳动力外溢、劳动力成本降低和共享基础设施等均能有效促进了企业加成率的提升。这一研究结论在解决样本的内生性、变量替换等问题后依然稳健。

第一节　引言

产业对于经济增长的作用从 20 世纪 90 年代开始成为新经济地理学研究的热点话题，并有大量的学术研究从宏观层面进行了理论研究和实证检验（Krugman，1991b；Fujita 和 Thisse，2002；Baldwin，1999；柯善咨和赵曜，2014）。从 2010 年开始，随着新新经济地理学的发展，关于经济集聚与经济增长的关系开始逐步转向微观机制的研究（Baldwin 和 Okubo，2006；Baldwin 和 Venables，2013）。产业集聚与经济增长的关系和机理关乎政府制定和实施重大区域战略和产业政策。有学者将产业集聚对经济增长的作用归纳为"空间的力量"（陆铭，2015）。产业集聚的规模经济效应可以分为正向和反向两种效应。正向的经济效应包括经济密度提升产生的规模经济效应、多样化经济带来的企业关联效应、大市场带来的低成本优势等；负向的经济效应包括要素过度集聚带来的拥挤效应、环境污染等。产业集聚的过程中始终伴随着正向和反向的两种经济效应。当然，空间集聚在集聚效应和拥挤效应的作用下会趋于平衡，从单向的虹吸效应逐步转向外向溢出效应，进而形成合理的空间经济结构体系。

基于经济效率的考察，研究产业集聚对于微观企业生产效率的作用可从另一个侧面给出更为详细的解析。本章基于我国大型微观工业企业数据库，运用 ACF 方法测算中国工业企业的加成率，通过构建多类型的产业集聚指标，通过不同方法对产业集聚与企业加成率的相互关系进行实证检验。

第二节　文献评述

关于产业集聚与经济增长、生产效率的机制研究已成为目前新新经济地理学的研究热点。从理论上讲，一般将空间集聚对生产效率的影响归结为外部性、规模经济以及市场竞争效应等（Lucas，1988）。Marshall（1890）进一步将经济集聚的作用归纳为分享、匹配与知识溢出效应。以克鲁格曼为代表的新经济地理学家认为经济集聚对经济增长的作用主要体现为规模收益递增效应、前后向关联关系、劳动力池效应（Krugman，1991a；Krugman 和 Venables，1995）。以 Baldwin 和 Venables（2010）、Duranton 和 Puga（2004）等为代表的新新经济地理学家进一步从微观机制进行说明，认为新经济地理学过于夸大了经济集聚的规模效应，进一步将其分解为竞争效应、选择效应。经济高度集聚的大型城市虽然存在规模经济效应，但也存在更加激烈的市场竞争环境，企业进入大的市场需要满足一定的生产效率临界值。因此，经济或者产业集聚的过程同时也是生产效率选择的过程，大城市可能拥有更多的高效率企业，不能简单归结为规模经济效率。

目前，学术界已有大量的学者采用各国的数据就产业集聚与经济增长的关系进行研究。且有不少研究都支持经济集聚有利于经济增长这一典型事实（Fujita 和 Thisse，2002；范剑勇，2006；刘修岩和张学良，2010；刘修岩等，2012）。部分研究得出了中国的城市规模普遍过小，缺乏规模经济效应的结论（Hendeson，1997；Au，2006）。然而，也有研究表明中国的城市规模被低估的数量已经明显减少，大部分城市处于最优规模的附近，中西部地区城市规模扩大的边际经济效应呈现明显增强态势。但以上研究大多基于宏观层面的数据进行研究，且选用的经济效率指标为宏观层面的人均GDP。企业加成率作为衡量企业竞争能力的重要指标，事关一个地区内生增长的动力，尤其是从产业集聚角度研究企业加成率问题具有重要的理论和现实意义。此外，单纯地从宏观层面的分析主要基于新经济地理学的研究框架，没有考虑微观异质性带来的估计偏误问题。基于此，本章从微观异质性的视角出发，基于新新经济地理学的理论框架，进一步分析产业集聚与企业加成率的关系。

第三节　理论模型

在统一的要素市场环境下，实现要素跨区域的自由流动，存在市场机制下的均衡状态，以及市场与政府协调作用下的最优或者次优状态。在市场机制下，随着相对落后地区的人口不断流入发达地区，实现要素资源在空间范围内的优化配置，地区之间的劳动生产率会趋于相对均衡，即区域之间的赶超和趋同发展。此外，随着城市化的推进，更多的农民进入城市，在要素市场完全竞争的环境下，有助于破除刘易斯二元经济结构，实现城乡之间的融合发展。这也就是在市场机制下区域发展中的均衡动态过程。值得注意的是要达到均衡状态，需要完善的市场机制和竞争环境，区域之间、城乡之间不存在市场分割，保障要素跨区域的自由流动是根本前提。

那么，均衡的状态是否为最优状态？从外部性的视角分析可得出，相比均衡状态，区域发展中存在一种最优状态。此外，进一步放松完全竞争市场机制的强假定，仍可以通过有效协调政府与市场的关系达到一种次优的区域发展状态，并且这种状态也是我们在现实中应该着重研究的一种到达机制。基于 Duranton 和 Puga（2003）、Henderson（1997）建立一个简约的理论模型加以说明。

假定有 m 个生产部门（j=1，2，…，m），每个部门在完全竞争的市场经济下生产最终消费产品。最终生产部门使用中间产品进行生产，中间产品部门对应于每个最终产品部门，中间产品在垄断竞争的市场中进行生产，替代弹性为（1+ε^j）/ε^j，其中 $\varepsilon^j>0$。最终产品部门 j 的生产函数表示如下：

$$Y^j \left\{ \int_0^{n^j} \left[x^j(h) \right]^{\frac{1}{1+\varepsilon^j}} dh \right\}^{1+\varepsilon^j} \tag{4-1}$$

其中，$x^j(h)$ 代表用于 j 部门生产的中间产品 h 的需求量，n^j 代表均衡时中间产品的种类，且内生决定。每个中间产品的生产技术函数表示如下：

$$x^j(h) = \beta^j l^j(h) - a^j \tag{4-2}$$

其中，$l^j(h)$ 为生产一单位中间产品的劳动投入量，β^j 为劳动的边际产出，α^j 为 j 部门的固定投入。从式 4-2 可以看出，中间产品的生产为规模报酬递增。

假定 $q^j(h)$ 为中间产品 h 的价格，由此可以得出部门 j 成本最小化的最优化目标：$Min: \int_0^{n^j} q^j(h) x^j(h) dh$。通过建立拉格朗日生产函数，可以得出最终产品生产部门 j 的要素需求为：

$$x^j(h) = \frac{\left[q^j(h) \right]^{-(1+\varepsilon^j)/\varepsilon^j}}{\left\{ \int_0^{n^j} \left[q^j(h) \right]^{-\frac{1}{\varepsilon^j}} dh \right\}^{1+\varepsilon^j}} Y^j \tag{4-3}$$

由式 4-3 可知，中间产品 h 的价格需求弹性为 -（1+ε^j）/ε^j。由垄断竞争情形下边际成本加成的定价原理可得出 h 的价格水平为：

$$q^j(h) = \frac{1+\varepsilon^j}{\beta^j} w^j \tag{4-4}$$

其中，w^j 代表部门 j 的工资。假定中间产品厂商可以自由进入市场，容易得出均衡时利润为 0：$q^j x^j = w^j l^j$。将式 4-2、式 4-4 代入利润方程中，可得均衡时中间产品的供给为：

$$x^j = \frac{\alpha^j}{\varepsilon^j} \tag{4-5}$$

将式 4-4 代入式 4-2 可以得出生产一单位中间产品所需的劳动力数量：

$l^j = \frac{\alpha^j (1+\varepsilon^j)}{\beta^j \varepsilon^j}$。因此，均衡时，在部门 j 生产中间产品的企业数量为：

$$n^j = \frac{L^j}{l^j} = \frac{\beta^j \varepsilon^j}{\alpha^j (1+\varepsilon^j)} L^j \tag{4-6}$$

其中，L^j 为 j 部门生产中间产品的总劳动力。进一步地，根据式 4-2 和

式 4-5，并将 $l^j = \frac{\alpha^j (1+\varepsilon^j)}{\beta^j \varepsilon^j}$ 代入，可以得到边际生产力的表达式：$\beta^j =$ (1+

$\varepsilon^j) \left(\frac{\alpha^j}{\varepsilon^j} \right)^{\frac{\varepsilon^j}{(1+\varepsilon^j)}}$。将式 4-6 和式 4-5 代入式 4-1，可以重新得到最终产品部门

j 的生产函数形式：

$$Y^j = \left[n^j (x^j)^{\frac{1}{1+\varepsilon^j}} \right]^{1+\varepsilon^j} = (L^j)^{1+\varepsilon^j} \tag{4-7}$$

由式 4-7 可以看出，存在规模报酬递增的经济效应。

下面，转向存在冰山成本的空间研究范畴，假定每个城市的生产活动中心集中于中央商务区（CBD），居民居住在 CBD 的周围。居民由居住地前往工作地点需要花费一定的通勤成本，与居住地至工作地点的距离成正比。假定，居民花费一单位的工作时间等于其往返时间的 2T 倍（T>0）。在给定收入水平和土地租金的情况下最大化其效用：w_i^j（1-4Ts）-R_i（s）。S 为居民在城市中的居住位置，R_i（s）为土地租金。在均衡时，每个居民的收入水平与其土地租金相对应，即不存在套利的情形。这样，有高收入水平的居民居住在市中心，而收入水平较低的居民则居住在相对偏远的地区。假定城市 i 中有居民 N_i，同时，假定城市边界是相连的，边界与 CBD 的距离为 $N_i/2$，土地租金函数为连续型，边界的土地租金为 0，这样，整个城市 i 的土地总租金可以表示为：

$$R_i = \int_{-\frac{N_i}{2}}^{\frac{N_i}{2}} R_i(s) ds \tag{4-8}$$

部门 j 的有效劳动定义为总劳动力数量减去冰山成本形式的劳动力数量。这样，城市 i 的有效劳动可以表示为：

$$\sum_{j=2}^{m} L_i^j = N_i (1-TN_i) \tag{4-9}$$

为了便于分析均衡时城市的规模，假定最终产品可以跨地区流动，而中间产品仅服务于本地区的最终产品部门。由于最终产品市场为完全竞争市场，故均衡利润为 0：$w_i^j L_i^j = P^j Y_i^j$，P^j 为最终产品的均衡价格。由此可得，城市 i 中部门 j 的工资水平为：

$$w_i^j = P^j (L_i^j)^{2+\varepsilon^j} \tag{4-10}$$

将式 4-9 代入式 4-7 中，可以得出城市 i 中部门 j 每个劳动力的平均支出水平（或者收入水平）：

$$c_i^j = P^j (N_i^j)^{\varepsilon^j} (1-TN_i^j)^{2+\varepsilon^j} \tag{4-11}$$

通过单位劳动力的最优化条件可得出最优城市规模：

$$N^J = \frac{\varepsilon^j}{(1+2\varepsilon^j) T} \tag{4-12}$$

为了达到均衡，城市规模必须处于最优规模的右侧。在均衡时，稳定的城市规模大于最优城市规模。均衡的城市规模由通勤成本和聚集效应共同决定。均衡的城市规模随着拥挤成本 T 的上升而减小，随着聚集效应 ε^j 的上升而增加。假定目前拥有两个专业分工相同的城市：一个为大城市，另一个为小城市。假如存在一个对劳动力分布的随机扰动，处于最优规模以下的小城市如果增加人口则会靠近最优城市规模，而失去人口则会远离最优规模。对于大城市而言，增加人口则会远离最优效率规模，减少人口则会接近最优城市规模。由于劳动力以逐利为目的进行自由流动，总会由效率低的小城市流向效率高的大城市，而在流入时并不会考虑该城市原有居民的福利损失。所以，在要素完全自由流动的情况下所达到的产业聚集均衡并不是有效均衡，会造成大城市与小城市均处于一个次优的均衡状态。假若政府通过有效的税收政策、产业政策等，则可以改善这种均衡的次优状态，达到各地区产业分工明确，产业互补的良性互动发展。这也提示人们，单纯研究城市规模与城市生产效率的关系需要注意各地区不同的地理区位、资源禀赋、产业基础、制度环境等因素，不能以一个规模标准来统一划定效率最优。

为何会出现最优与均衡时的差别？企业间的生产要素的自由流动能够实现效率与公平兼顾的区域发展模式。基于新经济地理学和新新经济地理学的理论框架，新古典经济学完全竞争的市场机制假定与现实存在诸多不符，并不能有效解释当今的世界经济。均衡的状态意味着各地的劳动生产率会达到趋同状态，人均意义上的经济发展水平相近，因此不会再有大量的劳动力和生产要素跨区域流动。基于自身的自然禀赋条件，各地区所能达到的最优规模和最优生产效率存在一定的差异。当落后地区人口流入发达地区时，基于发达地区的外部性和个人的理性选择，在比较两个地区带来的成本—收益的比较分析，如若该地区有利于其净收益的提升，则会选择迁入发达地区，而不会考虑新个体迁入后对发达地区生产率的影响，如新的移民进入不会考虑他对于整个城市经济发展带来的外部性，而会重点关注城市对其发展和收入带来的外部性。在生产要素流动的同时，也是地区之间生产效率趋同的过程，尽管此时规模较大的地区继续扩大规模可能导致其生产效率和加成率的下降。但基于市场机制的选择，最终形成企业加成率的趋同时才会停止要素的跨区域流动。

第四节 数据处理与计算

一、数据处理说明

本章使用中国工业企业数据库，基于数据的可得性和样本的相对缺失度，采用 1998~2007 年的非平衡面板数据。近年来，中国工业企业数据库在学界有着非常广泛的应用，其主要特点是覆盖面广、持续时间长、样本容量大，是目前我国微观企业数据库中最为常用的也是最为全面的数据库。但其也存在诸如变量缺失严重、指标大小异常、样本匹配混乱等问题（聂辉华等，

2012）。对中国工业企业数据库的整合和处理是一项非常复杂的工作，很多研究也做了类似工作（Brandt 等，2012）。简而概之，本章主要基于以下原则对样本进行了处理：一是构建面板。以法人代码为基准进行企业匹配，识别的原则是出现同一代码、不同名称或同一名称、不同代码的企业因其他信息也不同，即划为不同企业。包括对连续两年、三年、十年的数据进行匹配，由于工作量比较大，具体处理方法参见本书第三章数据处理部分。二是对行业代码进行调整。根据《国民经济行业分类》（GB/T 4754—2002）标准，对2003 年以前按照 GB/T 4754—1994 分类的企业按照小行业进行调整，使全样本行业口径保持一致。具体调整方法是将 1994 年国民经济行业分类标准的四位数行业分类对应到 2002 年国民经济行业分类标准的三位数行业分类，实现所有年份行业在 2002 年国民经济行业分类标准的三位数分类层面统一。三是删除关键变量观察值缺失的样本。四是删除错误记录和不满足逻辑关系的错误记录。如固定资产小于 0、本年应付工资总额小于 0、固定资产总值小于固定资产净值等。五是为剔除兼并重组或业绩较差样本的影响，本章进一步剔除资产负债率大于 1 或小于 0，以及营业利润率大于 1 或小于−1 的样本。六是本章还对关键指标在 1% 和 99% 分位进行 Winsorize 处理以控制极端值。基于以上原则，对数据进行详细的处理和样本匹配后，本章共得到 1639045 个样本观测值。

二、企业加成率的测算方法

在不完全竞争市场下，计算企业加成率主要有两类方法：一类是会计法。利用企业的增加值、工资、中间投入要素成本等指标计算企业加成率（Domowitz 等，1988）。虽然这种方法计算简单易行，但是会计变量与经济变量仍存在差别，其结果具有一定的片面性。另一类是生产函数法。在企业利润最大化的条件下，利用设定的生产函数推导加成率表达式。这种方法剔除了市场需求变动和价格对生产函数的影响，能够更准确地估测出企业的加成率。因此，本章在 De Loecker 和 Warzynski（2012）生产函数法的基础上对企业加成率进行估计。

首先，根据 De Loecker 和 Warzynski（2012）得到加成率的公式为 $\mu_{it} = \theta_{it}^{m}(\alpha_{it}^{m})^{-1}$，其中，$\theta_{it}^{m}$ 为中间材料投入要素的产出弹性，α_{it}^{m} 为中间材料投入要素支出占比，即中间材料投入要素的成本与总销售额之比。

其次，根据生产函数法对企业成本加成进行估计。本章采用更为灵活的超越对数生产函数形式（Translog），具体如下：

$$y_{it} = \beta_{l}l_{it} + \beta_{k}k_{it} + \beta_{m}m_{it} + \beta_{ll}l_{it}^{2} + \beta_{kk}k_{it}^{2} + \beta_{mm}m_{it}^{2} + \beta_{lk}l_{it}k_{it} + \beta_{km}k_{it}m_{it} +$$
$$\beta_{lm}l_{it}m_{it} + \beta_{lkm}l_{it}k_{it}m_{it} + \omega_{it} + \varepsilon_{it} \qquad (4-13)$$

其中，y 为工业总产值，ε 为随机误差项，以上小写字母变量均为相应变量的自然对数。

现有大量文献研究生产函数的估计方法，问题集中在如何控制不可观测的生产率上，由于生产率往往与企业投入选择相关，不控制生产率冲击将导致要素产出弹性估计产生偏误。因此，笔者采用 Ackerberg 等（2015）的两步估计法进行估计，对不可观测的生产率进行控制，利用企业中间材料投入与资本、生产率和其他替变量的单调关系，得到表达式为：

$$m_{it} = m_{t}(k_{it}, \omega_{it}, Z_{it}) \qquad (4-14)$$

其中，潜变量 Z_{it} 包括年份、出口等控制变量。根据 $m_{t}(\cdot)$ 的单调性，进一步得到生产率的表达式：

$$\omega_{it} = h_{t}(k_{it}, m_{it}, Z_{it}) \qquad (4-15)$$

将式 4-15 代入到式 4-13 中，可得：

$$y_{it} = \varphi_{t}(l_{it}, k_{it}, m_{it}) + h_{t}(k_{it}, m_{it}, Z_{it}) + \varepsilon_{it} = \varphi_{t}(l_{it}, k_{it}, m_{it}, Z_{it}) + \varepsilon_{it}$$
$$(4-16)$$

第一阶段，通过对式 4-16 采用非参拟合估计，得到无偏估计 $\hat{\varphi}_{it}$。第二阶段，利用 GMM 估计，根据资本 k 在初期决定，劳动 l 和中间材料投入要素 m 与滞后一期生产率无关的性质，得到对应的独立矩条件来识别式 4-13 的参数估计向量，再根据 $\hat{\beta}_{m} + 2\hat{\beta}_{mm}m_{it} + \hat{\beta}_{lm}l_{it} + \hat{\beta}_{km}k_{it} + \hat{\beta}_{lmk}l_{it}k_{it}$ 得到行业层面的中间材料投入要素的产出弹性。[①] 最后，根据公式计算出企业的加成率估计值 $\hat{\mu}_{i}$。

---

① 现有文献通常有按行业分别估计和按总体样本进行估计两种做法，考虑到行业间资本密集度不同可能导致生产函数具有较大的差异性，这里按二位码行业分别进行估计。

三、产业集聚指标的计算

1. 区域层次的选择

关于经济集聚与加成率的研究，实质为一项区域经济学的实证研究。故而，在该类研究中，选择研究的区域层次十分重要。对于经济集聚的研究更适合选取层次较低的区域范围。范围或者尺度越大的区域之间的差异性越大[①]，不利于实证检验得出具有稳健性的结论。过往的研究大多采用省级层面的统计数据进行研究，少有研究基于地级市层面。为了尽可能地避免由于区域过大导致的估计偏误问题，本章选择从地级市层面构建相关的空间集聚指标，进而对企业层面的加成率进行计量回归检验。

2. 行业层次的选择

在相关的实证研究中，基于数据的可得性，从企业层面研究的成果还相对较少，大多数的研究主要从宏观层面的就业数据来构建计量回归方程。采用企业层面数据的研究大多采用两位数行业的数据，少有研究采用三位数行业的数据进行研究。本章认为如同区域层面的选择，选择行业越细化，越能真实地反映出产业集聚对企业加成率的影响，有利于得出更加精确的实证结论。本章选取三位数行业的企业数据来构建相关的产业集聚指标，考察的对象为微观企业个体，其加成率更加容易受到本产业三位数行业及其他三位数行业企业集聚情况的影响。

3. 产业集聚指标的选取

参照范剑勇（2006）的做法，分别构建如下几类产业集聚的指标：

$$SI_{i1} = L_t^{sr} - L_{it}^{sr} \tag{4-17}$$

$$SI_{i2} = N_t^{sr} - 1 \tag{4-18}$$

$$SI_{i3} = \frac{L_t^{sr} - L_{it}^{sr}}{N_t^{sr} - 1} \tag{4-19}$$

---

① 这里的区域差异性不仅指经济差异性，还有文化、历史、地理、环境、政策等层面的差异性。

$$SL_{i4} = \frac{L_t^{sr} - L_{it}^{sr}}{L_t^r} \qquad (4\text{-}20)$$

$$SL_{i5} = \frac{(L_t^{sr} - L_{it}^{sr})\ /L_t^r}{L_t^s/L_t} \qquad (4\text{-}21)$$

其中，L_{it}^{sr} 为地区 s 三位数行业的企业 i 在年份 t 的就业人数，L_t^{sr} 为 r 地区 s 三位数行业在年份 t 时期的就业人数，L_t^r 为 r 地区在 t 时期的企业就业总人数，L_t 为 t 时期全国企业的就业总数。N_t^{sr} 为 r 地区 s 三位数行业在 t 时期的企业数量。SI_{i2} 为本地区三位数行业（i 企业除外）企业的就业人数总和。SL_{i2} 为本地区三位数行业（i 企业除外）的企业数量，SL_{i3} 为本地区三位数行业（i 企业除外）的企业平均就业人数，SL_{i4} 为本地区本行业（i 企业除外）的企业就业人数占本地区全部就业人数的比重；SL_{i5} 为相对专业化指标，具体指本地区本行业（i 企业除外）的企业就业人数占本地区全部就业人数的比例除以全国该行业就业人数占全国企业就业人数的比值，即是一个区位熵概念的代理指标。

第五节　企业加成率的测算

表4-1列示了对制造业两位数行业利用 ACF 法和会计法计算的企业加成率结果。根据表4-1的结果，我国制造业两位数行业无论利用哪一种方法计算的企业加成率均大于1，这表明计算的结果较为稳定。与 ACF 法计算的结果相比，会计法计算的企业加成率明显较高，这主要由于会计法没有剔除经济周期和外部冲击等因素的影响，而 De Loecker 和 Warzynski（2012）则利用生产函数有效控制了不可观测的误差，因此利用 ACF 方法估测的企业加成率更加准确。从两种方法对应的标准差来看，ACF 方法计算得到的标准差明显低于会计法计算得到的标准差，这进一步表明 ACF 方法计算的企业加成率更加合理。

表 4-1 利用 ACF 法及会计法计算加成率的结果

行业代码	行业名称	ACF 法	会计法	样本数	ACF 标准差	会计法 标准差
13	农副食品加工业	1.1229	1.4567	90366	0.1856	6.1974
14	食品制造业	1.3761	1.3694	37429	0.2244	2.2658
15	饮料制造业	1.3522	1.4718	24371	0.2550	2.7928
16	烟草制品业	1.5273	1.8304	1650	0.3014	0.9862
17	纺织业	1.2012	1.2665	143629	0.1769	1.2130
18	纺织服装、鞋、帽制造业	1.3336	1.2361	81616	0.2335	1.1854
19	皮革、毛皮、羽毛（绒）及其制造业	1.1916	1.2623	40208	0.1844	1.9071
20	木材加工及木、竹、藤、棕、草制造业	1.2635	1.3232	32567	0.1956	1.6728
21	家具制造业	1.3419	1.3259	19398	0.2235	2.5533
22	造纸及纸制造业	0.1917	2.3100	49997	0.1917	2.3100
23	印刷业和记录媒介的复制	1.5669	1.3212	34280	0.2213	2.0282
24	文教体育用品制造业	1.3190	1.2338	22255	0.2131	1.4639
25	石油加工、炼焦及核燃烧加工业	0.9806	1.4076	11340	0.1392	1.4292
26	化学原料及化学制品制造业	1.1807	1.3763	121641	0.1965	3.8386
27	医药制造业	1.3288	1.4797	33250	0.2560	1.5644
28	化学纤维制造业	1.0944	1.2722	8460	0.1687	0.6579
29	橡胶制品业	1.2906	1.3295	20199	0.2075	2.2969
30	塑料制品业	1.1535	1.3284	79313	0.1874	2.6430
31	非金属矿物制品业	1.3048	1.3520	136467	0.2181	2.1075
32	黑色金属冶炼及压延加工业	1.1386	1.3765	37224	0.1812	3.1625
33	有色金属冶炼及压延加工业	1.1423	1.4214	30189	0.1995	7.5546
34	金属制品业	1.2342	1.3139	92101	0.1994	1.9286
35	通用设备制造业	1.2678	1.3111	129960	0.2123	1.4214
36	专用设备制造业	1.4203	1.3793	69397	0.2683	13.0971
37	交通运输设备制造业	1.2795	1.3254	75049	0.2215	1.9324
39	电气机械及器材制造业	1.2549	1.3132	100911	0.2097	1.6965
40	通信设备、计算机及其他电子设备制造	1.2681	1.3604	54686	0.2367	2.7545
41	仪器仪表及文化、办公用机械制造业	1.3819	1.3271	23713	0.2708	1.1568
42	工艺品及其他制造业	1.2400	1.3144	37379	0.2041	6.6680

图 4-1 列示了 ACF 法测算的企业加成率与 Domowitz 等（1988）计算得到的加成率在样本区间内的动态比较。根据图 4-1 可以发现两个特点：第一，从数值上看，ACF 法计算的企业加成率始终位于会计法计算得到的加成率以下，这表明会计法计算的企业加成率数值更大，其主要原因是会计法没有剔除经济周期和外部冲击等因素的影响。第二，从趋势上看，ACF 法计算的企业加成率与会计法计算得到的企业加成率均呈逐年上升趋势，但不同的是，ACF 法计算的企业加成率上升趋势更加稳健，而会计法计算的企业加成率相对而言变化更大，但二者在样本区间内的整体趋势基本一致。

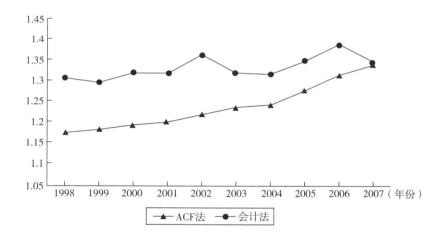

图 4-1 1998~2007 年 ACF 法和会计法计算的企业加成率动态比较

资料来源：笔者自绘。

图 4-2 刻画了不同类型城市制造业企业加成率的核密度分布情况。从图 4-2 可以看出，对于大城市而言，企业加成率分布存在明显的左截断特征，在大城市不存在生产效率低于某一临界值以下的企业，由于大城市的市场竞争更为激烈，尽管存在集聚效应导致的规模经济效应，但由于生产成本上升，也存在企业的选择效应。只有企业加成率达到某一临界值时才会选择进入大城市的市场。此外，相对于中小城市，大城市内的企业加成率分布明显偏右，且分布波动性较大，这说明在大城市拥有更多高加成率

的企业。同时，尽管存在较多不同加成率的企业，但同类加成率的企业分
布较为集中，即企业间的加成率较为均衡，不存在过大的区别。中小城市
的企业加成率分布则相对分散，且有较多加成率较低的企业，相对于大城
市企业加成率的分布峰度偏左。整体而言，大城市拥有更高加成率的企业，
且企业间的加成率分布差异相对较小，不存在加成率过低的企业。大城市
内的企业加成率的核密度分布又具有明显的偏右特征，这表明大城市的企
业具有明显的规模效应，集聚导致的外部性使企业更容易产生知识溢出，分
享更多的中间品、基础设施，匹配更好的劳动力，有利于企业之间的学习模
仿，加之大城市的企业更有利于面向国外市场，因此加成率水平更高。

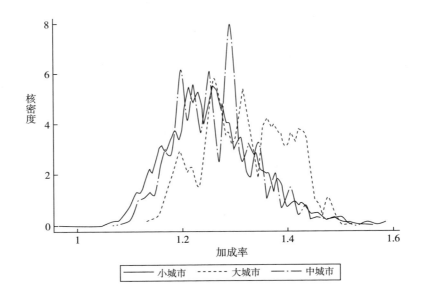

图4-2　不同城市规模企业加成率的核密度

资料来源：笔者自绘。

图4-3为基于ACF方法计算的企业加成率在不同地区的核密度分布，
与图4-2相对应，可以发现，东部地区拥有更多高加成率的企业且相对分
布较为集中，这也折射出发达地区企业间的加成率差异相对较小，意味着

发达地区的资源配置效率更高，市场化程度更高，有利于生产要素基于价值规律的调节从而被分配到合适的领域和行业。

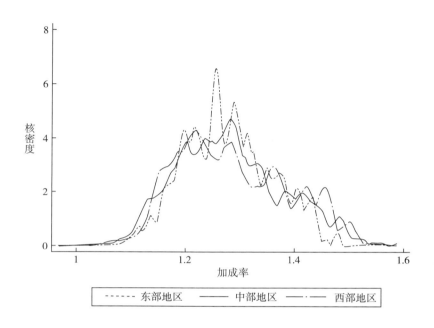

图4-3　不同地区企业加成率的核密度

资料来源：笔者自绘。

第六节　实证检验

一、模型设定

基于本部分的研究内容，设定如下形式的计量回归方程：

$$Lnmarkup_{it} = \partial + \alpha_2 Lnsi_j + \alpha_2 Ln\Gamma E_{it} + \epsilon_{it} \tag{4-22}$$

其中，$Lnmarkup_{it}$ 为企业 i 在 t 年的企业加成率对数，分别用 ACF 法测算得到的加成率 markup（acf）和根据 Domowitz 等（1988）计算得到的加成率 markup2 表示。$Lnsi_j$ 为表示空间集聚的集聚指标的对数，$Ln\Gamma E_{it}$ 为其他控制变量，包括企业全要素生产率、企业研发投入、企业年龄、企业规模等，其中，本章根据杨汝岱（2015a）选择利用 OP 方法估计得到的全要素生产率。ϵ_{it} 为随机误差项。本章主要关注的系数为 α_i，当 α_i 显著为正时，则表面空间集聚有利于企业全要素生产率的提升。主要变量的描述性统计如表 4-2 所示。

表 4-2 主要变量的描述性统计

变量名	样本量	均值	标准差	最小值	最大值
lnmarkup（acf）	1637599	0. 2114	0. 1748	−0. 0727	0. 5988
lnmarkup2	1639045	0. 2237	0. 2507	−8. 0082	8. 1420
$lnsi_1$	1639045	14. 6271	0. 6499	12. 0010	15. 6706
$lnsi_2$	1632999	4. 5544	1. 4686	0. 0000	7. 7886
$lnsi_3$	1632999	10. 0759	1. 3344	7. 0873	15. 6706
$lnsi_4$	1639045	1. 6088	1. 1766	−2. 8024	8. 2243
$lnsi_5$	1639045	4. 9465	1. 0241	3. 1200	11. 1596
lnL	1639045	5. 1876	1. 0102	2. 6448	7. 4783
lnRD	94062	5. 4453	2. 2254	0. 0000	15. 7816
lntfpop	1639045	2. 7732	1. 1255	−8. 3500	11. 3019
lnsize	1639045	4. 7866	1. 1099	2. 1972	12. 1450
lnage	1639045	2. 2149	0. 7678	0. 6931	5. 8805

资料来源：笔者根据工业企业数据计算而得。

二、基准回归

首先，在不加入控制变量的情况下，直接采用最基本的最小二乘法

（OLS）对企业的全要素生产率进行回归。表 4-3 为 ACF 方法计算的企业加成率与产业集聚的最小二乘法回归结果。从基准回归可以看出，无论产业集聚利用何种指标进行衡量，产业集聚都显著促进了企业加成率的提升，这表明地方化经济带来的劳动力外溢、劳动力成本下降和共享基础设施等均能有效促进企业加成率的提升，这一结论与 Henderson（1997）、范剑勇等（2010）的研究是一致的。

表 4-3　产业集聚与基于 ACF 法计算的企业加成率的 OLS 基准回归

	（1）	（2）	（3）	（4）	（5）
$lnsi_1$	0.0057***				
	（0.0012）				
$lnsi_2$		0.0914***			
		（0.0021）			
$lnsi_3$			0.0260***		
			（0.0013）		
$lnsi_4$				0.0150***	
				（0.0012）	
$lnsi_5$					0.0192***
					（0.0014）
Constant	2.4654***	2.1358***	2.6203***	2.5818***	2.5045***
	（0.0102）	（0.0090）	（0.0060）	（0.0064）	（0.0030）
N	1473885	1520415	1473885	1473885	1473885
R^2	0.0038	0.0056	0.0042	0.0039	0.0040
F	404.9532	614.7450	444.2794	417.4775	421.3146
P	0.0000	0.0000	0.0000	0.0000	0.0000

注：*、**、***分别表示在 10%、5%、1%的置信水平下显著，括号内为标准差。本章余表同。

进一步地，在控制其他控制变量的基础上，采用固定效应模型进行估计。第（1）~（5）列分别为不同集聚指标的估计结果。由表 4-4 的回归结果可知，无论采用何种形式的产业集聚指标，均对企业的加成率有显著的促进效应。此外，从控制变量的回归系数来看，科研投入（lnRD）对于企业加成率有较大的正向促进效应，而企业规模与企业的加成率存在明显的"U"形的关系，随着企业规模的提升，企业加成率呈现先下降后增长的态势，由此也说明，更大规模的企业更容易拥有产品和技术的创新，而中小企业需要做的则更多是模仿和学习。另外，有产品出口行为的企业加成率越低，这表明出口并不能促进企业加成率的提升，我国出口企业存在典型的出口低加成率现象（祝树金和张鹏辉，2015；刘啟仁和黄建忠，2015）。平均而言，企业年龄越大，其企业加成率水平越高。

表 4-4　产业集聚与基于 ACF 法计算的企业加成率的固定效应回归结果

	（1）	（2）	（3）	（4）	（5）
lnRD	0.0389***	0.0394***	0.0395***	0.0394***	0.0395***
	（0.0023）	（0.0023）	（0.0023）	（0.0023）	（0.0023）
lntfpop	0.1417***	0.1417***	0.1416***	0.1418***	0.1416***
	（0.0007）	（0.0007）	（0.0007）	（0.0007）	（0.0007）
lnsize	-0.1774***	-0.1732***	-0.1799***	-0.1756***	-0.1749***
	（0.0269）	（0.0273）	（0.0273）	（0.0270）	（0.0270）
$lnsize^2$	0.0450***	0.0403***	0.0389***	0.0304***	0.0365***
	（0.0053）	（0.0054）	（0.0054）	（0.0054）	（0.0054）
export	-0.0247**	-0.0239**	-0.0241**	-0.0257**	-0.0246**
	（0.0118）	（0.0119）	（0.0119）	（0.0119）	（0.0119）
lnage	0.0872***	0.1148***	0.1153***	0.1094***	0.1125***
	（0.0190）	（0.0191）	（0.0191）	（0.0190）	（0.0191）
$lnsi_1$	0.6849***				
	（0.0330）				
$lnsi_2$		0.0672***			
		（0.0122）			
$lnsi_3$			0.0251**		
			（0.0118）		

续表

	（1）	（2）	（3）	（4）	（5）
$lnsi_4$				0.2851 ***	
				（0.0198）	
$lnsi_5$					0.0530 **
					（0.0227）
Constant	−3.4318 ***	4.6801 ***	4.2576 ***	4.9165 ***	4.2400 ***
	（0.8955）	（0.8687）	（0.8816）	（0.8030）	（0.8109）
行业类型	Y	Y	Y	Y	Y
时间效应	Y	Y	Y	Y	Y
N	93994	93994	93994	93994	93994
R^2	0.0920	0.0825	0.0819	0.0872	0.0828
F	23.2760	20.6322	20.4790	22.0581	20.8451
P	0.0000	0.0000	0.0000	0.0000	0.0000

表4-5为采用Domowitz等（1988）的做法计算得到的企业加成率与最小二乘法的回归结果，具体与表4-3的回归结果对应。与表4-3的分析结果类似，在表4-5的回归中，无论采取何种形式的产业集聚指标，均对企业的加成率具有显著的正向影响。虽然在影响系数方面存在一定的差异，但更加关注的是影响的方向及显著性水平。对比表4-3和表4-5的回归结果，产业集聚对企业加成率具有显著的正向促进效应。

表4-5 产业集聚与基于会计法计算的企业加成率的OLS基准回归

	（1）	（2）	（3）	（4）	（5）
$lnsi_1$	0.0236 ***				
	（0.0012）				
$lnsi_2$		0.1002 ***			
		（0.0021）			
$lnsi_3$			0.0082 ***		
			（0.0012）		

续表

	（1）	（2）	（3）	（4）	（5）
$lnsi_4$				0.0213***	
				（0.0012）	
$lnsi_5$					0.0326***
					（0.0014）
Constant	5.1823***	4.9655***	5.4106***	5.4748***	5.3627***
	（0.0100）	（0.0088）	（0.0059）	（0.0062）	（0.0029）
N	1473959	1520495	1473959	1473959	1473959
R^2	0.1028	0.1037	0.1025	0.1027	0.1029
F	1.21e+04	1.27e+04	1.21e+04	1.21e+04	1.22e+04
P	0.0000	0.0000	0.0000	0.0000	0.0000

　　同样地，表4-6给出了基于会计法估计的企业加成率与产业集聚的计量固定效应回归结果。可以看出，除了第（5）列中的产业集聚指标没有通过显著性检验，第（1）～（4）列的产业集聚指标均至少通过了10%置信区间内的显著性检验。由此，进一步证明了产业集聚对企业加成率的积极促进作用。此外，表4-6中各列中的控制变量对企业加成率的影响表现出与表4-5类似的作用机理。可见，本章的计量回归结果表现出较好的稳健性。

表4-6　产业集聚与基于会计法计算的企业加成率的固定效应回归结果

	（1）	（2）	（3）	（4）	（5）
lnRD	0.0550***	0.0549***	0.0550***	0.0551***	0.0551***
	（0.0023）	（0.0023）	（0.0023）	（0.0023）	（0.0023）
lntfpop	0.2104***	0.2105***	0.2107***	0.2106***	0.20105***
	（0.0012）	（0.0014）	（0.0012）	（0.0013）	（0.0012）
lnsize	−0.5153***	−0.5127***	−0.5139***	−0.5151***	−0.5150***
	（0.0262）	（0.0264）	（0.0264）	（0.0262）	（0.0262）
$lnsize^2$	0.0348***	0.0354***	0.0347***	0.0331***	0.0337***
	（0.0052）	（0.0052）	（0.0052）	（0.0052）	（0.0052）

续表

	（1）	（2）	（3）	（4）	（5）
export	−0.0650***	−0.0645***	−0.0646***	−0.0651***	−0.0650***
	（0.0115）	（0.0116）	（0.0116）	（0.0115）	（0.0115）
lnage	0.2475***	0.2536***	0.2555***	0.2500***	0.2504***
	（0.0185）	（0.0185）	（0.0185）	（0.0184）	（0.0184）
$lnsi_1$	0.0748***				
	（0.0320）				
$lnsi_2$		0.0685***			
		（0.0118）			
$lnsi_3$			0.0534***		
			（0.0114）		
$lnsi_4$				0.0345*	
				（0.0192）	
$lnsi_5$					0.0095
					（0.0220）
Constant	5.0171***	6.3159***	6.8674***	5.8120***	5.7161***
	（0.8705）	（0.8403）	（0.8526）	（0.7785）	（0.7843）
行业类型	Y	Y	Y	Y	Y
时间效应	Y	Y	Y	Y	Y
N	93994	93994	93994	93994	93994
R^2	0.1988	0.1970	0.1968	0.1988	0.1987
F	56.9995	56.3362	56.2572	57.2941	57.2732
P	0.0000	0.0000	0.0000	0.0000	0.0000

三、稳健性检验

1. 替换解释变量与被解释变量

产业集聚的地区也是城市规模较大的地区，学术界有大量相关研究采用城市规模作为经济集聚的代理指标（范剑勇，2006；刘修岩，2009）。可以说，产业集聚与城市规模均是经济集聚的表现形式。随着城市规模的扩大，产业专业化程度增加，分工更加细化，不同类型、不同层次的企业之间存在产品互补和竞争关系，同时，存在企业之间的模仿效应和员工之间的学习效应，再者，拥有更大的市场潜能和劳动力供给，均有利于企业加成率的提升。更为重要的是，随着城市规模的扩大，经济集聚程度的提升，会带来规模经济效应，降低企业的生产成本。但是，经济活动不会永无止境地集聚下去，城市规模也并非是越大越好。随着城市规模的扩大，会带来交通拥堵、通勤成本上升、企业竞争加剧、环境污染等一系列负面的拥挤效应，当这种负面的拥挤效应大于正向的集聚效应时，城市规模的扩大不利于企业加成率的提升。基于以上分析，笔者认为城市规模与企业的加成率存在典型的倒"U"形关系。为此，在表 4-7 的计量回归中加入了城市规模（L）以及城市规模的平方项（L^2）。此外，为了进一步验证我们的计量检验结果是稳健的，在表 4-7 第（3）列中将被解释变量替换为 OP 法估计弹性基础上计算的企业加成率，在计量回归中进一步将其对数化处理。

表 4-7　替换解释变量与被解释变量的基准回归

	（1）ACF 法	（2）会计法	（3）OP 法
lnL	0.2285 ***	0.3143 ***	0.1106 **
	（0.0417）	（0.0359）	（0.0357）
lnL^2	−0.0160 ***	−0.0278 ***	−0.0082 *
	（0.0037）	（0.0032）	（0.0032）
lntfpop	0.1124 ***	0.1526 ***	0.2133 ***
	（0.0007）	（0.0027）	（0.0035）
lnage	0.1619 ***	−0.0307 ***	−0.1166 ***
	（0.0051）	（0.0043）	（0.0043）
lnsize	−0.1287 ***	−1.2602 ***	−0.1003 ***
	（0.0204）	（0.0185）	（0.0180）
$lnsize^2$	0.0469 ***	0.0725 ***	0.0178 ***
	（0.0045）	（0.0042）	（0.0041）
export	−0.0005	−0.1638 ***	−0.1379 ***
	（0.0082）	（0.0073）	（0.0073）

续表

	（1）ACF 法	（2）会计法	（3）OP 法
lnRD	0.0712***	0.1193***	0.0937***
	(0.0017)	(0.0016)	(0.0016)
所有制	0.0069	0.0488***	0.0409***
	(0.0043)	(0.0038)	(0.0038)
地区虚拟变量	−0.1833***	−0.0691***	−0.0325***
	(0.0072)	(0.0061)	(0.0060)
Constant	1.3247***	7.8258***	3.3709***
	(0.1282)	(0.1113)	(0.1105)
N	93994	93994	93667
R^2	0.0112	0.1728	0.1546

在表4-7中，第（1）列和第（2）列分别为 ACF 法及会计法估计的企业加成率的回归结果。对比第（1）列和第（2）列可以看出，城市规模每扩大 1%，将促进企业加成率增长 0.23%~0.31%。此外，城市规模平方项的回归系数显著为负，进一步验证了城市规模与企业加成率呈现倒"U"形关系。从企业规模及其平方项的回归系数可以看出，企业规模与企业加成率呈现"U"形关系。这也进一步证明，只有规模达到一定程度后，方能进行规模化生产，降低生产成本，进而提升企业的加成率。而且科研投入可以有效促进企业加成率的提升。在第（3）列中，将企业加成率指标替换为OP 法估计弹性基础上得到的加成率，同样表现较强的稳健性，主要变量的显著性和影响方向均未发生明显变化。

表4-8　替换解释变量与被解释变量的固定效应面板回归

	（1）ACF 法	（2）会计法	（3）OP 法
lnL	0.5268***	0.5508***	0.7346***
	(0.1070)	(0.1016)	(0.1013)
lnL^2	−0.0500***	−0.0540***	−0.0822***
	(0.0097)	(0.0093)	(0.0092)
lnage	0.1086***	0.2508***	0.1047***
	(0.0196)	(0.0186)	(0.0187)

	（1） ACF 法	（2） 会计法	（3） OP 法
lnsize	−0. 1697 ***	−0. 5099 ***	−0. 1298 ***
	（0. 0278）	（0. 0264）	（0. 0260）
lnsize²	0. 0382 ***	0. 0342 ***	0. 0439 ***
	（0. 0055）	（0. 0052）	（0. 0051）
export	−0. 0311 **	−0. 0718 ***	−0. 0148
	（0. 0123）	（0. 0117）	（0. 0117）
lntfpop	0. 1021 ***	0. 1215 ***	0. 2041 ***
	（0. 0016）	（0. 0031）	（0. 0025）
lnRD	0. 0417 ***	0. 0564 ***	0. 0409 ***
	（0. 0024）	（0. 0023）	（0. 0023）
ownership	0. 0039	0. 0097	−0. 0053
	（0. 0075）	（0. 0072）	（0. 0071）
district	0. 7202	−0. 6390	−0. 5696
	（0. 6750）	（0. 6407）	（0. 5051）
Constant	0. 8576 **	5. 4084 ***	2. 1278 ***
	（0. 3995）	（0. 3792）	（0. 3471）
时间固定效应	Y	Y	Y
企业固定效应	Y	Y	Y
N	93994	93994	93667
R^2	0. 0109	0. 1677	0. 1562
F	38. 8458	708. 3262	673. 7227
P	0. 0000	0. 0000	0. 0000

与表4-7对应，在表4-8中进行固定效应面板回归。从第（1）~（3）列的结果来看，在控制时间固定效应和企业固定效应后，城市规模的扩大均会促进企业加成率的提升，但其二次项的回归系数显著为负，这也说明城市规模与企业加成率存在典型的倒"U"形关系。也就是说，城市规模并非越大越好，这与本章的理论分析一致。此外，从其他控制变量的影响来看，基本与前文表4-4和表4-6的回归结果一致。均表现出经营产品出口的企业加成率更高，企业规模与企业加成率存在"U"形关系。此外，科研投入有利于企业加成率的提升。

2. 考虑内生性问题

关于城市规模与企业加成率之间的内生性问题是笔者不得不考虑的。

城市规模的扩大有利于企业加成率的提升，同样也存在由于高效率企业的集聚进一步引起了生产要素的集聚，从而扩大了城市规模。因此，城市规模与企业加成率很可能存在双向因果关系的内生性问题。基于内生性问题的考虑，采用目前较为常用的系统矩估计方法和两阶段最小二乘法来解决双向因果关系的内生性问题。

从表4-9的回归结果可以看出，无论采取何种方法的检验，均表明城市规模与企业加成率存在显著的倒"U"形关系。并且，主要变量城市规模及其平方项的系数差别不大，表现出较好的稳健性。城市规模每扩大1%，可以促进企业加成率提升将近3.1%，对比前文的最小二乘法和固定面板效应的回归结果，可以看出，没有考虑内生性问题时，明显被低估地区城市规模对于企业加成率的促进作用。此外，与前文的检验结果类似，企业规模与企业的加成率水平呈现典型的"U"形关系。

表 4-9 考虑内生性问题的计量检验

	（1） 两步 GMM （ACF 法）	（2） 迭代 GMM （ACF 法）	（3） 2SLS （ACF 法）	（4） 两步 GMM （会计法）	（5） 迭代 GMM （会计法）	（6） 2SLS （会计法）
lnL	3.1096***	3.1096***	3.1096***	10.0673***	10.0673***	10.0673***
	(0.6326)	(0.6326)	(0.6114)	(0.7016)	(0.7016)	(0.6978)
lnL^2	−0.2709***	−0.2709***	−0.2709***	−0.8916***	−0.8916***	−0.8916***
	(0.0560)	(0.0560)	(0.0541)	(0.0621)	(0.0621)	(0.0618)
lnage	0.1826***	0.1826***	0.1826***	−0.0629***	−0.0629***	−0.0629***
	(0.0053)	(0.0053)	(0.0046)	(0.0054)	(0.0054)	(0.0053)
lnsize	0.0320	0.0320	0.0320	−1.4176***	−1.4176***	−1.4176***
	(0.0290)	(0.0290)	(0.0267)	(0.0315)	(0.0315)	(0.0305)
$lnsize^2$	0.0637***	0.0637***	0.0637***	0.1095***	0.1095***	0.1095***
	(0.0082)	(0.0082)	(0.0070)	(0.0084)	(0.0084)	(0.0080)
export	−0.0323***	−0.0323***	−0.0323***	−0.1073***	−0.1073***	−0.1073***
	(0.0092)	(0.0092)	(0.0092)	(0.0106)	(0.0106)	(0.0105)
lntfpop	0.1341***	0.1341***	0.1342***	0.1514***	0.1514***	0.1514***
	(0.0009)	(0.0010)	(0.0009)	(0.0021)	(0.0021)	(0.0021)

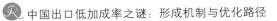

续表

	(1) 两步 GMM （ACF 法）	(2) 迭代 GMM （ACF 法）	(3) 2SLS （ACF 法）	(4) 两步 GMM （会计法）	(5) 迭代 GMM （会计法）	(6) 2SLS （会计法）
lnRD	0.1082*** (0.0022)	0.1082*** (0.0022)	0.1082*** (0.0021)	0.1599*** (0.0024)	0.1599*** (0.0024)	0.1599*** (0.0024)
ownership	0.0262*** (0.0045)	0.0262*** (0.0045)	0.0262*** (0.0044)	0.0777*** (0.0053)	0.0777*** (0.0053)	0.0777*** (0.0051)
district	−0.1700*** (0.0071)	−0.1700*** (0.0071)	−0.1700*** (0.0067)	−0.0125 (0.0078)	−0.0125 (0.0078)	−0.0125 (0.0077)
Constant	−6.9048*** (1.7342)	−6.9048*** (1.7342)	−6.9048*** (1.6760)	−20.3151*** (1.9251)	−20.3151*** (1.9251)	−20.3151*** (1.9130)
N	103758	103758	103758	103758	103758	103758
R^2	0.0105	0.0105	0.0105	0.0845	0.0847	0.0851
P	0.0000	0.0000	0.0000	0.0000	0.0000	0.0000

第五章　劳动报酬与中国出口企业加成率

本章基于中国工业企业数据库与海关数据库的匹配数据，深入考察了劳动报酬提高对企业加成率的微观影响和作用机制。研究发现：第一，现阶段提高员工的劳动报酬有效促进了我国出口企业加成率的提升。平均而言，员工获得的劳动报酬每提高 1%，则出口企业加成率将提升 0.0495～0.0523 个百分点。第二，提高劳动报酬通过强化"质量效应"与"自我选择效应"间接影响了出口企业加成率。产品质量和全要素生产率对出口企业加成率影响的中介效应分别为 0.0676%、0.0101%。第三，劳动报酬的提高可以通过影响出口企业产品价格和边际成本进而对加成率产生影响。当考虑企业动态时，新进出口企业劳动报酬的提高显著降低了产品价格并拉高了边际成本。第四，企业应重视人力资本对企业的贡献，重点提高高学历员工的薪金待遇。

第一节　引言

在全球贸易化浪潮中，出口企业加成率的高低直接决定了一国或地区在全球价值链分配中的既得利益，反映了企业将价格维持在边际成本之上的能力，能否保持较高的企业加成率是衡量企业国际竞争实力的重要标志之一（任曙明和张静，2013；De Loecker 和 Goldberg，2014；Edmond 等，

2015）。然而，中国出口企业存在典型的"出口低加成率之谜"（刘啟仁和黄建忠，2015；祝树金和张鹏辉，2015；黄先海等，2016b）。这一方面降低了出口企业的利润水平，导致企业缺乏产业转型升级动力，增加了国外反倾销、资源环境冲突等一系列问题；另一方面，导致部分资源未能得到有效利用，尤其是一些重化工行业和一般制造业出口企业形成了严重的产能过剩，在对外贸易中的有效供给不足导致的"供需错位"问题已经成为阻挡中国经济未来长期健康可持续发展的最大障碍。当前，提升企业的加成率既有助于增强中国企业出口增加值和全球价值链地位，又有利于中国贸易利得的整体提升，尤其在供给侧结构性改革的大背景下，中国企业如何有竞争力地"走出去"是现阶段所面临的重大议题。

收入分配事关民生改善、社会稳定和经济发展（刘长庚等，2014；许明，2016），通过调整和转化劳动成本上升压力，发挥劳动报酬的正向积极效应来提升出口企业加成率是应对当前我国出口低加成率困境的突破口。一方面，提高员工的劳动报酬有益于我国劳动收入占比的总体提升。现阶段，我国劳动收入占比持续下降已成为毋庸置疑的事实，这会导致诸如劳资矛盾加剧、收入差距扩大等社会问题（李稻葵，2007；白重恩和钱震杰，2009；郭庆旺和吕冰洋，2012）。有效提高员工的劳动报酬，有利于提高员工的生活水平。理论上，提高劳动报酬带来的激励作用能够有效提高劳动者的生产积极性，带来企业生产效率的提高（都阳和曲玥，2009；程承坪等，2012；Yellen，1984）。在当前背景下，通过合理有效地提高员工的劳动报酬来促进出口企业加成率的提升，可以实现企业和劳动者的"双赢"，这既满足了社会公平的要求，也符合经济效率目标，为供给侧结构性改革的推进和跨越"出口低加成率陷阱"提供了不可或缺的经验事实和政策依据。

第二节　文献回顾

本章主要包括以下三类文献：第一类是关于企业出口行为与加成率关

系的研究。Kugler 和 Verhoogen（2012）通过引入异质性企业贸易模型，将生产要素和产品质量的选择内生化，认为在其他条件相同的情况下，生产高质量产品的出口企业往往具有相对较高的出口加成率。随后一些学者从实证经验角度验证了出口企业平均而言具有更高的加成率（De Loecker 和 Warzynski，2012）。刘啟仁和黄建忠（2015）、祝树金和张鹏辉（2015）利用中国工业企业数据研究发现，我国的出口企业加成率显著低于非出口企业，我国高密度出口企业存在典型的"出口低加成率陷阱"。黄先海等（2016b）基于扩展的 M-O 模型，论证了企业低加成率出口的可能机制，指出中国出口企业目前普通处于"低加成率陷阱"区间。相关研究主要探析加成率与企业出口的关系，却忽略了中国背景下出口企业加成率应该如何提高的问题。

　　第二类是关于中国企业出口低加成率之谜的研究。对于什么因素影响了企业加成率，既有文献从生产率（De Loecker 和 Warzynski，2012；李卓和赵军，2015）、市场和行业竞争（Konings，2005；Lu 和 Yu，2015）、目的地市场特征（Melitz 和 Ottaviano，2008）、政府政策（任曙明和张静，2013；盛丹，2013）、外商直接投资（Sembenelli 和 Siotis，2008；毛其淋和许家云，2016；诸竹君等，2016）、贸易行为（戴觅等，2014）、人民币汇率（许家云和毛其淋，2016）、产品创新（刘啟仁和黄建忠，2015）等方面探讨了企业加成率的影响机制。刘啟仁和黄建忠（2015）认为，中国出口企业低加成率与竞争效应和选择效应密切相关，由于大量企业涌入出口市场竞相降价，而政策上的扭曲又未使低效率企业退出，导致出口密度越高的企业加成率越低。进一步地，钱学锋等（2016）利用中国工业企业数据库和 WTO 关税数据库研究发现，进口竞争对中国制造业的加成率具有显著的负向影响，且进口竞争越激烈，企业的加成率越低。黄先海等（2016a）则认为"低质量、低价格"是企业由不出口转向出口市场的内生选择，当企业面临出口市场"竞争加剧效应"和"质量升级效应"叠加时，则会选择"高质量、高价格"的出口模式。

　　第三类是关于员工劳动报酬与企业成长关系的研究。从已有文献来看，学术界就劳动报酬提升对企业发展到底是促进还是限制，展开了较为激烈的讨论。较早的代表性文献有 Brecher（1974），从比较优势的角度对这一问题进行了探讨，研究发现劳动报酬的上升对企业的出口带来了一系列负面影响。从近期文献来看，大多学者从企业异质性的角度来考察员工劳动报酬对企业成长的影响。Egger 和 Markusen（2012）通过引入中间品贸易和异质性企业理论，研究发现最低工资的上升会遏制本国企业出口，甚至会对其贸易邻国产生消极影响。新古典经济学、内生经济增长理论以及效率工资理论分别从不同的角度阐述了高劳动报酬和高劳动生产率的观点（Sequino，2007），众多学者也纷纷指出劳动报酬的上升可以通过要素禀赋（Bernard 等，2008）、技术创新、产品质量（许明，2016；张明志和铁瑛，2016）、人力资本投入等途径来促进企业生产率的提高。Cassiman 和 Vanormelingen（2013）指出，企业的产品技术创新有利于企业在国际竞争中获得更多的议价权利，若是继续维持在低工资的发展模式下，企业将会面临缺乏技术创新及人力资本投入的动力，难以实现企业持续长远的发展。相反，效率工资不仅有利于提升企业员工素质、调动员工的劳动生产积极性，提高工人的劳动生产效率和资本利用率，更有助于我国出口企业吸引高科技创新型人才，助推企业转型优化升级，为出口企业扫清发展障碍，同时也对我国出口企业制定合理的工资水平和科学的员工报酬体系具有十分重要的借鉴意义（肖永，2005；张抗私和郭琦，2015）。

通过梳理国内外文献可以发现，大多数学者关注的是企业出口行为与企业加成率的关系，或者是从劳动报酬这一视角对企业生产率或企业发展进行研究，鲜有文献直接探究员工劳动报酬对企业加成率的影响。劳动报酬提升促进企业生产效率和转型升级是今后企业发展的必然趋势，高技术的物资资本和高人力资本之间的有效配置，是出口企业成长的不竭动力。本章认为员工劳动报酬在合理配置范围内提高时，企业劳动生产率的提升所带来的效益应高于由劳动成本上升所带来的损失，在整个过程中低效率的出口企业将不堪承受成本压力选择退出国际市场，高效率的企业的出口份额将得到有效提升，最终有利于出口企业加成率的上升，从而跨越"出口低加成率陷阱"。

与既有文献相比，本章主要贡献可能体现在三个方面：①方法上，本章在借鉴 De Loecker 和 Warzynski（2012）、Lu 和 Yu（2015）的基础上，采用更为灵活的三要素超越对数生产函数，有效解决了收入法隐含的价格问题和不可观测的效率冲击，准确估计了企业层面的加成率。②内容上，基于中国工业企业数据库与海关数据库的匹配数据，实证检验了提高员工劳动报酬对出口企业加成率的影响效应，结果表明员工劳动报酬的提高对出口企业加成率的提升有显著的促进作用。这样的发现对于理解我国供给侧结构性改革下有效提升员工的劳动报酬找到另一条识别路径——通过提升出口企业加成率惠及一个国家。③理论机制上，在考虑员工劳动报酬对企业加成率的直接影响的同时，劳动薪酬在出口企业行为中间接发挥的调节效应也是本章所关注的重点。通过构建中介效应模型，本章试图从企业质量效应以及自我选择效应这两条主要路径来分析提高员工劳动报酬对出口企业加成率的影响。

第三节　影响机制分析

为系统而全面地分析提高劳动报酬对出口企业加成率的影响机制，本章分别从直接效应和间接效应两个方面加以说明。从直接效应来看，一方面，企业的生产离不开"人"的因素，提高员工劳动报酬，有利于直接激发员工的努力程度和工作积极性，激励员工学习先进技术和管理经验以提高劳动生产率，促使企业更快发展，顺利与国际市场接轨，提升出口企业加成率（陈雯和孙照吉，2016）。另一方面，企业加成率包含了产品价格和边际成本的信息，劳动报酬可能通过影响出口企业的价格和边际成本来对企业的加成率产生影响：一是价格效应机制。由于产品价格是生产成本的加成，提高员工劳动报酬直接增加了企业的生产成本，这促使企业通过提高产品价格来获取更高的利润。Schweinberger（1978）发现，在考虑了多种产品和生产要素的情况下，假定国外商品价格恒定，工资的提高将提升出口企业产品总价。王会娟和陈锡康（2011）区分了出口加工生产和出口非加工生产的非竞争性投入产出价格模型，发现当工资水平提高10%，将对物价以及出口品成本价格产生约3%的综合影响。许明和邓敏（2016）发现，由于国际市场存在激烈的市场竞争环境，高效率企业能够通过劳动报酬的激励作用改善企业自身发展形势，通过掌握关键核心技术和企业品牌优势提升产品价格，进而提高出口企业的加成率。二是成本效应机制。员工劳动报酬的提高会增加出口企业的生产成本，但生产成本的增加并不等于边际成本的提高（马双等，2012），这一机制还有待进一步检验。一些文献也纷纷指出，当企业的生产效率提高幅度超过劳动报酬的上涨幅度会相应降低单位劳动力成本，提升企业的整体国际竞争力（都阳和曲玥，2009；许明和邓敏，2016；王万珺等，2015）。

从间接效应来看，提高员工的劳动报酬可以通过提高质量效应和自我选择效应间接促进出口企业加成率的提升。一是质量效应。提高劳动报酬可以通过产品质量效应影响出口企业加成率。国家间不同人均收入之间的相互作用，导致了企业对不同产品质量的供给和需求也不同（Hallak，2006），人均收入更高的国家或地区出口的产品质量更高，而大多数发展中国家由于没有提供满足高收入消费者需求的高质量产品，从而使得企业自身出口贸易发展受限（Murphy 和 Shleifer，1997）。合理的收入分配是决定产品质量水平、生产种类和消费的关键因素，企业提高员工报酬的内在动力无疑是想通过"工资激励效应"获得更多的经济利润，一方面，能够提高劳动者的生产积极性，刺激劳动者把企业目标作为自己的内在追求动力，通过提高劳动生产效率来改善产品质量，为企业赢得整体与长远的经济效益以提升企业加成率（Seguino，2000；Fajgelbaum 和 Helpman，2011；樊海潮和郭光远，2015）；另一方面，员工劳动报酬的提高倒逼企业提高自主创新的能力，通过影响企业技术升级的自身成长和资源配置效率的进一步改善来提升出口产品质量进而影响出口企业加成率（林炜，2013；许明和邓敏，2016）。企业产品质量的提高不仅有利于消费者福利的改善，而且有利于企业品牌附加值的提升，通过在全球价值链体系中争取更多定价权以提升企业加成率（Kugler 和 Verhoogen，2012；Bellone 等，2016）。二是自我选择效应。提高劳动报酬可以通过企业自我选择效应影响出口企业加成率。由于企业进入出口市场需要承担一定的贸易成本，只有生产效率高的企业才能承担进入出口贸易市场的固定成本（Bernard 等，2008）。员工劳动报酬和企业出口行为紧密相关，提高员工劳动报酬能够有效提高企业单位劳动生产率和产品创新力度，有利于出口企业的自我选择效应发挥，促使企业加成率的间接提升（Schank 和 Schnabei，2010；许明，2016）。另外，企业进入国际竞争市场之后将会激发企业学习先进的生产技术和产品设计，推动产品质量创新升级，改进现有的组织管理方式，提升出口企业产品的国际竞争优势，激发企业内生成长动力（张杰等，2014）。

以上分析表明，员工劳动报酬可以通过直接效应（价格效应、成本效应）和间接效应（产品质量效应、自我选择效应）等渠道对出口企业加成率产生影响。除边际成本效应的影响方向不确定外，其他机制渠道均倾向于提高企业加成率。劳动报酬对企业加成率的净效应体现为企业产品质量提升、技术改进创新、生产效率提高等自身异质性因素，以及国际贸易市场环境和国家政策导向等综合影响的结果上。提高员工劳动报酬对出口企业加成率的影响机制如图 5-1 所示。

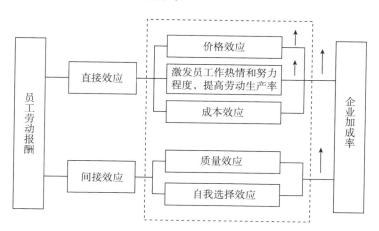

图 5-1　提高员工劳动报酬对出口企业加成率的影响机制

注："↑"代表"提升"。

第四节　数据处理与计算

一、计量模型设定

在 Lu 和 Yu（2015）、许明和邓敏（2016）研究的基础上，考虑数据的可获得性，设定基准计量模型如下：

$$\text{lnmarkup}_{it} = \beta_0 + \beta_1 \text{lnlabor}_{it} + \theta X_{it} + \lambda_t + \delta_i + \varepsilon_{it} \tag{5-1}$$

其中，因变量 lnmarkup 代表出口企业加成率的自然对数，自变量 lnlabor 代表企业员工获得的平均劳动报酬的自然对数，X 表示控制变量的集合，λ_t 和 δ_i 分别代表年份固定效应和企业固定效应，ε_{it} 为随机误差项，i、t 分别代表企业和年份。

二、变量的定义与描述性统计

1. 企业加成率（lnmarkup）的测算

本章在 De Loecker 和 Warzynski（2012）生产函数法的基础上对企业加成率进行估计。De Loecker 和 Warzynski（2012）可以在不依赖任何需求结构的假设条件下，采用结构模型的方法克服不可观测的生产率冲击和价格因素，使用企业层面的产出数据估计中国企业加成率。

考虑同时存在劳动、资本和中间材料三种生产要素投入，假设企业 i 在时间 t 的生产函数形式为：

$$Q_{it} = Q_{it}(L_{it}, K_{it}, M_{it}, \omega_{it}) \tag{5-2}$$

其中，L_{it}、K_{it} 和 M_{it} 分别代表劳动、资本和中间材料投入要素，ω_{it} 为企业异质性生产率，生产函数 Q（·）为连续二次可微。根据 Lu 和 Yu

（2015），企业 i 在时间 t 所面临的成本最小化条件为：

$$
\begin{cases}
\min w_{it}L_{it}+r_{it}K_{it}+p_{it}^{m}M_{it} & (5-3) \\
s.t.\ Q_{it}\ (L_{it},\ K_{it},\ M_{it},\ \omega_{it})\ \geqslant \overline{Q}_{it} & (5-4) \\
\qquad\qquad L_{it}\geqslant I[\,D_{it}=1\,]\,\overline{S}_{it}
\end{cases}
$$

其中，w_{it}、r_{it} 和 p_{it}^{m} 分别代表工资、投资价格和中间材料投入要素价格。D_{it} 代表是否为国有企业的虚拟变量，$I[\,\cdot\,]$ 代表是否为国有企业的指示函数，如果 $D_{it}=1$ 则取值为 1，否则为 0。$\overline{S}_{it}$ 代表社会最低就业水平。式 5-4 反映国有企业特征，即要求雇佣的员工满足社会最低就业水平。

根据上述约束条件，成本最小化的拉格朗日函数为：

$$
\begin{aligned}
\ell\ (L_{it},\ K_{it},\ M_{it},\ \lambda_{it},\ \eta_{it})_{it} = {} & w_{it}L_{it}+r_{it}K_{it}+p_{it}^{m}M_{it}+ \\
& \lambda_{it}\left[\overline{Q}_{it}-Q_{it}\ (L_{it},\ K_{it},\ M_{it},\ \omega_{it})\right]+ \\
& \eta_{it}\left\{I\left[D_{it}=1\right]\overline{S}_{it}-L_{it}\right\} \qquad (5-5)
\end{aligned}
$$

企业层面的加成率估计取决于无调整成本的可变要素投入，由于式 5-4 表明国有企业的劳动并非无成本的调整，因此本章关注中间材料投入要素的最优决定。进一步地，对中间材料投入要素的一阶导数为：

$$
\frac{\partial\ell}{\partial M_{it}}=p_{it}^{m}-\lambda_{it}\frac{\partial Q_{it}}{\partial M_{it}}=0 \qquad (5-6)
$$

其中，$\lambda_{it}=\dfrac{\partial\ell}{\partial Q_{it}}$ 为给定产出水平下的边际成本。式 5-6 两边同时乘以 $\dfrac{M_{it}}{Q_{it}}$ 得到：

$$
\frac{\partial Q_{it}}{\partial M_{it}}\frac{M_{it}}{Q_{it}}=\frac{1}{\lambda_{it}}\frac{p_{it}^{m}M_{it}}{Q_{it}} \qquad (5-7)
$$

由于企业加成率 μ_{it} 表示为产品价格与边际成本的比值，即 $\mu_{it}=P_{it}\big/\lambda_{it}$。根据式 5-7 得到企业加成率 μ_{it} 的表达式为：

$$
\mu_{it}=\theta_{it}^{m}\ (\alpha_{it}^{m})^{-1} \qquad (5-8)
$$

其中，θ_{it}^{m} 为中间材料投入要素的产出弹性，α_{it}^{m} 为中间材料投入要素支出占比①，即中间材料投入要素的成本与总销售额之比。

根据式 5-8 可知，中间材料投入要素的支出占比可以直接从企业层面数据得到，因而计算企业层面加成率的关键在于无偏地估计出中间材料投入要素的产出弹性。大量文献探讨生产函数的估计方法，其核心问题在于如何控制不可观测的生产率冲击②，现有研究通常通过以 OP 法和 LP 法为代表的半参数方法控制企业投资和中间投入与生产率的单调关系对生产率的冲击，但仍可能产生共线性问题，导致估计失效（Ackerberg 等，2015）。③因此，本章采用 ACF 两步法进行估计从而得到稳健的企业层面加成率。在生产函数设定方面，由于柯布-道格拉斯生产函数假设要素产出弹性恒定，本章采用更为灵活的超越对数（Translog）生产函数形式，具体如下：

$$y_{it}=\beta_1 l_{it}+\beta_k k_{it}+\beta_m m_{it}+\beta_{ll} l_{it}^2+\beta_{kk} k_{it}^2+\beta_{mm} m_{it}^2+\beta_{lk} l_{it} k_{it}+\beta_{km} k_{it} m_{it}+$$
$$\beta_{lm} l_{it} m_{it}+\beta_{lkm} l_{it} k_{it} m_{it}+\omega_{it}+\varepsilon_{it} \tag{5-9}$$

其中，y 为工业总产值，ε 为随机误差项，以上小写字母变量均为相应变量的自然对数。

利用 ACF 两步法处理生产率的内生性问题时，根据中间材料投入要素与资本、生产率和其他潜变量的单调关系，设企业中间材料投入要素投入函数表达式为：

$$m_{it}=m_t\,(k_{it},\ \omega_{it},\ Z_{it}) \tag{5-10}$$

其中，潜变量 Z_{it} 包括是否出口的虚拟变量、产品市场份额、年份虚拟变量及其各变量对应的交互项。根据 m_t（·）的单调性，进一步得到生产率的表达式：

---

① 此处参考 De Loecker 和 Warzynski（2012），采用调整后的要素份额，即在 ACF 的第一阶段得到残差后，用工业总产值除以 exp（估计残差）得到调整的总收入，再采用要素支出额除以调整的总收入，得到调整的要素份额。
② De Loecker 和 Warzynski（2012）指出，由于生产率往往与企业投入选择相关，不控制生产率冲击将导致要素产出弹性估计产生偏误。
③ Ackerberg 等（2015）认为，OP 法主要依赖企业投资是生产率的严格递增函数，但是现实中很多企业缺少投资，这就导致必须把投资为零的样本全部剔除，导致样本损失很大。同时，LP 法中的劳动和中间投入都是非动态投入，因而两者很可能有相同的决定方式，即 $m_{it}=m_t\,(\omega_{it},\ k_{it})$，$l_{it}=l_t\,(\omega_{it},\ k_{it})$，因此 LP 方法第一阶段的回归会产生多重共线性问题，导致估计失效。

$$\omega_{it} = h_t(k_{it}, m_{it}, Z_{it}) \qquad (5-11)$$

将式 5-11 式代入式 5-9 中，可得：

$$y_{it} = \varphi_t(l_{it}, k_{it}, m_{it}) + h_t(k_{it}, m_{it}, Z_{it}) + \varepsilon_{it} = \phi_t(l_{it}, k_{it}, m_{it}, Z_{it}) + \varepsilon_{it}$$
$$(5-12)$$

第一阶段，利用非参数方法对式 5-12 采用三次多项式来逼近拟合，得到无偏估计 $\hat{\phi}_{it}$；

第二阶段，依据生产率动态过程假设对生产函数中的弹性系数进行估计。假设生产率服从马尔科夫过程，可得：

$$\omega_{it} = g(\omega_{it-1}, \underline{\omega}_{it-1}) + v_{it} \qquad (5-13)$$

其中，$g(\cdot) = E'_{t-1}\{\omega_{it}\}$，$\underline{\omega}_{it-1}$ 为厂商退出的生产率下限值，v_{it} 为独立同分布的生产率随机冲击。本章进一步采用 Probit 模型对企业的退出概率进行估计并用于替换 $\underline{\omega}_{it-1}$。利用第一阶段得到的 $\hat{\phi}_{it}$，通过非参数方法对式 5-13 进行估计，得到生产率随机冲击 $\bar{v}_{it}(\beta)$。借助资本 k 在初期决定，劳动 l 和中间材料投入要素 m 与滞后一期生产率无关的性质，得到如下矩条件：

$$E\left[\bar{v}_{it}(\beta)(l_{it-1}, k_{it}, m_{it-1}, l_{it-1}^2, k_{it}^2, m_{it-1}^2, l_{it-1}k_{it}, k_{it}m_{it-1}, \right.$$
$$\left. l_{it-1}m_{it-1}, l_{it-1}k_{it}m_{it-1})\right] = 0 \qquad (5-14)$$

首先，利用 GMM 估计采用式 5-14 式估计得到生产函数中对应的参数估计向量。其次，根据 $\hat{\beta}_m + 2\hat{\beta}_{mm}m_{it} + \hat{\beta}_{lm}l_{it} + \hat{\beta}_{km}k_{it} + \hat{\beta}_{lmk}l_{it}k_{it}$ 得到行业层面的中间材料投入要素的产出弹性[①]最后，利用计算企业层面加成率的式 5-8 得出企业层面的加成率估计值 $\bar{\mu}_i$，进一步取对数形式得到 lnmarkup。

2. 企业员工获得的平均劳动报酬（lnlabor）的测算

本章使用企业本年应付职工工资总额与企业本年应付职工福利总额之和与企业从业人数之比表示企业员工获得的平均劳动报酬。

[①] 根据 De Loecker 和 Warzynski（2012）、Lu 和 Yu（2015）的处理方式，考虑到行业间资本密集度不同可能导致生产函数具有较大差异性，本章对《国民经济行业分类》（GB/T 4754-2002）中的二位码行业对应投入要素的产出弹性进行估计，并在此基础上计算企业层面的加成率和全要素生产率。

3. 其他控制变量的定义

根据 Aghion 等（2015），本章对其他控制变量作如下说明：①企业年龄（lnage），企业年龄用"被调查年份−开业年份+1"的自然对数形式表示。②企业规模（lnsize），企业规模用企业的年均从业人数的自然对数形式表示。③全要素生产率（lnTFP），为克服 OP 方法和 LP 方法在估计上可能存在的不可识别以及内生性问题，本章利用 Ackerberg 等（2015）的两步估计方法（ACF 两步法）在估算加成率的基础上，通过对应参数的估计向量，得到式 5−12 的估计值 $\hat{\phi}_{it}$ 和 $\hat{\varphi}_{it}$，通过 $\hat{\omega}_{it} = \hat{h}_{it} = \hat{\phi}_{it} - \hat{\varphi}_{it}$ 计算得到利用 ACF 方法估计得到的全要素生产率。④出口企业产品质量（lnquality）。本章基于 Piveteau 和 Smagghue（2013）的做法，通过构建产品质量的局部均衡模型，将中间产品进口来源国的实际汇率作为工具变量，克服模型内生性问题，在控制其他变量的条件下，剔除产品价格的影响得到产品质量，最终根据企业出口额加权得到企业层面的出口产品质量，用自然对数形式表示。具体测算方法参见杨汝岱和李艳（2015）。⑤企业是否盈利（dummy_profit）。构建企业本年获得利润总额是否大于零的虚拟变量，是则取 1，否则为 0。⑥国有资本占比（stateshare），用国有资本占企业实收资本的比值表示。⑦资本集中度（lnkl），采用企业资本与年均从业人数比值的自然对数形式表示。⑧资产负债率（leverage），用企业的资产总额与负债总额之比表示。⑨补贴收入占比（ratio_subsidy），用企业获得的补贴收入占销售收入的比值表示。⑩赫芬达尔指数（HHI），代表企业所在二位码行业的集中度，计算公式为 $hhi = \sum \left(\dfrac{M_i}{\sum M_i} \right)^2$，其中 M_i 表示企业 i 的销售收入。主要变量的描述性统计如表 5−1 所示。

表 5−1　主要变量的描述性统计

变量名称	平均值	标准差	最小值	中位数	最大值	N
lnmarkup	0.1879	0.1939	−0.1369	0.1706	0.6005	147379
lnlabor	2.8639	0.6184	0.0680	2.8107	7.3224	147490

变量名称	平均值	标准差	最小值	中位数	最大值	N
lnTFP	7.4415	2.1636	4.4690	7.1064	12.0680	147490
lnquality	1.3219	0.6277	−6.8577	1.4619	2.1034	139842
lnsize	5.5006	1.1648	2.1972	5.4381	11.9072	147490
lnage	2.1961	0.6167	0.6931	2.1972	5.0562	147490
stateshare	0.0387	0.1668	0.0000	0.0000	1.0000	147490
dummy_profit	0.7862	0.4100	0.0000	1.0000	1.0000	147490
lnkl	3.9706	1.3064	−0.0225	3.9774	9.9183	147490
leverage	0.5149	0.2398	0.0000	0.5290	1.0000	147490
ratio_subsidy	0.0013	0.0085	0.0000	0.0000	0.7857	147490
HHI	0.0067	0.0094	0.0015	0.0041	1.0000	147490

三、数据来源及处理

（1）中国工业企业数据库。本章使用了1998～2007年国家统计局提供的规模以上工业企业数据库。该数据库包含企业从业人员、利润、中间品投入、产值等生产和财务方面的指标信息。对应于《国民经济行业分类》（GB/T4754—2002）中的代码13～43共30个行业的制造业企业。根据Brandt等（2012）、杨汝岱（2015a）的做法，对行业代码、价格指数进行调整。经统计，1998～2007年进入样本库的观测值共计2224381个。

（2）中国工业企业数据库与海关数据库的匹配数据。本章对企业出口产品质量的估测主要使用2000～2006年中国海关企业层面数据，将海关数据、GDP数据和汇率等数据进行对接时，删除了一些无法获得名义汇率和宏观数据的出口市场①数据记录，保留了 180 个出口目的国家。2000～2006 年，海关数据库共有 527099 家企业，经过以上处理可用样本企业 335077 个，占比为 63.6%。

由于海关数据库未提供有关企业年龄、规模等企业特征方面的信息，需要进一步将海关数据库与中国工业企业数据库对接。由于两个数据库采用不同的编码系统，两个数据库的匹配是一项非常复杂的工作。参考杨汝岱和李艳（2013）的匹配思路：第一步，根据企业名称进行直接匹配；第二步，对于未能匹配的企业，根据企业名称拆分的"词段"进行匹配，对于存在匹配关系的数据，再使用电话、区号和厂址等信息进行匹配。本章得到 2000～2006 年的匹配数据共计 185068 个观测值。

（3）其他数据库。出口产品质量的测算涉及企业进口中间产品来源国的汇率、进口国或出口国市场特征、进口国进口占比等变量，本章进一步使用了 Penn World Table（PWT）8.0 国别数据库②、IMF 数据库中的 IFS 子数据库③、COMTRADE 数据库。其中，中间产品进口国的 GDP 数据来自 Penn World Table 8.0 国别数据库；中国进口贸易伙伴国的年度双边名义汇率来自 IFS 数据库、每个贸易国的总进口数据来自 COMTRADE 数据库。

（4）数据处理。根据黄先海等（2016）和做法，本章对 2000～2006 年的中国工业企业数据库与海关数据库的合并样本进行数据处理，主要包括删除了从业人数小于 8、固定资产总值小于固定资产净值、非制造业行业等异常值样本；删除了固定资产折旧、营业收入等指标缺失的样本；为剔除企业业绩较差或兼并重组等影响，删除了营业利润率绝对值大于 1、资产负债率大于 1 或小于 0 的样本。同时，本章对关键指标在第 1%、第 99% 分位进行了 Winsorize 处理，并对涉及的变量均以 1998 年为基期进行了平减处理，本章最终得到了 147490 个样本观测值（见表 5-2）。

---

① 综合汇率数据和 PWT8.0，我们主要分析中国 180 个出口目的国。
② 资料来源：https：//pwt. sas. upenn. edu/php_site/pwt_index. php。
③ 资料来源：http：//data. imf. org/？ sk＝5DABAFF2-C5AD-4D27-A175-1253419C02D1。

表 5-2　样本分布状况

		观测样本	占比（%）	规模（%）			产品质量（%）			是否获得补贴（%）	
				小	中	大	低	中	高	否	是
所有权	国有企业	5651	3.83	0.44	0.70	2.70	1.37	1.26	1.20	2.45	1.38
	民营企业	49237	33.38	11.04	10.98	11.37	12.31	12.24	8.84	23.73	9.65
	中国港澳台企业	44354	30.07	11.50	10.79	7.79	10.35	9.46	10.27	26.24	3.83
	外商独资企业	48248	32.71	10.04	10.53	12.14	8.98	10.04	13.69	27.24	5.47
地区	东部地区	138222	93.72	31.75	31.39	30.58	30.65	31.04	32.03	75.47	18.25
	中部地区	5681	3.85	0.86	1.03	1.97	1.42	1.23	1.20	2.71	1.14
	西部地区	3587	2.43	0.40	0.58	1.45	0.93	0.72	0.78	1.49	0.94
合计		147490	100.00	33.00	32.99	34.00	33.00	33.00	34.00	79.67	20.33

注：根据出口产品质量的第 33 和第 66 百分位将样本划分为低档、中档和高档质量产品；根据从业人数的第 33 和第 66 百分位将样本划分为大规模、中等规模和小规模企业。

第五节　实证结果与分析

一、基准回归结果

表 5-3 呈现了员工劳动报酬与出口企业加成率的基准回归结果。表 5-3 第（5）列采用 OLS 回归，并控制了年份固定效应和行业固定效应。表 5-3 其他列利用固定效应（FE）模型进行估计，均控制了年份固定效应和企业固定效应，并逐步增加了企业规模、企业年龄、全要素生产率、产品质量等企业或行业特征变量以检验结果的稳定性。从表 5-2 的回归结果来看，

本章关注的主要解释变量员工劳动报酬对应的系数 β_1 显著为正，且通过 1% 显著性检验。根据表 5-3 第（5）~（6）列的回归结果，与 OLS 回归结果相比，通过固定效应模型的回归结果由 0.0920 下降到 0.0495，表明固定效应模型能够更好地控制企业层面未观测因素所引起的系数偏误。根据表 5-3 中的固定效应模型回归结果来看，在控制其他变量不变的条件下，企业员工获得的劳动报酬每提高 1 个百分点，则出口企业成本加成率将提升 0.0495%~0.0523%。以表 5-3 第（6）列为基准回归结果，本章发现，在其他条件不变的情况下，企业员工获得的劳动报酬每提高 1 个百分点，则出口企业成本加成率将提高 0.0503 个百分点，且在 1% 显著水平下通过检验。基准回归结果表明，作为企业生产的"人"的因素，劳动报酬的提高将会直接影响员工工作的努力程度和积极性，较高的劳动报酬收入既有效发挥了企业对员工的有效激励，又蕴含着更高的人力资本，通过有效地整合和利用"物"的因素，进而提高企业生产效率和出口产品质量，从而有利于我国出口企业加成率的提升（许明，2016；许明和邓敏，2016；陈雯和孙照吉，2016）。

根据表 5-3 第（6）列回归结果，在其他变量方面，企业年龄、出口产品质量、全要素生产率等变量对企业加成率的影响显著为正，这与 Bellone 等（2016）、许明和邓敏（2016）等研究的结论相一致。在其他变量不变的条件下，产品质量每提高 1%，将促进出口企业加成率显著提高 0.0144 个百分点。根据 Melitz 和 Ottaviano（2008），高效率企业可以承担出口进入成本，通常具有更高的企业加成率水平。由于高效率企业可以通过"自我选择"进入出口市场，使出口企业的平均表现高于非出口企业（余子良和佟家栋，2016；Bernard 等，2008），全要素生产率较高的企业能够将生产产品的能力转化为技术水平的效率更高，有利于出口企业加成率的提高。企业员工获得的劳动报酬通过产品质量和全要素生产率对出口企业加成率的影响机制，将在后文做进一步深入讨论。

表 5-3　劳动报酬与出口企业加成率的基准回归（全样本）

因变量	lnmarkup					
	（1）	（2）	（3）	（4）	（5）	（6）
lnlabor	0.0517 ***	0.0523 ***	0.0517 ***	0.0495 ***	0.0920 ***	0.0503 ***
	（36.1232）	（34.5311）	（33.1100）	（32.1660）	（77.9672）	（32.3412）
lnage		0.0763 ***	0.0774 ***	0.0577 ***	-0.0106 ***	0.0602 ***
		（12.7527）	（12.5139）	（9.5244）	（-10.0577）	（9.8714）
lnsize		0.0079 ***	0.0051 ***	0.0001	0.0244 ***	-0.0024
		（4.7402）	（2.9431）	（0.0833）	（39.1868）	（-1.2592）
lnTFP		0.0059 ***	0.0058 ***	0.0058 ***	0.3908 ***	0.0059 ***
		（6.9543）	（6.5638）	（6.7000）	（39.7309）	（6.6675）
lnquality			0.0167 ***	0.0142 ***	0.0167 ***	0.0144 ***
			（10.8011）	（9.3334）	（17.5685）	（9.4440）
dummy_ profit				-0.0026	-0.0216 ***	-0.0026
				（-0.4354）	（-5.7271）	（-0.4465）
stateshare				0.0591 ***	0.0986 ***	0.0585 ***
				（39.7567）	（76.5667）	（39.1910）
lnkl					0.0103 ***	-0.0047 ***
					（17.7588）	（-3.4566）
leverage					-0.0055 **	-0.0162 ***
					（-2.1444）	（-4.0315）
ratio_ subsidy					-0.1925 ***	-0.2577 ***
					（-3.0516）	（-3.3936）
HHI					-0.2353	0.0593
					（-0.9460）	（0.1937）
Constant	-0.0126 ***	-0.2393 ***	-0.2446 ***	-0.2206 ***	-3.2767 ***	-0.1859 ***
	（-3.1442）	（-15.8411）	（-15.6689）	（-14.3955）	（-45.6302）	（-10.3315）
年份固定效应	Yes	Yes	Yes	Yes	Yes	Yes
行业固定效应	No	No	No	No	Yes	No
企业固定效应	Yes	Yes	Yes	Yes	No	Yes
Observation	147379	147379	139738	139738	139738	139738
adj. R^2	0.1012	0.1054	0.1077	0.1283	0.3123	0.1289

注：*、**、***分别表示在10%、5%和1%水平下显著，括号内为 t 值。上述模型均控制了聚类标准误。本章余表同。

二、异质性检验

由于不同企业类型下员工获得的劳动报酬存在差异，因此对出口企业加成率的影响机制也可能存在异质性。根据 Lu 和 Yu（2015），本章依据实收资本所占比例的大小将样本划分为国有企业和非国有企业；根据王洁玉等（2013），本章将产业划分为劳动密集型、资本密集型和技术密集型三种产业类型。同时，考虑到企业出口的区位特征，本章还进一步将样本划分为沿海地区和内陆地区。表 5-4 列示了劳动报酬与出口企业加成率之间的异质性检验结果。

根据表 5-4 的回归结果显示，在国有企业的子样本中，员工获得的劳动报酬每提高 1%，将显著提高出口企业加成率 0.0665 个百分点，而对于非国有企业而言，劳动报酬对应的系数低于国有企业，为 0.0498，并在 1% 显著水平下通过检验。对于国有企业而言，一方面，其普遍享受政府赋予的限制市场准入和大量的补贴、出口退税政策（Lu 和 Yu，2015），使大量国企依靠国家赋予的优势地位获得高额利润，这类企业往往并不需要依靠提高员工的劳动报酬来提高企业的竞争力，导致提升企业加成率的内在动力缺失（许明，2016）。换言之，国有企业员工报酬的提升将会直接促进企业的加成率水平提升。另一方面，国有企业内部面临严重的分配不均现象，高管薪酬甚至高于普通员工 10 倍以上。2016 年 4 月以来，我国 25 个省份陆续公布省属国有企业限薪令，更是体现了国有企业过高的高管薪酬问题。国有企业内的中低层员工收入实际上低于平均员工的劳动报酬，提高国有企业这类员工的劳动报酬将有利于企业加成率的进一步提升。加之，相对于非国有企业，国有企业的加成率更低，因此提高员工劳动报酬对国有企业加成率的影响更大。①

---

① 本章进一步将非国有企业依据实收资本占比划分为民营企业、中国港澳台企业和外商独资企业，分样本中劳动报酬对应的系数分别为 0.0639、0.0524 和 0.0408，且均在 1% 显著水平上通过检验。这表明在非国有企业类型中，应重点提升民营企业员工的劳动报酬。限于篇幅，结果备索。

表 5-4　劳动报酬与出口企业加成率的异质性检验（分样本）

因变量	国有	非国有	劳动密集型	资本密集型	技术密集型	沿海	内陆
	（1）	（2）	（3）	（4）	（5）	（6）	（7）
lnlabor	0.0665***	0.0498***	0.0536***	0.0434***	0.0411***	0.0506***	0.0422***
	（6.8207）	（31.5792）	（21.6563）	（14.9026）	（14.8997）	（31.6723）	（6.4150）
lnage	-0.1169***	0.0688***	0.0740***	0.0523***	0.0532***	0.0719***	-0.0632***
	（-3.1758）	（10.8433）	（7.9607）	（4.6331）	（4.6343）	（11.3580）	（-2.8625）
lnsize	-0.0207	-0.0028	-0.0049*	0.0118***	-0.0154***	-0.0021	-0.0089
	（-1.4929）	（-1.4339）	（-1.6846）	（3.0529）	（-4.4620）	（-1.0844）	（-1.2046）
lnTFP	0.0092*	0.0057***	0.0045**	0.0163***	0.0329***	0.0056***	0.0116**
	（1.7709）	（6.4029）	（2.3478）	（8.9698）	（6.4393）	（6.2654）	（2.4171）
lnquality	0.0071	0.0146***	0.0207***	0.0111***	0.0156***	0.0157***	0.0021
	（1.0798）	（9.2454）	（8.7075）	（4.2183）	（5.3776）	（9.8333）	（0.4453）
dummy_profit	0.0561***	0.0582***	0.0511***	0.0594***	0.0682***	0.0575***	0.0718***
	（6.9494）	（38.1842）	（22.4499）	（21.6589）	（24.0687）	（37.4281）	（11.6164）
stateshare			0.0023	-0.0035	0.0051	-0.0075	0.0097
			（0.2148）	（-0.3509）	（0.5597）	（-1.0574）	（0.9527）
lnkl	-0.0218**	-0.0048***	-0.0049**	-0.0047*	-0.0058**	-0.0046***	-0.0071
	（-2.1612）	（-3.4139）	（-2.3536）	（-1.8076）	（-2.2210）	（-3.2733）	（-1.2990）
leverage	0.0302	-0.0171***	-0.0113*	-0.0249***	-0.0197**	-0.0171***	-0.0033
	（1.0636）	（-4.1896）	（-1.8567）	（-3.3694）	（-2.5541）	（-4.1303）	（-0.1862）
ratio_subsidy	-0.8226**	-0.2024***	-0.2481**	-0.3060**	-0.2641*	-0.2024***	-0.7359***
	（-2.3943）	（-2.6902）	（-2.2257）	（-2.2987）	（-1.7377）	（-2.6028）	（-2.7152）
HHI	0.8082***	-0.1142	2.0959***	0.0858	-0.3559	0.0337	0.9904*
	（4.6098）	（-0.4146）	（4.9964）	（0.2203）	（-1.1779）	（0.1091）	（1.7574）
Constant	0.3665**	-0.1919***	-0.2042***	-0.3300***	-0.2360***	-0.2101***	0.1091
	（2.4016）	（-10.5575）	（-6.8860）	（-9.5205）	（-5.3296）	（-11.3835）	（1.4343）
年份固定效应	Yes	Yes	Yes	Yes	Yes	Yes	Yes
企业固定效应	Yes	Yes	Yes	Yes	Yes	Yes	Yes
Observation	5225	134513	57595	40993	41150	129105	10633
adj. R^2	0.1184	0.1297	0.1402	0.0925	0.1700	0.1312	0.1128

表 5-4 第（3）~（5）列汇报了三种产业类型的企业员工劳动报酬与出口企业加成率的回归结果。结果表明，无论是提高劳动密集型产业、资本密集型产业还是技术密集型产业的员工劳动报酬均有利于出口企业加成率的提升。从影响程度上看，劳动密集型产业影响最大，资本密集型产业影响次之，技术密集型产业最低。劳动密集型产业在我国经济结构中占有重要地位，提高员工的劳动报酬将直接有利于此类产业竞争力的提升。虽然对于劳动密集型产业而言，其优势在于相对低廉的劳动力成本，但是通过提高员工劳动报酬，企业可以选择雇佣技能型劳动力，从而进一步提升企业的竞争力。技术密集型产业对技术和智力要素的依赖大大超过其他生产要素，我国技术密集型产业更多的是依靠对国外先进设备的引进和技术模仿，而资本密集型产业主要包括基础工业和重工业，与技术密集型产业相比，资本密集型产业更加依靠资金和设备的投入，因此提高这两类产业的员工劳动报酬对企业加成率的提升影响程度低于劳动密集型产业。在沿海和内陆子样本的回归结果中，沿海企业员工的劳动报酬每提升 1%，则企业加成率显著提升 0.0506 个百分点，高于内陆企业的 0.0422 个百分点。由于独特的地理位置优势，使出口企业更多地集中于沿海地区，尤其是在"用工荒"的背景下，劳动力成本普遍上涨使更多企业从沿海地区退出，逐渐向中西部等内陆地区迁移（许明，2016），提高沿海地区的员工劳动报酬促进了资源配置效率的改善，增强了企业的"选择效应"，从而有利于出口企业加成率的提升。

三、稳健性检验

为保证实证结果的稳健性，本章接下来将进一步考虑样本可能存在的内生性问题、自选择问题以及变量的替换问题。首先，考虑可能存在的内生性问题。由于影响企业加成率的因素众多，可能由于遗漏变量而导致内生性问题。另外，出口企业相比非出口企业具有典型的出口学习效应（De Loecker，2007；包群等，2014），出口提高了员工的劳动报酬，同时也使出口企业具有相对较高的加成率（Melitz 和 Ottaviano，2008），这使二者可能存在反向因果关系，从而导致内生性问题。本章采取两种方法克服内生性问题：一是参照施炳展和邵文波（2014）处理相关问题的做法，考虑企业层面静态面板估计可能产生的估计结果偏误，采用两步系统 GMM 方法对模型进行估计以控制内生性问题。二是利用地级市层面的最低工资标准作为工具变量（孙楚仁等，2013）。[①] 由于最低工资标准为政策性外生变量，其作为企业员工当期劳动报酬的工具变量，一是会影响员工获得的劳动报酬，满足工具变量相关性条件；二是由于最低工资标准为地方政策性的外生变量，满足工具变量外生性条件。

其次，内生性问题与工具变量选择。由于本章的样本主要是持续出口的企业、国有企业及规模以上的制造业企业，可能受所有权、规模、年龄等因素的影响，因此可能产生样本的自选择问题（施炳展和邵文波，2014；陈雯和孙照吉，2016）。为控制样本的自选择问题，本章利用 Heckman 两步法进行估计。假设在第一阶段的出口企业选择模型中服从正态分布，通过Heckman 两步法可以控制样本自选择带来的偏差，从而得到一致性估计。具体包括两步：第一步，构建影响企业出口决策的选择方程；第二步，分析出口企业加成率的决定因素。根据相关研究（Bellone 等，2016；许明和邓敏，2016），出口企业的选择模型设定如下：

$$\text{Probit}(\text{export}_{it} = 1) = \alpha_0 + \alpha_1 \ln\text{size}_{it} + \alpha_2 \ln\text{age}_{it} + \alpha_3 \text{TFP}_{it} +$$
$$\alpha_4 \text{monopoly}_{it} + \alpha_5 \text{state}_{it} +$$
$$\sum \text{district}_{it} + \sum \text{year}_{it} + \sigma_{it} \qquad (5-15)$$

其中，export 代表企业是否出口的虚拟变量，1 代表是，0 代表否。state代表是否国有企业的虚拟变量，1 代表是，0 代表否。monopoly 表示行业是否垄断的虚拟变量，1 代表是，0 代表否。Σdistrict 代表地区类别，根据国家统计局 2003 年公布的标准，将全国 31 个省（自治区、直辖市，不含港澳台地区）划分为东部地区、中部地区和西部地区，并生成相应的虚拟变量，

---

① 由于 2004 年人力资源和社会保障部通过了《最低工资规定》，将最低劳动工资的要求和标准推广至全国，因此本章手工收集了全国 2004~2011 年我国 16 个省份 172 个地级市的最低工资标准。

均以东部地区为基准。σ_{it} 代表随机误差项，其他变量含义与前文相同。

最后，通过变量替换的方法进一步检验回归结果的稳健性。人均劳动报酬通常会受到地区、行业、要素投入结构等因素的影响，直接分析人均劳动报酬产生的影响可能会导致结果偏误，本章采用超额人均劳动报酬作为分析指标。根据叶康涛等（2013）、许明（2016）的定义方法：对式 5-16 进行分行业和分年度回归，并根据回归系数计算出每个行业对应的"预期人均劳动报酬"，再用"人均劳动报酬"减去"预期人均劳动报酬"，得到超额人均劳动报酬（extra_labor）。变量定义与前文相同。

$$labor_{it} = \gamma_0 + \gamma_1 kl_{it} + \gamma_2 HHI_{it} + \gamma_3 state_{it} +$$
$$\gamma_4 monopoly_{it} + \sum district_{it} + \lambda_{it} \tag{5-16}$$

另外，本章将员工的人均劳动报酬重新定义为"本年应付工资总额与企业从业人数之比"，即为狭义的人均劳动报酬（na_labor）。

表 5-5 第（1）列、第（2）列呈现了利用系统 GMM 法（SYS-GMM）和工具变量二阶段最小二乘法（IV-2SLS）克服内生性问题的估计结果。回归结果表明，在控制内生问题的条件下，提高员工获得的劳动报酬显著有利于出口企业加成率的提升。利用 Sargan 检验 SYS-GMM 法的工具变量过渡识别问题，利用 F 统计量检验 IV 法对应的工具变量是否弱识别，检验结果均满足模型要求。同时，滞后一期的出口产品质量对应系数均显著为正，这表明企业的出口产品质量具有连续性，采用两步系统 GMM 方法进行估计具有一定的必要性。为 IV-2SLS 方法对应工具变量的有效性，对工具变量进行多种检验：一是 Kleibergen-Paap rk LM 统计量对应的 P 值显著为 0.000，强烈拒绝了"工具变量识别不足"的原假设；二是 Kleibergen-Paap Wald F 统计量为 159.744，远高于 Stock-Yogo 弱识别检验的 10% 对应的临界值 16.38，因此拒绝弱工具变量的原假设。SYS-GMM 法和 IV-2SLS 法回归结果进一步表明，解决了可能存在的内生性问题后，提高员工的劳动报酬仍有利于企业加成率的显著提升。

表 5-5 第（3）列呈现了利用 Heckman 两步法的估计结果。在控制样本自选择问题的条件下，员工获得的劳动报酬每提高 1%，则企业加成率将提

升 0.0719%，并在 1% 统计水平下显著。通过第（3）列回归结果对应的逆米尔斯比率（Inverse Mills Ratio，IMR）检验结果，表明利用 Heckman 两步法处理样本的自选择问题合理。表 5-5 第（4）列、第（5）列汇报了变量替换的检验结果，无论是采用超额劳动报酬还是狭义劳动报酬定义，其对企业加成率的影响仍显著为正。通过对比稳健性检验估计结果发现，结合变量定义及工具变量的选取，本章主要采用的自变量员工劳动报酬对应的系数的显著性、方向和系数大小变化基本相同，这表明稳健性检验仍支持本章的基本结论：现阶段，通过合理提高员工的劳动报酬能够显著提升出口企业加成率，从而有助于提高我国出口企业国际市场竞争力和总体贸易利得。

表 5-5　劳动报酬与出口企业加成率的稳健性检验

因变量	SYS-GMM	IV-2SLS	Heckman 两步法	变量替换 I	变量替换 II
	（1）	（2）	（3）	（4）	（5）
L. lnmarkup	0.2987 ***				
	（33.5627）				
lnlabor	0.0719 ***	0.1679 ***	0.1023 ***		
	（19.9845）	（5.4603）	（83.5781）		
lnextra_labor				0.3365 ***	
				（7.3376）	
Lnna_labor					0.0436 ***
					（30.4104）
Constant	−0.1750 ***		−0.0764 ***	−1.1044 ***	−0.1596 ***
	（−6.5433）		（−3.3701）	（−7.6533）	（−8.9328）
企业、行业特征变量	Yes	Yes	Yes	Yes	Yes
年份固定效应	Yes	Yes	Yes	Yes	Yes
省份固定效应	Yes	No	Yes	No	No
行业固定效应	Yes	No	Yes	No	No
企业固定效应	No	Yes	No	Yes	Yes

因变量	SYS-GMM	IV-2SLS	Heckman 两步法	变量替换 I	变量替换 II
	（1）	（2）	（3）	（4）	（5）
Observation	80211	32665	142120	139737	139738
adj. R²		0.0066		0.1140	0.1274
mills lambda			−0.2663**		
			（−10.1400）		
AR（1）	0.000				
AR（2）	0.476				
Sargan	0.533				

注：第（3）列的 Kleibergen-Paap rk LM 统计量为 158.552，P 值为 0.000，Kleibergen-Paap Wald F 统计量为 159.744，相应 Stock-Yogo 弱识别检验的 10% 临界值为 16.38。企业、行业特征变量包括企业年龄、规模、全要素生产率、产品质量、国有资本份额、是否盈利、资本集中度、资产负债比、政府补贴占比和 HHI。

第六节　进一步讨论

前文主要探讨了劳动报酬提高对我国出口企业加成率的影响效应，即使考虑了内生性和样本自选择问题，研究结论仍然稳健。在这一部分，本章主要结合理论机制分析，进一步讨论劳动报酬通过何种渠道或机制影响出口企业加成率。

一、"质量效应" 与 "自我选择效应" 的影响路径

员工获得的劳动报酬提升可以通过产品质量和全要素生产率两条路径进一步影响出口企业加成率的提升。一方面，根据许明（2016）、张明志和铁瑛（2016），员工劳动报酬的上升可以带来企业产品质量的提升，通过强化 "质量效应" 有利于出口市场规模的扩张和企业加成率的提高（Bellone

等，2016；许明和邓敏，2016）；另一方面，根据 Melitz 和 Ottaviano（2008）的新新贸易理论，出口企业通常具有较高的生产率水平，员工的劳动报酬提高有利于企业生产效率的提高，进而增强企业的自我选择效应，使高效率企业主动选择出口行为进而提升出口企业的加成率。换言之，提高员工劳动报酬既可以直接影响出口企业加成率，又可以通过提高产品质量和全要素生产率促进出口企业加成率的提升。故而可令出口企业加成率为因变量，员工获得的劳动报酬为自变量，全要素生产率或者产品质量为中介变量，三者之间的关系构成了典型的中介效应模型。根据 Barou 和 Kenny（1986）构建中介效应模型对"产品质量增强效应"和"企业自选择效应"两条路径进行检验，具体如下：

$$lnmarkup_{it} = \beta_0 + \beta_1 lnlabor_{it} + \sum \beta_2 X_{it} + \lambda_t + \eta_i + \varepsilon_{it} \quad (5-17)$$

$$lnquality_{it}(lnTFP_{it}) = a_0 + a_1 lnlabor_{it} + \sum a_2 X_{it} + \nu_t + \sigma_i + \gamma_{it} \quad (5-18)$$

$$lnmarkup_{it} = c_0 + c_1 lnlobor_{it} + c_2 lnquality_{it}(lnTFP_{it}) +$$
$$\sum c_3 X_{it} + \varphi_t + \tau_i + \theta_{it} \quad (5-19)$$

其中，变量定义同前文。式 5-17 代表劳动报酬对出口企业加成率影响的总效应，系数 β_1 表示总效应的大小，式 5-17 等价于基准回归式 5-1。式 5-18 反映劳动报酬对企业产品质量或全要素生产率的影响效应。式 5-19 中的系数 c_2 表示全要素生产率或产品质量对企业加成率的直接影响效应。将式 5-18 代入式 5-19 进一步得到产品质量或全要素生产率的中介效应 $c_2 a_1$，即劳动报酬通过提高企业的产品质量或全要素生产率对企业加成率的影响程度。中介效应模型的检验结果如表 5-6 所示。

根据表 5-6 的中介效应模型回归结果，式 5-18 中员工获得的劳动报酬对出口企业的产品质量或者全要素生产率呈显著的正向影响，这表明提高劳动报酬的确促进了企业产品质量和全要素生产率的提升。式 5-19 中的产品质量或全要素生产率影响出口企业加成率的系数均显著为正，这表明二者作为中介变量确实影响了出口企业的加成率。总体上，中介效应检验结果表明，提高员工的劳动报酬可以通过强化"质量效应"和"自选择效应"两条路径促进出口企业加成率的提高。从"质量效应"路径来看，产品质量对出口企业加成率的中介效应为 0.0676%，这表明员工获得的劳动报酬每提高 1%，可以通过促进产品质量提升进而增强出口企业加成率 0.0676 个百分点。从"自我选择效应"路径来看，全要素生产率对出口企业加成率的中介效应为 0.0101%，这表明员工获得的劳动报酬每提高 1%，则可以通过促进企业全要素生产率的提升进而增加出口企业加成率 0.0101 个百分点。进一步地，根据 Sobel 检验结果，产品质量和全要素生产率的中介效应显著。

表 5-6 "质量效应"和"自我选择效应"的中介效应检验

因变量名称		出口企业加成率（lnmarkup）		
路径 Ⅰ：质量效应				
自变量名称		系数	T 值	标准误
式 5-18	lnlabor	0.0396***	12.5419	0.0032
式 5-19	lnlabor	0.05263***	33.3466	0.0016
	lnquality	0.01705***	11.0329	0.0015
中介效应		0.0676%		
Sobel 检验		0.0000		
路径 Ⅱ：自我选择效应				
自变量名称		系数	T 值	标准误
式 5-18	lnlabor	0.0121***	1.7379	0.0069
式 5-19	lnlabor	0.0508***	33.7012	0.0015
	lnTFP	0.0060***	7.0036	0.0009
中介效应		0.0101%		
Sobel 检验		0.0009		

二、对产品价格与边际成本的影响

企业加成率同时包含了产品价格和边际成本的信息，这使劳动报酬的提高可能会通过影响出口企业的价格和边际成本对企业加成率产生影响，有必要对这一机制进行检验（Lu 和 Yu，2015）。但由于数据限制，中国工业企业数据库和海关数据库并未提供关于产品价格的信息，根据 Lu 和 Yu（2015）的定义，本章用企业加成率对数与全要素生产率对数之差作为企业价格的代理变量（Price），进一步根据企业加成率定义反推得到企业边际成本的代理变量（MC）。同时，考虑了新进企业、在位企业分别与员工获得劳动报酬对应交互项（lnlabor×Entrants、lnlabor×Survivors）的影响（De Loecker 和 Warzynski，2012）。其中，Entrants 代表新进企业对应的虚拟变量，Survivors 代表在位企业对应的虚拟变量。回归结果如表5-7 所示。

表5-7 劳动报酬、企业动态与出口企业的产品价格和边际成本

因变量	Price	Price	Price	MC	MC	MC
	（1）	（2）	（3）	（4）	（5）	（6）
lnlabor	0.0490***			-0.0325***		
	(31.6011)			(-2.8864)		
lnlabor×Entrants		-0.0035***			0.0156***	
		(-5.8568)			(3.3349)	
lnlabor×Survivors			0.0107***			-0.0187***
			(19.0573)			(-4.2586)
Constant	-1.2080***	-1.0496***	-1.0163***	0.1284	-0.0903	-0.0677
	(-66.1643)	(-55.9606)	(-55.8611)	(0.8110)	(-0.5545)	(-0.4276)
企业、行业特征变量	Yes	Yes	Yes	Yes	Yes	Yes
年份固定效应	Yes	Yes	Yes	Yes	Yes	Yes
企业固定效应	Yes	Yes	Yes	Yes	Yes	Yes
Observation	139738	139738	139738	139738	139738	139738
adj. R^2	0.3876	0.3769	0.3800	0.0246	0.0246	0.0247

根据表5-7第（1）列和第（4）列的回归结果，员工获得的劳动报酬每提高1个百分点，则出口企业的产品价格显著提升0.0490个百分点，同时出口企业的边际成本显著降低0.0325个百分点。回归结果进一步表明，提高员工的劳动报酬可以通过影响出口企业的产品价格和边际成本进而影

响我国出口企业的加成率；提高员工的劳动报酬有利于企业产品质量的提升，进而增强企业的议价能力（许明，2016）。同时，提高员工的劳动报酬有利于提高企业生产率，从而进一步降低企业的边际成本。因此，笔者研究发现，现阶段提高员工的劳动报酬有利于降低我国出口企业的边际成本，其根源在于生产效率提高的幅度超过工资上涨的幅度会使单位劳动力成本下降，促使企业整体竞争力提升，这与王万珺等（2015）的观点相一致。当考虑企业动态时，新进出口企业员工劳动报酬的提高显著降低了企业的产品价格，并拉高了边际成本，而在位企业员工劳动报酬的提高则显著提高了企业的产品价格，并降低了企业的边际成本。对于新进企业而言，提高员工的劳动报酬会进一步增加企业成本，因此不利于企业产品价格的提高和边际成本的下降。对于在位企业而言，提高员工的劳动报酬则有利于通过影响产品价格和边际成本来促进企业加成率的提升。

第六章　产品质量与中国出口企业加成率

本章基于中国工业企业数据库和海关数据库的匹配数据，实证检验了产品质量对出口企业加成率的影响效应。研究结果表明：第一，现阶段提高企业产品质量对我国出口企业加成率的提升有着非常重要的影响。平均而言，产品质量每提高10%，则出口企业的加成率将提升0.194个百分点。第二，提升出口产品质量的重点在于沿海地区的非国有企业，尤其是非垄断行业内的大量民营企业。第三，在位企业产品质量的提高能显著提升企业加成率，而新进企业和高出口倾向企业产品质量的提高则显著降低了企业加成率，出口市场进入门槛较低仍是问题的症结所在。第四，产品质量可以通过影响出口企业产品价格和边际成本进而对加成率产生影响。

第一节　引言与文献综述

对"什么因素提升或阻碍企业加成率"问题的探索，相关文献主要从市场竞争（刘啟仁和黄建忠，2015；Bernard 等，2003）、政府政策（任曙明和张静，2013）、生产率（De Loecker 和 Warzynski，2012；李卓和赵军，2015）、目的地市场特征（Melitz 和 Ottaviano，2008；罗长远等，2015）等方面进行了探讨，少有研究从产品质量角度出发研究企业的加成率问题。Kugler 和 Verhoogen（2012）利用1982~2005年哥伦比亚制造业企业调查数据，考察了产品质量对企业加成率的影响。研究发现，在其他因素相同的情况下，高品质产品有利于提高企业的加成率。企业产品质量由于其异质性特征及其对出口行为的重要影响，近年来受到了学术界的广泛关注（Baldwin 和 Harrigan，2011；施炳展等，2013）。当前，已有大量学者围绕产品质量与企业出口行为进行了相关理论和实证研究，研究结果表明产品质量的提升会直接影响出口企业在国际市场的竞争力，有利于推动贸易增长（Verhoogen，2008；Hallak 和 Sivadasan，2013），产品质量对企业加成率的重要影响是理解中国企业加成率问题的关键（Kugler 和 Verhoogen，2012；Crozet 和 Tybout，2012）。

既有文献主要呈现以下两个特点：①现有研究主要探析加成率与企业出口的关系，忽略了中国背景下出口企业加成率应该如何提高的问题。从微观视角下对提高产品质量是否影响企业加成率问题的研究尚未见于国内文献。②对企业加成率和产品质量两个变量的准确测度和计量估计有待于进一步完善。企业层面数据很少提供关于产品价格和边际成本的数据，现有文献在测度企业加成率方面并没有可比较的方法和数据基础（钱学锋和范冬梅，2015）。同时，利用回归模型估测出口产品质量需克服模型本身的内生性问题，选择工具变量不当会导致反向因果，使计算结论存在偏误。

与既有文献相比，本章主要贡献可能体现在三个方面：①在研究视角上，基于海关数据库和中国工业企业数据库的匹配数据，实证检验了中国背景下提高产品质量是否有利于出口企业加成率的提升，结果表明产品质量的提高对企业加成率的提升有显著促进作用。这样的发现对于理解我国供给侧结构性改革下有效提升企业出口产品质量找到了另一条识别路径——通过提升出口企业加成率惠及一个国家。②在指标的测算和估计上，本章在 De Loecker 和 Warzynski（2012）的基础上，采用更为灵活的超越对数（Translog）生产函数准确估计了企业加成率。同时，根据 Piveteau 和 Smagghue（2013），构建产品质量的局部均衡模型，将中间产品进口来源国的实际汇率作为工具变量，克服模型内生性问题，准确测算出口产品质量。③在研究方法上，本章在估计产品质量对出口企业加成率影响的过程中，综合运用 Heckman 两步法、工具变量法、GMM 估计等方法，较好地控制了样本的自选择和内生性问题。进一步地，本章考察了企业出口动态、价格和边际成本的潜在作用机制，丰富了产品质量与企业加成率的相关研究。

第二节　研究设计

一、计量模型的设定

本章采用企业个体特征来刻画企业层面的加成率和产品质量。根据研究目标，考虑到数据的可获得性，设定基础计量模型如下：

$$\text{lnmarkups}_{it} = \beta_0 + \beta_1 \text{lnequality}_{it} + \theta X + \lambda_t + \delta_i + \varepsilon_{it} \tag{6-1}$$

其中，因变量 lnmarkups 代表企业加成率的自然对数，自变量 lnquality 代表企业出口产品质量的自然对数，这两个关键变量的具体测算方法详见下节介绍。

控制变量 X 包含以下变量：①企业年龄的自然对数（lnage），企业年龄用"被调查年份−开业年份+1"表示。②企业规模的自然对数（lnsize），企业规模用企业的年均从业人数表示。③全要素生产率的自然对数（lnTFP_ACF），为克服 OP 方法和 LP 方法在估计上可能存在的不可识别以及内生性问题，本章利用 Ackerberg 等（2015）的两步估计方法在估算加成率的基础上，对全要素生产率进行测算。④国有资本份额（Stateshare），用国有股份占企业实收资本的比重表示，用以控制国有企业特征。⑤资本集中度（kl），采用企业资本与年均从业人数的比值表示，它反映了企业的技术结构，也在一定程度上反映了进入该行业的难易程度和产品可替代性，因而也会影响企业加成率。⑥资产负债率（leverage），用总资产除以总负债表示。⑦赫芬达尔指数（hhi），代表企业所在二分位行业的集中度，计算公式为 hhi =

Σ（$M_i / \Sigma M_i$）^{2}，其中，M_i 表示企业 i 的销售收入。同时，本章还进一步控制了年份固定效应（λ_t）和企业的个体固定效应（δ_i）。ε_{it} 为随机误差项。i、t 分别代表企业和年份。

二、关键变量的定义

1. 企业加成率（markups）和全要素生产率（TFP_ACF）的测算

在企业利润最大化的条件下，利用设定的生产函数推导加成率表达式。这种方法剔除了市场需求变动和价格对生产函数的影响，能够更准确地估测出企业的加成率。因此，本章在 De Loecker 和 Warzynski（2012）生产函数法的基础上对企业加成率进行估计。

考虑三种生产要素投入，假设企业 i 在时间 t 的生产函数为：

$$Q_{it} = Q_{it}（L_{it}, K_{it}, M_{it}, \omega_{it}） \tag{6-2}$$

其中，L_{it}、K_{it} 和 M_{it} 分别代表劳动、资本和中间材料投入要素，ω_{it} 为企业异质性生产率，生产函数 Q（·）为连续二次可微。根据 Lu 和 Yu（2015），企业 i 在时间 t 面临的成本最小化条件为：

$$\min_{\{L_{it}, K_{it}, M_{it}\}} w_{it}L_{it} + r_{it}K_{it} + p_{it}^m M_{it} \tag{6-3}$$

$$s.t. \ Q_{it}（L_{it}, K_{it}, M_{it}, \omega_{it}） \geqslant \overline{Q}_{it}$$

$$L_{it} \geqslant I[D_{it}=1]\overline{S}_{it} \tag{6-4}$$

其中，w_{it}、r_{it} 和 p_{it}^m 分别代表工资、投资价格和中间材料投入要素价格。D_{it} 为是否为国有企业的虚拟变量，I［·］为是否为国有企业的指示函数，如果 $D_{it}=1$ 则取值为 1，否则为 0。$\overline{S}_{it}$ 代表社会最低就业水平。式 6-4 反映国有企业特征，即要求雇佣的员工满足社会最低就业水平。

根据上述约束条件，成本最小化的拉格朗日函数为：

$$\ell（L_{it}, K_{it}, M_{it}, \lambda_{it}, \eta_{it}）_{it} = w_{it}L_{it} + r_{it}K_{it} + p_{it}^m M_{it} +$$
$$\lambda_{it}[\overline{Q}_{it} - Q_{it}（L_{it}, K_{it}, M_{it}, \omega_{it}）] +$$
$$\eta_{it}\{I[D_{it}=1]\overline{S}_{it} - L_{it}\} \tag{6-5}$$

企业层面的加成率估计取决于无调整成本的可变要素投入，由于式 6-4 表明国有企业的劳动并非无成本的调整，因此这里关注中间材料投入要素的最优决定。进一步地，对中间材料投入要素的一阶导数为：

$$\frac{\partial \ell}{\partial M_{it}} = p_{it}^m - \lambda_{it} \frac{\partial Q_{it}}{\partial M_{it}} = 0 \tag{6-6}$$

其中，$\lambda_{it} = \frac{\partial \ell}{\partial Q_{it}}$ 为给定产出水平下的边际成本。式 6-6 两边同时乘以 $\frac{M_{it}}{Q_{it}}$ 得到：

$$\frac{\partial Q_{it}}{\partial M_{it}} \frac{M_{it}}{Q_{it}} = \frac{1}{\lambda_{it}} \frac{p_{it}^m M_{it}}{Q_{it}} \tag{6-7}$$

由于企业加成率 μ_{it} 表示为产品价格与边际成本的比值，即 $\mu_{it} = P_{it}\big/\lambda_{it}$。根据式 6-7 得到企业加成率 μ_{it} 的表达式为：

$$\mu_{it} = \theta_{it}^m (\alpha_{it}^m)^{-1} \tag{6-8}$$

其中，θ_{it}^m 为中间材料投入要素的产出弹性，α_{it}^m 为中间材料投入要素支出占比，即中间材料投入要素的成本与总销售额之比。

根据式 6-8 可知，中间材料投入要素的支出占比可以直接从企业层面数据得到，因而计算企业层面加成率的关键在于无偏地估计出中间材料投入要素的产出弹性。大量文献探讨生产函数的估计方法，其核心问题在于如何控制不可观测的生产率冲击，[①] 现有研究通常以 OP 法和 LP 法为代表的半参数方法，利用企业投资和中间投入与生产率的单调关系对生产率冲击进行控制，但仍可能产生共线性问题，导致估计失效（Ackerberg 等，2015）。因此，本章采用 ACF 两步法进行估计从而得到稳健的企业层面加成率。在生产函数设定方面，由于柯布-道格拉斯生产函数假设要素产出弹性恒定，本章采用更为灵活的超越对数生产函数形式，具体如下：

$$y_{it} = \beta_l l_{it} + \beta_k k_{it} + \beta_m m_{it} + \beta_{ll} l_{it}^2 + \beta_{kk} k_{it}^2 + \beta_{mm} m_{it}^2 + \beta_{lk} l_{it} k_{it} + \beta_{km} k_{it} m_{it} +$$
$$\beta_{lm} l_{it} m_{it} + \beta_{lkm} l_{it} k_{it} m_{it} + \omega_{it} + \varepsilon_{it} \tag{6-9}$$

---

① De Loecker 和 Warzynski（2012）指出，由于生产率往往与企业投入选择相关，不控制生产率冲击将导致要素产出弹性估计产生偏误。

其中，y 为工业总产值，ε 为随机误差项，以上小写字母均为相应变量的自然对数。

利用 ACF 两步法处理生产率的内生性问题时，根据中间材料投入要素与资本、生产率和其他潜变量的单调关系，设企业中间材料投入要素投入函数表达式为：

$$m_{it} = m_t(k_{it}, \omega_{it}, Z_{it}) \tag{6-10}$$

其中，潜变量 Z_{it} 包括是否出口的虚拟变量、产品市场份额、年份虚拟变量及其各变量对应的交互项。根据 $m_t(\cdot)$ 的单调性，进一步得到生产率的表达式为：

$$\omega_{it} = h_t(k_{it}, m_{it}, Z_{it}) \tag{6-11}$$

将式 6-11 代入式 6-9 中，可得：

$$y_{it} = \varphi_t(l_{it}, k_{it}, m_{it}) + h_t(k_{it}, m_{it}, Z_{it}) + \varepsilon_{it} = \phi_t(l_{it}, k_{it}, m_{it}, Z_{it}) + \varepsilon_{it} \tag{6-12}$$

第一阶段，通过对式 6-12 采用三次多项式来逼近拟合，得到无偏估计 $\bar{\phi}_{it}$。

第二阶段，首先，利用 GMM 估计，借助资本 k 在初期决定，劳动 l 和中间材料投入要素 m 与滞后一期生产率无关的性质，得到对应的独立矩条件来识别式 6-9 对应的参数估计向量。其次，根据 $\bar{\beta}_m + 2\bar{\beta}_{mm}m_{it} + \bar{\beta}_{lm}l_{it} + \bar{\beta}_{km}k_{it} + \bar{\beta}_{lmk}l_{it}k_{it}$ 得到行业层面的中间材料投入要素的产出弹性。最后，利用式 6-8 计算出企业层面的加成率估计值 $\bar{\mu}$。进一步地，通过对应参数的估计向量，得到式 6-12 的估计值 $\bar{\phi}_{it}$ 和 $\bar{\varphi}_{it}$，通过 $\bar{\omega}_{it} = \bar{h}_{it} = \bar{\phi}_{it} - \bar{\varphi}_{it}$ 计算得到企业层面的全要素生产率估计值。

2. 企业出口产品质量（quality_iv）的测算

假设经济中存在 j 个国家，每个国家的消费者拥有相同的消费偏好。消费者需求连续的差异性产品 $\omega \in \Omega$，其中 Ω 为市场中存在的差异 CES 效用函数形式，其基本形式为：

$$U = \left\{ \int_{\omega \in \Omega} [q(\omega)x(\omega)]^{\frac{\sigma-1}{\sigma}} d\omega \right\}^{\frac{\sigma}{\sigma-1}} \tag{6-13}$$

其中，q（ω）代表产品 ω 的质量，x（ω）代表消费者对产品 ω 的消费量，σ 为任意两种产品的替代弹性，即需求的价格弹性，σ ∈ （1，+∞）。

代表性消费者面临的预算约束为：

$$\int_{\omega \in \Omega} [p(\omega)x(\omega)] \, d\omega = R \tag{6-14}$$

其中，R 代表消费者的支出。

根据 Dixit 和 Stiglitze（1977），给定总价格指数 P，总消费与生产效用函数等价，P 的表达式为：

$$P = \left(\int_{\omega \in \Omega} \left[\frac{p(\omega)}{q(\omega)} \right]^{1-\sigma} d\omega \right)^{\frac{1}{1-\sigma}} \tag{6-15}$$

根据消费者获得的最优消费量式 6-15，可以得到：

$$\frac{xp}{R} = \left(\frac{p}{q} \right)^{1-\sigma} \frac{1}{P^{1-\sigma}} \tag{6-16}$$

其中，消费者支出 R 等价于目的国总进口额。

根据式 6-16，进一步推导出产品的市场份额为：

$$ms = \left(\frac{p}{q} \right)^{1-\sigma} \frac{1}{P^{1-\sigma}} \tag{6-17}$$

由式 6-17 可知，出口产品在目的国的市场份额 ms 由产品的质量和价格决定，且与产品质量成正比，与产品价格成反比。对式 6-17 两边同时去对数，式 6-17 可重新表达为：

$$logms = （1-\sigma） logp + （\sigma-1） logq + （\sigma-1） logP \tag{6-18}$$

将式 6-17 转化为 HS2 位数的产品层面回归模型，可以将式 6-18 表达为：

$$logms_{fpdt} = （1-\sigma） logp_{fpdt} + u_{pdt} + \varepsilon_{fpdt} \tag{6-19}$$

其中，sm_{fpdt} 代表企业在一个估测单元下的出口额，估测这个样本单元的四个维度 f、p、d、t 依次表示企业、出口产品种类（二位码）、出口目的国、年份。用 u_{pdt} 控制目的国的总价格指数和偏好等信息，残差 ε_{fpdt} 为出口产品质量。

由于市场价格 p 与市场份额 sm 之间存在明显的内生性问题，直接利用式 6-19 估测出口产品质量会产生明显的内生性问题（Piveteau 和 Smagghue，

2013），为克服这一问题，本章采用企业进口中间产品来源国的实际汇率作为市场价格 p 的工具变量，一方面，企业进口中间产品来源国的实际汇率变化直接影响企业生产成本，从而影响企业销往目的国的出口产品价格；另一方面，企业进口中间产品来源国的实际汇率变化并不会影响企业出口国的消费需求，也不会直接影响出口产品质量。基于此，二阶段Ⅳ回归模型如下：

$$\begin{cases} logms_{fpdt} = \beta_1 logp_{fpdt} + \beta_2 \overline{loggdp_{ft}} + \mu_{pdt} + \eta_{fpd} + \varepsilon_{fpdt} \\ logp_{fpdt} = \varphi_1 log\overline{ER_{ft}} + \varphi_2 \overline{loggdp_{ft}} + \mu_{pdt} + \eta_{fpd} + \varepsilon_{fpdt} \end{cases} \tag{6-20}$$

其中，$\overline{ER_{ft}} = \sum_d \omega_{0sf} \times er_{st}$，$\overline{gdp_{ft}} = \sum_d \omega_{sft} \times gdp_{st}$

其中，$\overline{ER_{ft}}$ 为企业 f 在第 t 年的进口中间产品来源国 s 的平均汇率；er_{st} 表示企业进口中间产品来源国 s 的实际汇率，根据向各国的进出口额，加权得到企业层面的进出口实际汇率；ω_{osf} 代表在 2000 年样本初期，企业从进口国所进口的中间产品占企业总进口的比重。$\overline{gdp_{ft}}$ 为企业 f 在第 t 年进口中间产品来源国 s 的平均 GDP，用以控制企业进口中间品来源国因素。

进一步地，根据式 6-20，本章用 λ_{fpdt} 代表出口产品质量，即企业 f 在 t 年出口 p 产品到 d 国的产品质量。产品层面的出口质量 λ_{fdt} 的表达式为：

$$\widehat{\lambda_{fpdt}} = \gamma_2 \overline{loggdp_{ft}} + u_{fdt} + \varepsilon_{fpdt} \tag{6-21}$$

将企业×出口产品种类×出口目的国×年份的四维度样本单元出口产品质量去维度得到企业×年份的两维度企业层面出口产品质量。使用企业每种产品的出口额占其出口额总量的比重作为权重，计算企业层面的加权出口产品质量：

$$quality\_iv_{it} = \sum_{f \in i} \frac{ex\_va_{fpdt}}{\sum_{f \in i} ex\_va_{fpdt}} \widehat{\lambda_{fpdt}} \tag{6-22}$$

其中，$quality\_iv_{it}$ 代表企业 i 在第 t 年的企业层面出口产品质量；ex_va_{fdpt} 代表每个企业 f 在第 t 年第 p 种产品销往目的国 d 的出口额。

图 6-1 展示了 2000~2006 年企业出口产品质量的变化趋势。图 6-1（a）为根据所有制类型分类的出口产品质量变化趋势可以发现：①在样

本区间内，外商独资企业和中国港澳台企业的样本出口产品质量普遍高于其他类型的企业，而民营企业出口产品质量最低；②相比其他类型的企业，国有企业出口产品质量呈快速提升态势，这主要由于外商独资企业产品在市场上的竞争推动了国有企业出口产品质量的提升。加之，国有企业相比其他企业而言，一般拥有较为雄厚的资金实力，因此能在短期内迅速提升自身产品质量。相反，民营企业出口产品质量的提升较为缓慢。图6-1（b）为2000～2006年企业出口产品质量按地区的变化趋势。出口产品质量呈现以下两个特点：①在样本区间内，东部地区的出口产品质量普遍高于中西部地区；②中西部地区，尤其是西部地区出口产品质量稳步提升，但仍与东部地区有较大差距。中西部地区出口产品质量提升的主要原因在于2000年以后国家相继提出的有助于中西部发展的相关政策起到了积极作用。另外，由于东部地区劳动力工资上涨过快，使一部分的加工贸易企业从东部迁往中西部，资源配置效率的改善促进了中西部企业出口产品质量的提升。

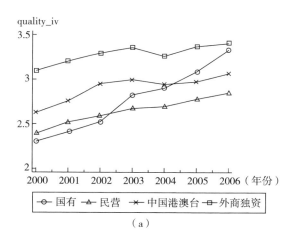

（a）

图6-1 2000～2006年企业出口产品质量的变化趋势（按所有制、地区分类）

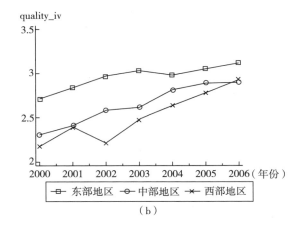

（b）

图6-1 2000~2006年企业出口产品质量的变化趋势（按所有制、地区分类）（续）

资料来源：笔者自绘。

3. 数据来源与主要变量的描述性统计

本章使用的数据主要包括五个部分：1998~2007年中国工业企业数据库、2000~2006年中国海关企业层面进出口数据 Penn World Table8.0 国别数据库、IMF 数据库中的 IFS 子数据库、COMTRADE 数据库。企业年龄、规模等企业特征相关指标主要来自中国工业企业数据库；进出口数据来自海关进出口统计数据库；中间产品进口国的 GDP 数据来自 Penn World Table 8.0 国别数据库；中国进口贸易伙伴国的年度双边名义汇率来自 IFS 数据库、每个贸易国的总进口数据来自 COMTRADE 数据库。本章对数据的处理与第三章第三节类似，在此不再赘述。

主要变量的描述性统计如表6-1所示。

表6-1 主要变量的描述性统计

变量名称	N	平均值	标准差	最小值	中位数	最大值
lnmarkups[①]	147379	0.1879	0.1939	−0.1369	0.1706	0.6005

① 由于 ACF 两步法估计生产函数需要滞后期变量，因此为保证2000~2006年数据完整，本章先对1998~2007年中国工业企业数据库的企业加成率进行估计，然后在此基础上进行数据合并。

续表

变量名称	N	平均值	标准差	最小值	中位数	最大值
lnquality	139842	1.3219	0.6277	−6.8577	1.4619	2.1034
lnage	147490	2.1961	0.6167	0.6931	2.1972	5.0562
lnsize	147490	5.5006	1.1648	2.1972	5.4381	11.9072
lnTFP_ACF	147490	1.9671	0.2806	1.4972	1.9610	2.4906
Stateshare	147490	0.0387	0.1668	0.0000	0.0000	1.0429
kl	147490	3.9706	1.3064	−0.0225	3.9774	9.9183
leverage	147490	0.5149	0.2398	0.0000	0.5290	1.0000
hhi	147490	0.0067	0.0094	0.0015	0.0041	1.0000

第三节　实证结果与分析

一、基准回归结果

表6-2呈现了企业产品质量与加成率的基准回归结果。第（1）列采用OLS回归，并控制了年份效应。第（2）~（5）列运用固定效应模型进行估计，均控制了年份固定效应和企业固定效应，并逐步增加企业特征和企业约束变量以检验结果的稳定性。根据表6-2的回归结果，笔者最为关心的产品质量系数 β_1 显著为正，并在1%的水平下显著。与OLS回归结果相比，通过固定效应模型的回归结果由0.0335下降到0.0198，这表明固定效应能够更好地控制企业层面未观测因素所引起的系数偏误。从第（2）~（5）列结果来看，在控制其他因素不变的情况下，企业的产品质量每提高1%，则企业加成率将提升0.0193%~0.0198%。目前，与国外品牌产品相比，"中国制造"往往不受消费者青睐，其深层次的原因在于"中国制造"的质量仍有待于进一步提升。基准回归结果表明，我国出口企业通过提高

自身产品质量，努力打造中高端品牌形象，促使消费者的效用水平提升和认知度提高，形成高收益、可持续的出口模式（施炳展和邵文波，2014），有利于我国出口企业加成率的提高，进而提升产品的市场占有率。

表6-2　产品质量与出口企业加成率的基准回归（全样本）

	（1）	（2）	（3）	（4）	（5）
lnquality	0.0335***	0.0198***	0.0196***	0.0193***	0.0194***
	(38.6817)	(12.5228)	(12.4334)	(12.2233)	(12.2539)
lnage				0.1033***	0.1024***
				(16.5388)	(16.2915)
lnsize				−0.0114***	−0.0103***
				(−6.8358)	(−5.3684)
lnTFP_ACF			0.0616***	0.0621***	0.0626***
			(8.8664)	(8.9350)	(8.8820)
Stateshare					−0.0033
					(−0.5415)
kl					0.0009
					(0.6298)
leverage					−0.0278***
					(−6.7846)
hhi					0.0963
					(0.3195)
Constant	0.0813***	0.0986***	−0.0224	−0.1502***	−0.1452***
	(42.0852)	(40.0628)	(−1.6199)	(−7.8663)	(−6.5969)
年份固定效应	Yes	Yes	Yes	Yes	Yes
企业固定效应	—	Yes	Yes	Yes	Yes
Observation	139738	139738	139738	139738	139738
adj. R^2	0.0541	0.0844	0.0863	0.0910	0.0917

注：①*、**、***分别表示10%、5%和1%水平下显著，括号内为t值。本章余表同。②第（2）~（6）列均控制了聚类标准误。

二、异质性检验

以上检验的是产品质量对出口企业加成率影响的平均效果。接下来，进一步检验产品质量对出口企业加成率的影响是否可能随着样本类型不同而有所区别。为此，根据聂辉华等（2012），依据实收资本占比大小将样本划分为国有企业和非国有企业。依据岳希明等（2010）将行业划分为垄断行业和非垄断行业。同时，本书还将样本划分为沿海地区①和内陆地区。表6-3列示了产品质量与出口企业加成率的异质性检验结果。

表6-3 产品质量与出口企业加成率的异质性检验（分样本）

	（1）	（2）	（3）	（4）	（5）	（6）
	国　有	非国有	垄　断	非垄断	沿　海	内　陆
lnquality	0.0092	0.0198***	0.0121	0.0197***	0.0209***	0.0054
	（1.4016）	（12.0255）	（1.5200）	（12.2600）	（12.5855）	（1.0964）
lnage	−0.1007***	0.1121***	0.1081***	0.1028***	0.1151***	−0.0360
	（−2.6995）	（17.1508）	（3.7191）	（16.0375）	（17.6303）	（−1.5668）
lnsize	−0.0363***	−0.0106***	−0.0247**	−0.0099***	−0.0098***	−0.0183**
	（−2.8035）	（−5.4226）	（−2.4826）	（−5.0683）	（−4.9494）	（−2.5597）
lnTFP_ACF	0.0707*	0.0611***	0.0732	0.0528***	0.0606***	0.1020***
	（1.7869）	（8.5712）	（0.1648）	（6.8297）	（8.4219）	（2.9413）
Stateshare			0.0198	−0.0046	−0.0075	0.0077
			（1.4761）	（−0.7164）	（−1.0324）	（0.7379）
kl	−0.0134	0.0008	−0.0027	0.0010	0.0012	−0.0031
	（−1.3231）	（0.5419）	（−0.3611）	（0.6771）	（0.8128）	（−0.5617）
leverage	0.0198	−0.0286***	−0.0441*	−0.0279***	−0.0286***	−0.0154
	（0.6919）	（−6.8795）	（−1.8771）	（−6.7059）	（−6.7986）	（−0.8551）

---

① 根据样本范围，沿海地区包括天津、河北、辽宁、山东、江苏、上海、浙江、福建、广东、广西和海南。

	（1）	（2）	（3）	（4）	（5）	（6）
	国　有	非国有	垄　断	非垄断	沿　海	内　陆
hhi	0.8674***	-0.0825	5.7510***	0.1227	0.0684	1.0023*
	（4.5489）	（-0.3080）	（6.6617）	（0.3630）	（0.2252）	（1.7506）
Constant	0.5378***	-0.1519***	-0.1966	-0.1278***	-0.1703***	0.1498
	（3.2239）	（-6.8360）	（-0.2909）	（-5.5187）	（-7.5415）	（1.6107）
年份固定效应	Yes	Yes	Yes	Yes	Yes	Yes
企业固定效应	Yes	Yes	Yes	Yes	Yes	Yes
Observation	5225	134513	5850	133888	129105	10633
adj. R^2	0.0702	0.0931	0.1353	0.0901	0.0940	0.0776

注：上述模型均控制了聚类标准误。

表6-3分样本的异质性回归结果显示，在第（1）列中，产品质量的提升虽然能够提高出口企业加成率，但是在统计上并不显著，而在第（2）列中，产品质量的提升却能够显著提高出口企业加成率，其幅度为0.0198%。与国有企业结果类似，垄断行业产品质量的提升并不能显著提高出口企业加成率，而非垄断行业产品质量每提升1个百分点，将显著提升加成率0.0197个百分点。国有企业，尤其是垄断行业内的国有企业依靠国家政策获得了高额利润，往往并不需要通过产品质量的提升而增加企业收益，从而导致内部提升产品质量的动力缺失（张杰等，2015），不利于企业加成率的提高。相反，对于非垄断行业的民营企业而言，外部面临着巨大的竞争压力和市场歧视，只有通过提高产品质量才能渐渐被市场认可，从而进一步取得竞争优势，有助于其企业加成率的提高。

在表6-3第（5）列和第（6）列中，提高内陆出口企业产品质量不能有效提升企业加成率。相反，沿海出口企业产品质量每提升1%，则企业加成率提升0.0209个百分点。一方面，由于独特的地理位置和基础设施优势，沿海地区相比内陆地区更加开放和富有竞争力；另一方面，从样本分布来看，出口企业主要分布在沿海地区，内陆出口企业只占样本的7.88%，而沿海地区的出口企业占比高达 92.12%，沿海地区产生的集聚效应使通过提升产品质量带来的企业加成率提高更加显著。表 6-3 的结果表明，提升出口产品质量的重点在于沿海地区的非国有企业，尤其是非垄断行业内的民营企业。

三、稳健性检验

本章从不同角度对以上基本回归结果进行稳健性检验，具体包括处理样本自选择问题、内生性问题和变量替换。首先，考虑涉及出口企业产品质量的研究可能产生自选择问题，其主要来源于两个方面：第一，关于产品质量的计算主要定位在出口企业，但非出口企业也存在产品质量问题；第二，中国工业企业数据库仅包含国有企业及规模以上非国有企业的数据，并不包含小规模非国有企业。针对样本的自选择问题，本章利用 Heckman 两步法进行估计。假设在第一阶段的出口企业选择模型中服从正态分布，通过 Heckman 两步法可以控制样本自选择带来的偏差，从而得到一致性估计。具体包括两步：第一步，构建影响企业出口决策的选择方程；第二步，分析出口企业产品质量的决定因素。根据相关研究（张杰等，2015；施炳展和邵文波，2014），出口企业的选择模型设定如下：

$$\mathrm{Probit}(\mathrm{export}_{it} = 1) = \alpha_0 + \alpha_1 \mathrm{lnsize}_{it} + \alpha_2 \mathrm{lnage}_{it} + \alpha_3 \mathrm{TFP\_ACF}_{it} +$$
$$\alpha_4 \mathrm{monopoly}_{it} + \alpha_5 \mathrm{state}_{it} + \sum \mathrm{district}_{it} + \sum \mathrm{year}_{it} + \sigma_{it}$$
$$(6-23)$$

其中，export 代表企业是否出口的虚拟变量，export = 1 代表是，export = 0 代表否。state 代表国有企业的虚拟变量，state = 1 代表国有企业，state = 0 代表非国有企业。monopoly 表示行业垄断的虚拟变量，monopoly = 1 表示垄断行业，monoploy = 0 表示非垄断行业。Σdistrict 代表地区类别，根据统计局 2003 年公布的标准，将全国 31 个省份（不包含港澳台地区）划分为东部地区、中部地区和西部地区，并生成相应的虚拟变量，均以东部地区为基准。σ_{it} 代表随机误差项，其他变量含义与前文相同。

其次，考虑内生性问题。针对因变量和自变量可能相互影响而产生的内生性问题，较难通过选择恰当的工具变量来解决这些变量的内生性问题，参照施炳展和邵文波（2014）处理相关问题的做法，针对异质性企业微观层面估计方程的基本特征，采用两步系统 GMM 方法对模型进行估计以控制内生性问题。进一步地，为减少内生性，采用上一年《国民经济行业分类》（GB/T 4754—2003）中的三位码分类行业平均产品质量作为行业产品质量基准线的代理变量。将其作为企业当期产品质量的工具变量，一是会影响企业当期产品质量，满足工具变量相关性条件；二是由于行业产品质量基准线代理变量为上期的行业平均水平，因此也满足工具变量外生性条件。

最后，通过变量替换的方法进一步检验回归结果的稳健性：①自变量替换，将产品质量替换为直接利用 OLS 方法估计得到的出口产品质量（lnquality_ols）。②因变量替换，参考 Domowitz 等（1988）直接利用财务数据计算企业加成率的方法，采用"（增加值-工资福利）/（增加值+中间投入）"的公式进行计算，用 PCM 表示。产品质量对出口企业加成率的稳健性检验结果如表6-4所示。

表6-4 产品质量与出口企业加成率的稳健性检验

	（1）Heckman 两步法	（2）GMM	（3）IV	（4）自变量替换	（5）因变量替换
L. lnmarkup		0.3266***（37.1684）			
lnquality	0.0329***（35.7439）	0.0362***（10.3589）	0.0189***（9.5732）		0.0197**（2.4814）
lnquality_ols				0.0186***（11.5369）	
Constant	0.0854***（4.0030）	0.0210**（2.5265）	0.0308（1.0369）	-0.1495***（-6.9098）	-2.1570***（-21.4760）
企业特征变量、约束变量	Yes	Yes	Yes	Yes	Yes

续表

	（1）	（2）	（3）	（4）	（5）
	Heckman 两步法	GMM	IV	自变量替换	因变量替换
省份固定效应	Yes	—	—	—	—
年份固定效应	Yes	Yes	Yes	Yes	Yes
个体固定效应	—	Yes	Yes	Yes	Yes
mills lambda	−0. 0678*** （−3. 0340）				
Observation	142120	80211	80268	143605	128798
adj. R^2				0. 0910	0. 0527

注：①上述模型均控制了聚类标准误。②企业特征变量和约束变量包括企业年龄、规模、全要素生产率、国有资本份额、资本集中度、资产负债比和 HHI。本章余表同。

　　表 6-4 第（1）列列示了 Heckman 两步法的估计结果，结果表明在其他变量不变的条件下，企业产品质量每提高 1%，则出口企业加成率将提高 0.0329%，并在 1% 显著水平下通过检验。通过第（1）列回归结果对应的逆米尔斯比率检验结果，表明利用 Heckman 两步法处理样本的自选择问题合理。第（2）、第（3）列列示了利用两步系统 GMM 法和 IV 方法对应的估计结果，结果表明在控制内生性的情况下，提高企业的产品质量仍有助于出口企业加成率的提升。此外，利用 Sargan 检验两步系统 GMM 法的工具变量进行过渡识别检验，利用 F 统计量检验 IV 法对应的工具变量进行是否弱识别检验，结果均拒绝了相应工具变量弱识别的原假设，检验结果均满足模型要求。① 同时，滞后一期的出口产品质量对应系数均显著为正，这表明企业的出口产品质量具有连续性，采用两步系统 GMM 方法进行估计具有一定的必要性。表 6-4 第（4）、第（5）列列示了变量替换的检验结果，回归结果仍然支持我们的基本结论：通过提高企业产品质量能够

① 两步系统 GMM 对应的 Sargan 检验 p 值为 0.073，表明在 5% 显著水平下，并不存在工具变量过度识别问题。IV 法对应的 Kleibergen 和 Paap（2006）的 F 统计量为 4.24，表明强烈拒绝工具变量弱识别的原假设。

显著提升出口企业加成率，从而有助于提高我国出口企业国际市场竞争力和贸易利得。

第四节　进一步讨论

以上分析主要从静态层面进行讨论，本章发现企业产品质量的提升能够显著提高我国出口企业加成率，这样的发现不仅有利于为我国出口企业国际市场竞争力的提高提供依据，而且有利于通过"中国制造"产品质量的改善来有序推进我国供给侧结构性改革。在这一部分，本章主要从出口企业动态和产品质量的影响机制角度做进一步探讨。

一、出口企业动态与出口倾向

De Loecker 和 Warzynski（2012）、Lu 和 Yu（2015）、刘啟仁和黄建忠（2015）等在研究企业加成率问题时，探讨了出口企业动态和出口倾向问题。De Loecker 和 Warzynski（2012）利用斯洛文尼亚 1994~2000 年的面板数据发现，出口市场的新进入企业是提升企业加成率的主要原因，影响效应达到 0.079~0.099。刘啟仁和黄建忠（2015）的研究表明，越倾向出口的企业则越不利于企业加成率的提升。在现有研究的基础上，要将出口企业动态和出口倾向问题引入出口产品质量的影响机制分析。

首先，考虑出口企业动态问题。分别引入新进企业（Entrants）、在位企业（Survivors）以及两者分别与产品质量（lnquality）对应的交互项（Entrants×lnquality、Survivors×lnquality）。生成新进企业（Entrants）和在位企业（Survivors）的虚拟变量，如果是则取 1，否则为 0。然后，考虑企业出口倾向问题。企业出口倾向（lnEXD）用企业出口强度的自然对数表示，出口强度等于企业出口额与主营收入的比值。分别在基础回归中引入出口倾向及其与产品质量的交互项（lnEXD×lnquality）。回归结果如表 6-5 所示。

表 6-5　考虑企业动态、出口倾向的产品质量与出口企业加成率检验

	(1)	(2)	(3)	(4)	(5)	(6)
lnquality	0.0192 ***	0.0207 ***	0.0192 ***	0.0114 ***	0.0205 ***	0.0239 ***
	(12.1410)	(13.0715)	(12.1410)	(6.0347)	(12.8983)	(14.4585)
Entrants	−0.0155 ***					
	(−9.0470)					
Survivors			0.0155 ***			
			(9.0470)			
Entrants×lnquality		−0.0093 ***				
		(−7.9441)				
Survivors×lnquality				0.0093 ***		
				(7.9441)		
lnEXD					−0.0045 ***	
					(−10.9897)	
lnEXD×lnquality						−0.0020 ***
						(−7.5515)
Constant	−0.0958 ***	−0.1082 ***	−0.1113 ***	−0.1082 ***	−0.1317 ***	−0.1438 ***
	(−4.2185)	(−4.8036)	(−4.9827)	(−4.8036)	(−5.9999)	(−6.5452)
企业特征变量、约束变量	Yes	Yes	Yes	Yes	Yes	Yes
年份固定效应	Yes	Yes	Yes	Yes	Yes	Yes
个体固定效应	Yes	Yes	Yes	Yes	Yes	Yes
Observation	139738	139738	139738	139738	139738	139738
adj. R^2	0.0928	0.0925	0.0928	0.0925	0.0931	0.0924

　　根据表 6-5 的第（1）列和第（3）列回归结果，对我国出口企业而言，新进企业并不能有效提高出口企业加成率，反而降低了出口企业的加成率，而在位企业则能够有效提升出口企业的加成率。当分别引入新进企业和在

位企业与产品质量自然对数的交互项时，相对其他类型的企业，新进出口企业产品质量的提高能显著降低企业加成率，而在位企业产品质量的提高则能够显著提升企业加成率。这种形成机制符合我国的现实：由于我国长期内需不足，但是在出口导向战略的刺激下，国际市场却保持着较为旺盛的需求，这使大量没有能力生产高质量产品的企业纷纷涌入出口市场，这种竞争效应会促使大量新进企业为了抢占市场更多地提供低价产品，这种机制导致新进出口企业提供的产品质量阻碍了加成率的提高。而对于在位出口企业而言，面对大量的新进企业，由此产生的竞争效应又会使在位企业为保持市场份额而努力提升产品质量，从而有利于企业加成率的提高。表6-5第（5）列和第（6）列列示了引入出口倾向变量的检验结果，无论单独引入出口倾向（lnEXD）还是引入其与产品质量（lnquality）的交互项，对应的回归系数都显著为负，这表明越倾向出口的企业的产品质量越不利于企业加成率的提升，这与刘啟仁和黄建忠（2015）的结论基本一致。由于我国给予大量的政府补贴和出口退税等优惠政策，导致大量高出口倾向企业存在，甚至有些企业只从事出口贸易，这种竞争机制导致出口倾向越高的企业的产品质量越不利于企业加成率的提升。实证结果再次表明，我国出口市场的进入门槛较低仍是问题的症结所在。

二、对产品价格与边际成本的影响

因为企业加成率同时包含了产品价格和边际成本的信息，这使产品质量可能会通过影响出口企业的价格和边际成本对企业加成率产生影响，故而有必要对这一机制进行检验。由于数据限制，根据 Lu 和 Yu（2015）的定义，用企业加成率对数与全要素生产率对数之差作为企业价格的代理变量（Price），再根据企业加成率定义反推得到企业边际成本的代理变量（MC）。同时，本章考虑了新进企业、在位企业、出口倾向分别与产品质量对应的交互项（Entrants×lnquality、Survivors×lnquality、lnEXD×lnquality）的影响。回归结果如表6-6所示。

表 6-6　产品质量与出口企业产品价格和边际成本

	(1)	(2)	(3)	(4)	(5)	(6)	(7)	(8)
	Price	Price	Price	Price	MC	MC	MC	MC
lnquality	0.0174*** (8.5766)	0.0186*** (9.1469)	0.0101*** (4.2684)	0.0222*** (10.4954)	-0.3019*** (-17.3899)	-0.3046*** (-17.5102)	-0.2857*** (-15.0064)	-1.2936*** (-45.5149)
Entrants×lnquality		-0.0085*** (-6.0552)				0.0189** (2.1366)		
Survivors×lnquality			0.0085*** (6.0552)				-0.0189** (-2.1366)	
lnEXD×lnquality				-0.0022*** (-6.5555)				0.4468*** (104.9185)
Constant	-2.0357*** (-89.6840)	-2.0022*** (-84.4427)	-2.0022*** (-84.4427)	-2.0341*** (-89.7152)	-0.0564 (-0.3784)	-0.1312 (-0.8409)	-0.1312 (-0.8409)	-0.3947*** (-3.4379)
企业特征变量、约束变量	Yes	Yes	Yes	Yes	Yes	Yes	Yes	Yes
年份固定效应	Yes	Yes	Yes	Yes	Yes	Yes	Yes	Yes
个体固定效应	Yes	Yes	Yes	Yes	Yes	Yes	Yes	Yes
Observation	139738	139738	139738	139738	139738	139738	139738	139738
adj. R^2	0.0571	0.0575	0.0575	0.0576	0.0243	0.0243	0.0243	0.4819

　　根据表 6-6 第（1）列和第（5）的回归结果，产品质量每提高 1 个百分点，有利于企业产品价格显著提升 0.0174 个百分点，同时可以显著降低企业的边际成本 0.3019 个百分点。当考虑企业动态和出口倾向的影响时，新进出口企业和高倾向出口企业产品质量的提高能够显著降低企业产品价格和提升边际成本，而在位企业产品质量的提高则显著提升企业价格和降低企业边际成本。回归结果表明，产品质量可以通过影响出口企业的产品价格和边际成本进而对企业加成率产生影响。同时，由于存在激烈的市场竞争，导致大量新进企业和高出口倾向企业缺乏依靠产品质量提升产品价格的动力，加之企业本身并不具备生产的关键技术和品牌优势，导致产品质量的提升反而增加了企业的边际成本。

第七章　资源配置视角下的中国出口低加成率之谜及其形成机制

　　前文已系统测算了中国企业的加成率，并利用倾向得分匹配法比较了中国出口企业加成率和非出口企业加成率的差异，以验证中国"出口低加成率"是否真实存在。进一步地，在动态 OP 方法的基础上对出口企业加成率进行分解，从资源配置角度挖掘中国出口低加成率背后的机制。研究结果表明：第一，中国出口企业加成率始终低于非出口企业，平均相差 0.03，中国存在典型的"出口低加成率"现象。第二，企业内效应和资源再配置效应对中国出口企业加成率增长的贡献率分别为 77.89%、22.11%，依靠企业自身技术进步提升而带来的加成率增长占据主导地位。第三，中国长期鼓励企业"走出去"，使大量从事加工贸易的企业涌入出口市场，出口市场的进入门槛较低，这是中国出口企业加成率偏低的重要原因。

第一节　引言

　　根据新古典经济学，在完全市场竞争条件下，企业提供的产品价格与边际成本相等，此时资源效率有效配置。但现实世界并不完美，使企业的产品价格与边际成本之间存在一定的偏离，即企业加成率，它是衡量企业市场势力或定价能力的指标，其高低事关一个国家能否在全球价值链和国际贸易当中取得更多丰厚的利益和优先定价的权利（Edmond 等，2015；钱学锋和范冬梅，2015）。因此，加快培育国际经济合作和竞争新优势，尤其是在供给侧结构性改革的大背景下，研究如何进一步提高出口企业的竞争力问题具有重要的理论和现实意义。

Melitz（2003）提出的新新贸易理论认为，出口企业通常具有较高的生产率水平，这意味着在外部面临相同的市场环境下，出口企业可以克服较高的出口固定成本进入国际市场，因此相比非出口企业而言，出口企业普遍具有更高的加成率。虽然部分研究发现，中国出口企业可能存在低加成率现象，但是由于违背国际贸易理论预期，很难从理论上加以解释，目前仍无法达成共识（刘啟仁和黄建忠，2015）。鉴于此，本章尝试做两方面工作：一是系统测算中国企业的加成率水平，并利用倾向得分匹配法（PSM）比较中国出口企业加成率和非出口企业加成率的差异，以验证中国"出口低加成率"是否真实存在；二是从资源配置角度对中国出口低加成率之谜的形成机制进行解读。

第二节　文献综述

Melitz 和 Ottaviano（2008）（以下简称 M-O 模型）开创性地通过内生化出口企业加成率推导出企业的可变加成率为临界成本与企业自身边际成本之差的函数，从理论上证明了出口企业相比非出口企业具有更高的加成率水平。国外的文献也普遍证明了 M-O 模型结论的正确性，如 De Loecker 和 Warzynski（2012）利用斯洛文尼亚制造业企业的数据发现，出口企业的加成率具有更高的加成率水平，出口可以显著提升企业加成率绝对水平的 0.079~0.099。但是对于中国出口企业而言，在加成率方面却表现出与 M-O 模型相反的结论，即出口存在典型的"低加成率陷阱"（刘啟仁和黄建忠，

2015）。对于中国存在的"低加成率陷阱"或"出口低加成率之谜"问题，存在一些解释，在产品层面，许明和李逸飞（2020）开创性地将企业竞争策略调整引入最低工资政策的实施对多产品出口企业产品加成率的影响框架中，弥补了现有研究忽视了最低工资政策可能产生的积极影响，揭示了最低工资政策通过企业竞争策略调整对企业决策的优化行为，有助于重新理解外部冲击对企业出口行为的影响。在企业层面，戴觅等（2014）发现，低效率的加工贸易企业"只进不退"的问题是导致中国"出口低加成率之谜"的重要原因。

现有研究虽然从要素、创新、出口企业类型等角度对中国的"出口低加成率之谜"进行了解释，但一定程度上忽视了资源配置对企业加成率的影响。当产品间所有的加成率均相等时，资源配置效率最高。高加成率的企业雇佣员工的数量出现低于最优资源配置效率情况，而低加成率企业则出现高于最优资源配置情况，在存在加成率离散的情况下，以上两种情况均会导致资源错配。Lu 和 Yu（2015）研究了中国贸易自由化对行业加成率离散的影响，结果表明贸易自由化能够有效降低行业加成率的离散成率，并通过价格和成本两条渠道进行反馈。钱学锋等（2015）利用 2000～2006 年企业层面数据发现，出口退税政策加大了出口部门和非出口部门之间加成率的差异，加剧了部门间的资源误配程度。

有鉴于此，本章重点从资源配置视角对"出口低加成率之谜"进行解释。相比于已有文献，本章的贡献在于：利用倾向得分匹配法（PSM），系统比较了中国出口企业和非出口企业的加成率变动，揭示了中国存在典型的"出口低加成率"现象，进一步地，基于 Melitz 和 Polanec（2015）采用的动态 OP 分解方法对出口企业的加成率进行分解，从资源配置角度探究了中国"出口低加成率之谜"的形成机制。

第三节　数据来源与加成率测算

一、数据来源

本章使用的数据主要包括两个部分：第一个部分是 1998～2007 年中国规模以上工业企业微观调查数据库。借鉴杨汝岱（2015a）对数据的整合和处理，从而得到统一的面板数据。第二个部分是 2000～2007 年中国工业企业数据库与海关数据库的匹配数据。参考杨汝岱和李艳（2013）的匹配思路，本章得到 2000～2007 年的匹配数据。根据黄先海等（2016a），本章对样本进行数据处理，主要包括：固定资产总值小于固定资产净值、删除了从业人数小于 8、非制造业行业等异常值样本；删除固定资产折旧、营业收入等指标缺失的样本；为剔除企业业绩较差或兼并重组等影响，剔除营业利润率绝对值大于 1 或资产负债率大于 1 或小于 0 的样本。

二、加成率测算方法

在不完全市场竞争条件下，企业层面加成率的测算主要包括会计方法和生产函数法（钱学锋和范冬梅，2015）。但是根据不同企业加成率的计算方法以及数据的可得性差异，导致成本加成计算的结果存在一定的差异。因此，准确测算企业层面的加成率是相关研究的基础。

（一）会计法

会计法主要利用企业层面的财务数据对成本加成率进行测算（Domowitz 等，1988），但是这种方法无法对不可观测的边际成本进行测量，问题较为明显。其常见于国内较早关于出口企业成本加成的文献，如盛丹和王永进

（2012）的研究认为中国数据样本的时间跨度较短，因此利用会计法计算企业加成率受到外部冲击的可能性较小。根据 Domowitz 等（1988），企业产品价格与边际成本之间的关系可以表示为：

$$\left(\frac{p-mc}{p}\right)_{it} = 1 - \frac{1}{markup_{it}} = \left(\frac{va-pr}{va+ncm}\right)_{it} \tag{7-1}$$

其中，p 代表企业的产品价格，mc 代表产品的边际成本，markup 代表企业加成率。va 代表企业工业增加值，pr 代表企业当年应付的工资和福利总额，ncm 代表净中间投入要素成本。

（二）生产函数法

通过对企业利润最大化条件，对生产函数进行推导从而得到加成率的公式，能够更准确地估测出企业的加成率，同时兼顾了价格和市场需求变化的影响。Edmond 等（2015）得出劳动收入份额等于劳动的产出弹性与企业加成率的比值，最终估计内生可变的企业加成率。De Loecker 和 Warzynski（2012）通过设定更为灵活的生产函数，解决了不可观测的投入要素差异问题，更为准确地估计企业层面的加成率，丰富了相关领域文献。一般而言，企业的加成率大于 1，加成率越高，则企业具有更高的垄断利润。由于企业层面数据很少提供关于产品价格和边际成本的数据，相关文献在测度企业成本加成方面并没有可比较的方法和数据基础（钱学锋和范冬梅，2015），现有研究大多基于收入法对企业加成率进行测算，无法克服不可观测的投入要素差异对加成率估计的影响，对企业加成率的准确测度仍有待于进一步完善。

1. Edmond 等（2015）测算方法

Edmond 等（2015）以 C-D 生产函数为基础，根据利润最大化的约束条件进一步求解得到企业加成率的表达式，从而测算出企业内生可变的加成率。基于 Edmond 等（2015）方法的优点主要在于估计企业加成率只需要企业层面有关工资、企业增加值、劳动（资本）的产出弹性等信息，因此具有一定广泛的应用。但 Edmond 等（2015）的缺点也较为明显，主要基于寡头垄断竞争模型推导而得，未考虑产品价格、数量等信息，只考虑了两种要素的投入产出，具有一定的局限性。根据 Edmond 等（2015），企业加成率具体可以表达为：

$$\left(\frac{wl}{py}\right)_{it} = \left(\frac{1-\beta}{\text{markup}}\right)_{it} \tag{7-2}$$

其中，w 代表人均工资，l 代表企业从业人数，wl 代表企业给员工的劳动报酬总额，p 代表企业生产产品的价格，y 代表企业的产出水平，β 表示资本的产出弹性，markup 代表企业加成率。

2. De Loecker 和 Warzynski（2012）的方法

De Loecker 和 Warzynski（2012）可以在不依赖任何需求结构的假设条件下，采用结构模型的方法克服不可观测的生产率冲击和价格因素，使用企业层面的产出数据估计中国企业加成率。企业加成率 μ_{it} 的表达式为：

$$\mu_{it} = \theta_{it}^{m}(\alpha_{it}^{m})^{-1} \tag{7-3}$$

其中，θ_{it}^{m} 为中间材料投入要素的产出弹性，α_{it}^{m} 为中间材料投入要素的支出额占比[①]。

根据式 7-3 可知，由于中间材料投入要素的支出占比可以直接从企业层面数据得到，因而计算企业层面加成率的关键在于无偏地估计出中间材料投入要素的产出弹性，而如何控制不可观测的生产率冲击是研究的重点。[②] 现有研究通常利用以 OP 法和 LP 法为代表的半参数方法，通过控制企业投资和中间投入与生产率的单调关系对生产率冲击进行控制，但仍可能产生共线性问题，导致估计失效（Ackerberg 等，2015）。因此，本章采用 ACF 两步法进行估计从而得到稳健的企业层面加成率。在生产函数设定方面，采用更为灵活的超越对数（Translog）生产函数形式，表达式为：

$$y_{it} = \beta_l l_{it} + \beta_k k_{it} + \beta_m m_{it} + \beta_{ll} l_{it}^2 + \beta_{kk} k_{it}^2 + \beta_{mm} m_{it}^2 + \beta_{lk} l_{it} k_{it} + \beta_{km} k_{it} m_{it} +$$
$$\beta_{lm} l_{it} m_{it} + \beta_{lkm} l_{it} k_{it} m_{it} + \omega_{it} + \kappa_{it} \tag{7-4}$$

其中，y 为工业总产值，κ 为随机误差项，以上小写字母变量表示价格平减且取对数后的要素投入。

---

① 此处参考 De Loecker 和 Warzynski（2012）采用调整后的要素份额，即在 ACF 的第一阶段得到残差后，用工业总产值除以 exp（估计残差）得到调整的总收入，再采用要素支出额除以调整的总收入，得到调整的要素份额。

② De Loecker 和 Warzynski（2012）指出，由于生产率往往与企业投入选择相关，不控制生产率冲击将导致要素产出弹性估计产生偏误。

利用 ACF 两步法处理生产率的内生性问题。第一阶段得到产出 $\hat{\phi}_{it}$ 后，通过非参数方法得到生产率随机冲击 $\hat{v}_{it}$（β）。根据投入要素特征，得到如下矩条件：

$$E\ (\hat{v}_{it}\ (\beta)\ (l_{it-1},\ k_{it},\ m_{it-1},\ l_{it-1}^2,\ k_{it}^2,\ m_{it-1}^2,\ l_{it-1}k_{it},\ k_{it}m_{it-1},\ l_{it-1}m_{it-1},\ l_{it-1}k_{it}m_{it-1})')=0 \tag{7-5}$$

首先，利用 GMM 估计得到生产函数中对应的参数估计向量。其次，根据 $\bar{\beta}_m+2\bar{\beta}_{mm}m_{it}+\bar{\beta}_{lm}l_{it}+\bar{\beta}_{km}k_{it}+\bar{\beta}_{lmk}l_{it}k_{it}$ 得到行业层面的中间材料投入要素的产出弹性。[1] 最后，根据式 7-3 计算得到企业加成率。

三、出口企业加成率计算结果

根据 De Loecker 和 Warzynski（2012）的计算结果（见表 7-1），分行业的加权平均加成率基本均高于 1，但行业间的差异较大，平均加成率为 1.267，范围 0.982~1.564。加成率较高的行业是烟草制品业（1.525）、印刷业和记录媒介的复制（1.564）、专业设备制造（1.418），其中烟草制品业为典型的垄断行业。加成率较低的行业是石油加工（0.982）、黑色金属冶炼（1.139）、化学化纤（1.094）和农副加工业（1.124）。由于石油行业样本较少，导致石油行业加成率的估计受到一定影响，而其他较低加成率的行业主要为产能过剩行业和劳动密集型行业。

表 7-1　基于不同方法的中国制造业二位码行业的平均加成率

行业	（1） Domowitz 等（1988）	（2） Edmond 等（2015）	（3） De Loecker 和 Warzynski（2012）
13	1.461	1.045	1.124
14	1.367	1.067	1.374

---

[1]　根据 De Loecker 和 Warzynski（2012）、Lu 和 Yu（2015）的处理方式，考虑到行业间资本密集度不同可能导致生产函数具有较大的差异性，本章对《国民经济行业分类》（GB/T4754-2002）中的二位码行业对应投入要素的产出弹性进行估计，并在此基础上计算企业层面的加成率和全要素生产率。

行业	（1） Domowitz 等（1988）	（2） Edmond 等（2015）	（3） De Loecker 和 Warzynski（2012）
15	1.469	1.065	1.349
16	1.854	1.651	1.525
17	1.266	1.241	1.202
18	1.237	1.089	1.333
19	1.263	1.084	1.192
20	1.327	1.263	1.262
21	1.328	1.308	1.340
22	1.329	1.059	1.202
23	1.318	1.420	1.564
24	1.233	1.104	1.319
25	1.408	1.125	0.982
26	1.379	0.995	1.180
27	1.516	1.365	1.328
28	1.272	1.127	1.094
29	1.329	1.458	1.290
30	1.329	1.142	1.153
31	1.352	1.268	1.302
32	1.377	1.135	1.139
33	1.419	1.148	1.145
34	1.314	1.251	1.234
35	1.311	1.261	1.267
36	1.378	1.197	1.418
37	1.325	1.168	1.279
39	1.313	1.051	1.255
40	1.360	1.378	1.268
41	1.327	1.121	1.381
42	1.314	1.254	1.239

资料来源：根据中国工业企业数据库计算而得。

第四节　影响机制分析：基于资源配置视角

前文利用倾向得分匹配方法验证了中国存在典型的出口低加成率现象，进一步地，本章对出口企业的加成率进行分解，细致分析影响出口企业加成率增长的内在驱动因素，从资源配置角度探究中国出口低加成率的形成原因。

本章基于 Melitz 和 Polanec（2015）提出的动态 OP 分解方法，对出口企业的加成率进行分解，[①] 具体的表达式为

$$\Delta Mkp = (Mkp_{S2} - Mkp_{S1}) + s_{E2}(Mkp_{E2} - Mkp_{S2}) + s_{X2}(Mkp_{S1} - Mkp_{X1}) = \underbrace{(\overline{Mkp_{S2}} - \overline{Mkp_{S1}})}_{\text{企业内效应}} +$$

$$\underbrace{\sum_{i \in S}(s_{it} - \bar{s}_t)(Mkp_{it} - \overline{Mkp_{S1}})}_{\text{企业间效应}} + \underbrace{s_{E2}(Mkp_{E2} - Mkp_{S2})}_{\text{进入效应}} + \underbrace{s_{X2}(Mkp_{S1} - Mkp_{X1})}_{\text{退出效应}} \qquad (7\text{-}6)$$

$$\underbrace{\phantom{\sum_{i \in S}(s_{it} - \bar{s}_t)(Mkp_{it} - \overline{Mkp_{S1}}) + s_{E2}(Mkp_{E2} - Mkp_{S2}) + s_{X2}(Mkp_{S1} - Mkp_{X1})}}_{\text{资源再配置效应}}$$

其中，MKP_{it} 代表出口企业 i 在第 t 期的加成率；s_{it} 代表出口企业 i 在第 t 期的权重，用从业人数所占比重表示；S、E、X 分别代表在位企业、新进企业和退出企业；下标 2 和 1 分别代表第二期和第一期。$(\overline{Mkp_{S2}} - \overline{Mkp_{S1}})$ 代表在位企业第二期的几何加权平均加成率减去第一期的几何加权平均加成率，用以表示自身成长带来的企业加成率的提升，即企业内效应。$\sum(s_{it} - \bar{s}_t)(Mkp_{it} - \overline{Mkp_{S1}})$ 代表企业之间配置效率的变动对企业加成率提高的贡献，用以表示企业间的资源配置效率的改善，即企业间效应。$s_{E2}(Mkp_{E2} - Mkp_{S2})$ 代表新进企业对加成率增长的贡献，即进入效应；$s_{X2}(Mkp_{S1} - Mkp_{X1})$ 代表退出企业对加成率增长的贡献，即退出效应。

在 MP 分解中，企业加成率增长可以分解为企业内效应、企业间效应、

---

① 现有研究一般采用 BHC 分解方法对产品质量、全要素生产率进行分解（张杰等，2014），相比 BHC 分解方法，MP 分解方法克服了 BHC 方法企业间的资源配置只有在加成率大于当期平均行业加成率时，市场份额的增加才会提升总体加成的问题，同时采用 BHC 法分解得到的退出企业和新进企业也存在只有当加成率大于平均加成率时才能提升整体加成率的情况。

进入效应和退出效应，而后三项之和又被称为资源配置效率。具体而言，企业内效应表示给定在位企业的市场比重在前后两个时期保持不变，由在位企业自身加成率变化而引致的总体加成率变动；企业间效应表示给定在位企业的加成率在前后两个时期保持不变，由在位企业市场比重变化引致的总体加成率变动，当该项为正且越大，则表明加成率较高的企业获得了更多的市场比重，更有利于提高资源在在位企业之间的配置效率；进入效应表示新进企业所引致的总体加成率的变化；退出效应表示退出企业引致的总体加成率的变化，当该项为正时，表示低加成率企业已有效退出，而资源有效配置到高加成率企业上，促进了总体加成率的提升。根据定义，企业间效应、进入效应和退出效应之和表示资源再配置效应（杨汝岱，2015a）。

本章以 2000 年为基础年，后续年份的存活企业都是相对于 2000 年的出口企业。剔除一些无效样本后，2000 年共有 34956 家企业，到 2001 年有 28453 家企业存活下来，占比为 76.5%，至 2011 年年底，仅有 15681 家企业存活下来，占比为 24.7%。这表明我国出口企业的存活率较低。表 7-2 列示了 MP 方法的分解结果。从整体来看，企业内效应和资源再配置效应对我国出口企业加成率增长的贡献率分别为 77.86%、22.114%。这表明依靠企业自身技术进步而带来的加成率增长对我国出口企业加成率的影响占主导地位。在资源再配置效率中，企业间效应、进入效应和退出效应依次贡献为 20.427%、-11.551% 和 13.238%，最终我国出口企业加成率的年均增长仅有 0.102%。从进入退出角度分析，退出企业对出口企业加成率的贡献为负，出口企业加成率的增长主要依靠已进入企业或在位企业的退出实现，而低效率企业的进入对我国出口企业加成率的增长产生的负面影响在很大程度上抵消了退出效应带来的正向贡献。根据笔者统计，样本 2006 年的退出企业占比为 55.1%，而新进企业占比高达 75.3%，新进企业从 2001 年的 8743 家上升到 2006 年的 47749 家，增长高达 5.5 倍。

表 7-2　基于动态 OP 方法的出口企业加成率分解

年份	总增长贡献	企业内效应	企业间效应	进入效应	退出效应	资源配置效率
2001	0.021	55.059	59.165	-30.426	16.203	55.059

续表

年份	总增长贡献	企业内效应	企业间效应	进入效应	退出效应	资源配置效率
2002	0.056	87.683	18.343	-13.497	7.471	87.683
2003	0.085	71.894	22.008	-12.619	18.717	71.894
2004	0.108	79.419	22.880	-19.204	16.905	79.419
2005	0.160	74.927	19.093	-7.461	13.441	74.927
2006	0.184	82.011	15.523	-7.305	9.770	82.011
水平平均	0.102	0.080	0.021	-0.012	0.014	0.023
份额平均	100	77.886	20.427	-11.551	13.238	22.114

　　根据图7-1所示，从变动趋势来看，企业内效应总体上呈波动上涨趋势，而企业间效应和资源配置效率却呈下降趋势，企业自身成长的平均贡献在样本区间高达77.89%。以上结果说明，我国出口企业加成率的增长主要依靠企业自身成长贡献，资源配置效率在样本区间内虽然有略微改善，但对于全国整体而言，进一步提升在位企业的资源配置效率有利于现阶段我国出口企业加成率的提升。目前，我国主要依靠不断加大技术投入来实现企业或产业的绝对技术进步，尤其是过多依赖引进国外设备，以达到提升企业加成率和技术升级的目的，这过多地依靠企业内自身加成率的提高，未充分发挥人力资本的作用，致使大量资源未有效利用，市场的资源配置始终无法在企业加成率的提高过程中发挥决定性作用。

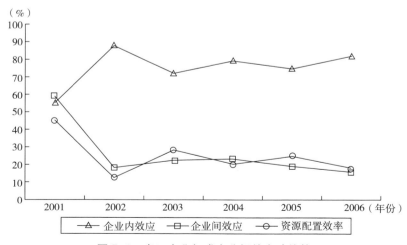

图7-1　出口企业加成率分解的变动趋势

　　从企业间效应分析，企业间效应的下降反映了市场分割问题。空间集聚程度的不同是地区之间企业加成率存在差异的重要原因。一方面，当前我国的城市规模仍普遍偏小，空间集聚程度普遍偏低，不利于规模经济效应的发挥。城市为产业集聚的主要地区，为此在城市化的进程中，不应通过市场分割及制度设计限制城市规模的扩大；另一方面，市场分割阻碍了要素在产业、地区、市场之间的流动，导致大量低加成率企业主动选择从事出口贸易活动，不利于我国出口企业总体加成率的提升。

　　从进入退出角度分析，我国出口企业加成率的增长主要依靠旧的进入企业或在位企业的退出实现，而低加成率企业的进入对我国出口企业加成率的增长产生的负面影响在很大程度上抵消了退出效应带来的正向贡献。导致进出口效应没有充分发挥作用的原因主要包括两点：①新进企业进入门槛低，优胜劣汰机制的不健全是造成我国出口企业加成率增长乏力的重要原因。中国长期鼓励企业"走出去"，使得大量从事加工贸易的低效率企业涌入出口市场，中国出口低加成率现象其实是中国企业"出口—生产率悖论"的"镜像"，全要素生产率是影响企业出口加成率提高的重要因素，但是大量加工贸易企业的进入导致中国出口企业加成率整体水平提高有限，而且由于补贴、出口退税等政策的存在，使得低加成率企业不会轻易选择退出。据统计，样本期内的加工贸易占比为 17.84%，一般贸易占比为 57.25%，混合贸易占比为 24.91%，加工贸易是中国参与全球价值链的主要形式，这总体上也限制了出口企业加成率的提高。②新进和退出企业比例过高表明大量民营企业进入和退出国际市场的频率过快，他们生产的产品大多为加工类出口产品，处于全球价值链的中低端，缺乏国际竞争力，被淘汰的概率很大。

第八章 多产品出口企业、最低工资政策与产品加成率

有研究表明，最低工资政策的实施降低了出口企业的绩效，但未强调其对企业可能产生的积极作用，究其原因是仅仅把企业看作单产品的"黑匣子"，忽视了多产品企业内部对产品的配置优化行为。基于此，本章将出口企业加成率的研究进一步扩展到产品层面，构建了最低工资政策影响多产品出口企业加成率调整的数理模型，采用中国工业企业数据库和海关数据库的匹配数据，系统检验了最低工资政策对多产品出口企业产品加成率的影响，并重点探讨了最低工资政策对核心和非核心产品加成率的差异化作用机制。研究发现：①总体上，最低工资政策使得处理组企业产品加成率相比对照组企业而言，降低了 1.22～1.93 个百分点。②策略上，为抵消最低工资政策可能对处理组企业产品加成率产生的不利影响，企业主要通过产品差异化调整和质量升级来应对，促进核心产品的加成率和产品质量的提高。③福利上，最低工资政策提高了企业内部的资源配置效率，总体上改善了多产品出口企业的福利，实现了劳动者与企业的双赢。本章的发现弥补了现有文献忽视多产品企业的典型事实和企业面对冲击的资源配置行为，从而高估最低工资政策对企业消极影响的不足，有助于重新审视最低工资政策对出口企业绩效的影响，对培育国内市场、提升出口企业竞争新优势具有重要的理论和现实意义。

第一节　引言与文献评述

　　长期以来，中国以劳动力低成本比较优势推动了出口贸易的发展和国际竞争力的提高，但进入高质量发展时期，中国经济增长速度明显放缓，国内要素成本逐年上升，人口红利的逐渐消失和劳动力成本的提高成为制约中国对外出口的新约束（陆旸和蔡昉，2016；陈雯和孙照吉，2016）。2000~2018年，城镇非民营单位就业人员平均工资水平从9333元提高到82461元，增长了8.84倍。[①] 中国企业正逐渐丧失依靠低价劳动力比较优势而获得的竞争优势，尤其是2004年实施的《最低工资规定》，要求最低工资标准每两年至少调整一次，2013~2016年，已调整省份平均的增幅分别为17%、14.1%、14.9%和13.71%，年均增长14.9%。[②] 很显然，最低工资政策的实施虽然一定程度上纠正了中国劳动力价格偏低的局面，但却推动了劳动力成本和平均工资增加（Lemos，2008；Draca等，2011；马双等，2012；Mayerneis等，2018；Dube等，2010；Lopresti和Mumford，2015），导致企业面临较高的劳动力成本，这势必会对其生产经营产生较大压力，进而影响企业出口行为（Gan等，2016）。产品加成率的高低直接决定一国或地区在全球价值链分配中的既得利益，反映了企业对产品价格维持在边际成本之上的能力，能否保持较高的产品加成率是衡量出口企业国际竞争实力的重要标志之一（De Loecker等，2016；De Loecker和Goldberg，2014；Edmond等，2015；黄先海等，2016b）。在当前全球价值链和产业链面临重塑、贸易政策不确定性显著上升、中美贸易新形势充满变数的背景下，深入探讨劳动力成本上升对中国出口企业产品加成率的影响，有助于从产品层面的新视角重新评估最低工资政策对企业出口

---

① 数据来源：国家统计局，http://www.stats.gov.cn。
② 详见网址：http://www.askci.com/news/finance/20160531/13453623111.shtml。

行为的影响效应，对于深入贯彻落实党的十九大精神，践行全面开放新格局的决策部署，培育出口企业产品的竞争新优势，推动国内市场发展，具有重大的理论价值和现实意义。

多产品出口企业在国际贸易中普遍存在（Bernard 等，2010；Bernard 等，2011；钱学锋等，2013），但是以 Melitz（2003）为代表的新新贸易理论却建立在单一产品企业假设的基础上，忽略了企业内部产品的差异化调整和产品转换（Eckel 和 Neary，2010）。现有研究表明，多产品出口企业在国际贸易中占据主导地位，而单一产品企业的假定与国际贸易现实并不相符。Bernard 等（2007）发现，美国多产品出口企业占比 57.8%，但是出口额占整体出口量的比值超过 99%。钱学锋等（2013）也发现中国多产品出口企业占出口企业总数的 75%，但出口额占比高达 95.33%。Berthou 和 Fontagné（2013）、Goldberg 等（2010）分别对法国、印度的研究均有类似发现。仅仅考虑单一产品不仅掩盖了多产品出口企业所产生的潜在贸易利得，而且忽视了企业内部的资源配置，只是把企业当作投入—产出的"黑匣子"。那么，最低工资政策的实施对多产品出口企业加成率的影响如何？可能的作用机制是什么？是否会影响企业内部的资源配置？对多产品出口企业加成率的影响是否存在内部的产品差异化调整？本章将针对这些问题展开系统研究。

与本章相关的研究主要包括四类文献：第一类是关于最低工资影响的评估研究。最低工资政策改变了企业、劳工和消费者之间的利益分配，现有文献大多关注了最低工资政策对劳动力市场的直接影响，普遍认为最低工资减少了劳动需求，从而影响就业情况（Neumark 和 William，2000；马双等，2012；José 等，2019）。还有一些学者关注了最低工资政策对企业出口行为、生产率、人力资本、对外投资等方面的影响（孙楚仁等，2013；Gan 等，2016；Haepp 和 Carl，2017；Hiesh 和 Klenow，2009；Fan 等，2018）。但从企业视角研究最低工资政策对其收益影响的文献还相对较少，Draca 等（2011）最早基于英国数据分析了最低工资对企业利润的影响，认为最低工资显著减少了企业利润，特别是市场地位力较高的行业。Mayneris 等（2018）利用倍差法的研究表明最低工资并没有显著降低企业的利润率。陆瑶等（2017）基于中国企业数据的研究也表明最低工资政策降低了企业的账面利润，提高了企业盈余管理的动机。还有一些学者研究了最低工资对价格的影响，认为企业不会将最低工资带来的成本上升完全转嫁给消费者，而是由企业自身承担大部分成本的上升（Katz 和 Krueger，1992；Lemos，2008；Draca 等，2011）。尽管上述研究涉及最低工资对企业生产率、利润率和价格的影响，但是缺乏来自企业产品层面的证据，而且未关注企业产品加成率与企业生产率、利润率和价格等变量之间的密切关系。

第二类是关于加成率与企业异质性出口之间的关系研究。Melitz 和 Otta-viano（2008）开创性地通过内生化出口企业加成率推导出企业的可变加成率为临界成本与企业自身边际成本之差的函数，从理论上证明了高生产率企业可以通过降低进入出口市场的固定成本，从而具备比非出口企业更高的加成率水平。随后，在 M-O 模型的基础上，学者们开始从实证经验角度探究加成率与企业出口之间的关系。De Loecker 和 Warzynski（2012）基于斯洛文尼亚制造业企业数据的实证研究表明，出口可以显著提高加成率的绝对水平 0.079~0.099，即出口企业平均而言具有更高的加成率。黄先海等（2016a）、许明和李逸飞（2018）等研究发现，中国的出口企业加成率显著低于非出口企业，高密度出口企业存在典型的"出口低加成率陷阱"。De Loecker 等（2016）和 Fan 等（2018）则分别以印度、中国为研究对象，通过测算出口企业产品层面的加成率，探究中间品贸易自由化对出口企业产品加成率的影响。现有文献主要研究行业或企业层面加成率的影响，较少关注产品层面加成率的影响。由于企业不同产品的生产技术水平存在差异，或者不同产品的需求价格弹性不同，企业对不同产品的定价能力也可能不同，企业层面加成率掩盖了产品加成率之间的异质性，也无法刻画企业内的资源配置行为。

第三类是评估外部政策冲击对企业出口行为的影响研究。现有文献主要从出口退税调整、关税削减（Bernard 等，2011；Fan 等，2018）、汇率变动（许家云和毛其淋，2016）、贸易配额取消等方面对企业生产率（Melitz，2003）、创新（Baldwin 和 Harrigan，2011）、产品质量（樊海潮和郭光远，2015）、出口产品范围（Eckel 和 Neary，2010）、加成率（Melitz 和 Ottavi-ano，2008；De Locker 和 Warzynski，2012）等企业出口行为进行研究。祝树金等（2018）研究中间品贸易自由化显著提升了多产品出口企业产品加成率，且多产品企业核心产品加成率的提升幅度大于非核心产品的提升幅度。Lu 和 Yu（2015）基于中国工业企业数据库，研究贸易自由化对加成率离散的影响发现，中国加入 WTO 有利于降低行业内加成率离散，促进资源配置效率的改善。关于汇率对企业出口行为的研究主要集中在汇率价格传递效应（Atkeson 和 Burstein，2008），以及研究汇率价格传递效应的影响因素。双边或者多边深度合作的区域自由化贸易区作为一种新型的贸易自由化安排，得到学者的广泛关注和研究。现有文献主要研究自由贸易区对企业投资、贸易流、进出口价格等方面的影响效应。以上文献大多基于单产品企业假设，但是多产品出口企业在世界和中国出口贸易中均占据主导地位，部分文献开始关注贸易政策对多产品出口企业的影响（De Loecker 等，2016；Fan 等，2018）。例如，Fan 等（2018）基于中国背景下的加工贸易和一般贸易视角，发现贸易自由化能够提高一般贸易企业的产品加成率，却对加工贸易企业无影响。此外，还有文献研究外部冲击对多产品出口企业产品范围、产品销售额、价格的影响，结果表明贸易自由化会使得多产品企业的产品范围、销售额、价格和加成率提高，且随着与核心产品距离越接近，提高幅度越大。

第四类是研究最低工资政策对企业出口行为的影响（Draca 等，2011；Gan 等，2016；Mayneris 等，2018），研究发现最低工资的提高增加了企业的劳动力成本，从而不利于出口。这一结论是否就意味着最低工资的上调将导致出口企业在国际市场竞争中处于不利地位呢？是否也意味着不利于出口企业的绩效呢？但这一结论也无法解释最低工资政策的实施如果仅仅对劳动者有利而不利于提高企业绩效，那么国家为何还要一直强调适时提高最低工资标准呢？这在现有研究框架下无法得到合理的解释，其主要原因在于，这一结论的得出主要集中于企业层面或产业层面，忽视了多产品企业的典型事实，从而高估了最低工资政策对企业产生的消极影响。实际上，企业在面对政策冲击时，可以在内部进行资源配置，对内部的产品进行结构化的"倒逼式"调整，从而对不利影响进行化解甚至促进企业成长。有鉴于此，需要重新探究最低工资政策对出口企业绩效的影响。

本章的贡献可能体现在以下三个方面：

第一，方法上，本章采用改进方法测算了企业—产品层面的加成率。基于 De Loecker 等（2016）的方法，不受限于产品投入要素信息的可得性，不受限于市场需求结构、产品间要素分配结构等前提假设，并借鉴 Fan 等（2018）纠正出口数量统计偏误，测算了中国多产品出口企业的产品加成率，以期为研究提供更为丰富的数据支撑。

第二，内容上，重点探讨了最低工资政策的实施对核心和非核心产品加成率影响的差异化调整。本章试图提供来自产品层面的证据，揭示多产品出口企业面对政策冲击时的资源配置行为。一方面，最低工资政策的实施降低了企业非核心产品的加成率；另一方面，最低工资政策的实施却提高了企业核心产品的加成率。同时，现有文献更多的是考察最低工资标准对企业行为的影响，由于最低工资政策的实施只对少部分企业产生影响，直接引入最低工资变量会由于没有剔除不受影响的企业，导致其结果实质上高估了最低工资的影响。为克服这一问题，本章利用《最低工资规定》的公布这一准自然实验，利用双重差分方法（DID）更加准确地估计出最低工资制度的实施对出口企业行为的影响。进一步地，本章也考虑了《中华人民共和国劳动合同法》对最低工资政策实施的影响。

第三，政策上，最低工资政策虽然总体上降低了多产品出口企业的加成率，但这并不意味着企业福利的下降。本章检验了最低工资政策实施产生的多产品出口企业内部资源配置效应，将最低工资对企业加成率影响的研究细化到产品层面，相比企业层面数据，更好地揭示了最低工资政策如何影响企业内部资源在核心和非核心产品之间的配置行为，指出最低工资政策使企业内部资源向核心产品倾斜，促进核心产品加成率的提升，最终实现了劳动者和企业的"双赢"。这一结论有助于重新审视最低工资政策实施的效果，能为提升多产品出口企业绩效提供更有针对性的政策建议。

第二节　典型事实与理论框架

一、最低工资制度

中国最低工资制度虽然起步略晚于发达国家，但近些年得到了快速发展和完善。以 1994 年《中华人民共和国劳动法》颁布为标志，中国正式确立了最低工资的法律地位，并开始尝试推行最低工资制度。最低工资制度的积极目标是保护劳动者的基本生活，使劳动者有尊严地从事工作，又不过多增加企业负担，不对就业产生负面影响。此外，最低工资政策还有改善资本和劳动之间收入份额、调节劳动者之间收入差距等积极意义。自 2004 年劳动和社会保障部出台《最低工资规定》以来，中国调整最低工资力度加大，各地区全面推广了最低工资保障制度，要求至少每两年调整一次最低工资标准，并对最低工资调整的幅度不断加大。《最低工资规定》具有较强的执法力度，且规定了违反《最低工资规定》的惩罚措施。正是 2004 年的最低工资制度改革，最低工资的调整变得常态化。在此基础上，2008 年新颁布的《中华人民共和国劳动法》规定"劳动者有权要求用人单位向其支付不低于当地最低工资标准的工资"。

根据《最低工资规定》定义，最低工资标准是指"劳动者在法定工作时间或依法签订的劳动合同约定的工作时间内提供了正常劳动的前提下，用人单位依法应支付的最低劳动报酬"。《最低工资规定》同时还指出"确定和调整月最低工资标准，应参考当地就业者及其赡养人口的最低生活费用、城镇居民消费价格指数、职工个人缴纳的社会保险费和住房公积金、职工平均工资、经济发展水平、就业状况等因素。确定和调整小时最低工资标准，应在颁布的月最低工资标准的基础上，考虑单位应缴纳的基本养老保险费和基本医疗保险费因素，同时还应适当考虑非全日制劳动者在工作稳定性、劳动条件和劳动强度、福利等方面与全日制就业人员之间的差异"。2004 年最低工资制度改革从法律上强制实施最低工资政策，有效地提高了企业贯彻执行最低工资政策的力度。

2004 年最低工资制度改革以来，最低工资标准与职工月平均工资均得到了显著的增长。从月最低工资标准来看，2000~2003 年，月最低工资由 272.45 元提高到 330.55 元，年均增长 7.10%；2004~2015 年，月最低工资标准则由 387.10 元提高到 1279.97 元，年均增长 20.96%。从职工月平均工资看，2000~2003 年，职工月平均工资由 777.75 元提高到 1170 元，年均增长 16.81%；2004~2015 年，职工月平均工资由 1335.33 元提高到 5169.08 元，年均增长 26.10%。可以发现，最低工资标准每年都在提高，并且《最低工资规定》的出台有效保障了政策的实施效果，显著提高了月最低工资标准的增长。2004 年前后两个阶段月最低工资标准年均增长率相差 13.86 个百分点，相应地，随着最低工资标准的强制实施，职工月平均工资在 2004 年后得到了显著的提高。图 8-1 列示了《最低工资规定》实施前后企业平均工资（对数）的变动情况，可以发现，2003~2004 年的企业平均工资曲线普遍居于 2002~2003 年曲线的上方，尤其是平均工资越低的企业（20%分位以下），工资提升越大，而随着平均工资的提高，最低工资的影响则越小，这进一步表明最低工资主要提高了低工资企业的平均工资水平。

最低工资政策的实施显著地影响了企业的行为（Draca 等，2011；Neumark 和 William，2000；孙楚仁等，2013；赵瑞丽等，2018），但《最低工资规定》的出台具有良好的外生性。《最低工资规定》是国家层面的政策法规，该政策的出台并没有明显的预期（Gan 等，2016；蒋灵多和陆毅，2017），且企业的行为在一定程度上并不能显著影响最低工资标准的调整。《最低工资规定》的实施为本章利用双重差分方法研究企业劳动力成本变多

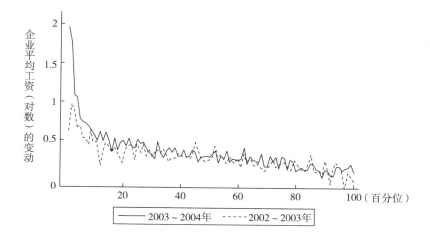

图 8-1　《最低工资规定》实施前后企业平均工资（对数）变动

化对出口企业绩效和企业内部的资源配置行为提供了较好的基础。

二、中国多产品企业特征

产品出口企业是国际贸易企业的主体形式（钱学锋等，2013；祝树金等，2018）。表 8-1 给出了 2000~2013 年中国多产品出口企业占全部出口企业的企业数量、产值、出口额的占比和平均产品数量。2000~2013 年，多产品出口企业的企业数量、产值和出口额占比呈上升趋势，但是变化不大，分别为 72.54%、80.79% 和 90.56%，这表明超 70% 的企业出口 2 种及以上产品，这些企业占据总产值的 80% 以上，占据出口额超过 90%，多产品出口企业在出口中占据主体地位。

表 8-1 最后一列显示了多产品出口企业平均产品数量，亦即产品范围。可以看出，平均产品数量由 2000 年的 5.71 个增加到 2013 年的 8.97 个，2000~2013 年总体平均产品范围为 7.95 个，中国多产品出口企业产品范围较大。

表 8-1　2000~2013 年多产品出口企业在全部出口企业中的占比情况及产品范围

年份	企业数占比（%）	产值占比（%）	出口额占比（%）	平均产品数量（个）
2000	66.63	74.15	86.43	5.71
2001	67.53	75.92	87.63	5.75
2002	70.11	77.99	89.29	6.02
2003	70.90	79.60	89.12	6.25
2004	70.88	80.81	89.48	6.03
2005	71.85	80.79	91.14	6.26
2006	71.16	79.83	89.19	6.16
2007	74.69	84.03	91.19	13.07
2008	75.27	84.06	91.14	11.04
2009	75.30	83.63	92.06	9.68
2010	73.34	83.69	92.31	8.31
2011	74.58	81.19	90.82	9.22
2012	76.50	82.11	93.60	8.77
2013	76.83	83.22	94.42	8.97
总体	72.54	80.79	90.56	7.95

由表 8-1 可知，多产品出口企业平均产品数量多达 7.95 个，多产品出口企业内产品之间的出口额分布是否均匀？每个企业是否有其出口的核心产品或重要产品呢？为得到答案，笔者在年份—企业组合内，根据出口额大小，对产品进行排序，得到排序变量 Rank，Rank 等于 1 的产品为出口额最大的产品，现有文献将这一产品也称为核心产品（Eckel 和 Neary，2010；祝树金等，2018），其他产品则是非核心产品。图 8-2（a）绘制了 2000~2013 年多产品出口企业核心产品和非核心产品出口额占比情况。2000~2013 年核心产品和非核心产品出口额占比非常稳定，其中核心产品出口额占比约为 75%，非核心产品出口额占比约为 25%。进一步地，根据产品排序变量 Rank 变量中位数将多产品企业的出口产品分为两部分，产品排序高于或者等于中位数的产品为外围产品，产品排序低于中位数的产品则为内围产品，内围产品代表企业的重要产品。采取相同的方法绘制了 2000~2006 年

内围和外围产品出口额占比情况（见图8-2b）。2000～2013年内围产品出口额占比略有上升，在95%～97%浮动，所有外围产品出口额仅占出口总额3%～5%。综上所述，中国多产品出口企业内产品之间出口分布极不均匀，出口额第一的产品出口额占全部出口额的3/4，多产品出口企业存在核心产品和重要产品。

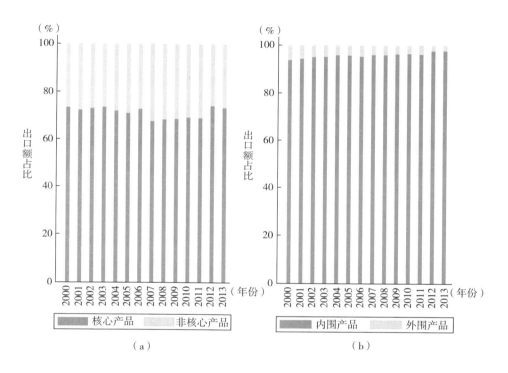

图8-2　2000～2013年多产品出口企业内产品出口额分布情况

三、理论框架

在Melitz和Ottaviano（2008）的基础上，本章构建分析了最低工资政策与企业产品加成率之间关系的理论框架。考虑一个由L个消费者组成的经济体。假设每个消费者都能提供一单位劳动。

（1）偏好和需求。考虑商品种类有可数无穷种，由集合 Ω 表示。此外，本章引入编号为 0 的商品作为基准单位商品。假设所有消费者的偏好均相同，由如下效用函数表示：

$$U = q_0^c + \alpha \int_{i \in \Omega} q_i^c di - \frac{1}{2}\gamma \int_{i \in \Omega} (q_i^c)^2 di - \frac{1}{2}\eta \left(\int_{i \in \Omega} q_i^c di \right)^2 \tag{8-1}$$

其中，q_0^c 和 q_i^c 分别代表消费者对基准单位产品和第 i 种产品的消费量。需求参数 α、γ 和 η 均是正数。其中，α 和 η 刻画了各类商品与基准单位产品之间的替代关系，而 γ 刻画了各类产品之间替代关系。假设对每种产品的需求量均为正，那么对第 i 种产品的逆需求函数可以表达为：

$$p_i = \alpha - \gamma q_i^c - \eta Q^c \tag{8-2}$$

其中，p 为产品价格，Q 为需求量。令 $\Omega^* \subseteq \Omega$ 表示实际被消费的产品集合，即满足 $q_i^c > 0$ 的全部商品种类。那么进一步得到对每种产品 $i \in \Omega^*$ 的总需求函数为：

$$q_i \equiv L q_i^c = \frac{\alpha L}{\eta N + \gamma} - \frac{L}{\gamma} p_i + \frac{\eta N}{\eta N + \gamma} \frac{L}{\gamma} \bar{p} \tag{8-3}$$

其中，N 为被消费的商品种类数，$\bar{p} = (1/N) \int_{i \in \Omega^*} p_i di$ 表示其平均价格。

（2）生产和企业行为。假设劳动是唯一的生产投入并且其供给无弹性。假设基准单位商品在竞争环境下生产并且规模报酬不变、单位成本为 1。这也意味着均衡下工资也为 1。对企业而言，每种商品的生产需要进行先期投资以进行研发。将企业的决策问题分为两期（分别刻画最低工资调整前和调整后的决策），每期的决策问题相同。具体决策过程如下：

首先，企业选择一种商品作为"核心产品"，并进行结果不确定的研发投资 f_E。研发投资决定了核心产品的生产技术。一项技术所对应的单位成本 c（或称技术成本）服从支集为 $[0, c_M]$ 的累积分布 G(c)。其中，k 决定了高成本的概率即随着 k 增大，成本的分布越来越集中在高成本区域。

其次，企业可以选择是否进入核心产品的"周边市场"；周边市场上的商品也在 Ω 中。在新的周边市场上，企业无需另外投资研发，但是每种产品的单位生产成本逐渐上升。此假设刻画的是，离核心产品越远的周边产品，企业越不擅长生产，因此成本越高。为了指代方便，用 m 来刻画某一周边产品离核心产品的距离。满足 m＝0 的产品即为企业的核心产品，其单位生产成本为 c；对于任何 m>0 的产品，其单位生产成本为 $v(m，c)=\omega^{-m}$，其中，$\omega\in(0，1)$。

最后，在确定核心产品成本和进入的周边市场范围后，企业进行利润最大化的生产。由于先期研发投资已经成为沉没成本，企业只要边际收益可以覆盖单位成本即会进行生产；其余企业会退出市场。对于每个企业而言，它的定价与需求都由成本决定，因此本章将其写为 q（v）和 p（v）。将 $\bar{p}$ 和总商品种类 M 视为给定，在临界处，企业进入与不进入无差异。将此时的企业成本记为 v_D，那么可以看出在临界情况下 $p(v_D)=v_D=p_{max}$；此时产品价格等于边际成本，并且市场需求也为 0。使用临界条件便可以求得成本为 v 的企业的均衡价格 $p(v)=\frac{1}{2}(v_D+v)$、加成率 $\lambda(v)=\frac{1}{2}(v_D-v)$ 和利润 $\pi(v)=\frac{L}{4\gamma}(v_D-v)^2$。

可以发现，成本 v 越低的企业，其定价越高、加成率越高并且利润越高。成本高于 v_D 的企业无法获得正利润，因此会退出市场。这也意味着企业对周边产品的生产存在边界：当周边产品离核心产品的距离 m 较大时，其生产成本 v（m，c）也很大，企业会发现生产此产品无法盈利，便不会生产。用 M 来刻画一个企业生产的商品种类数目，那么显然 M 是其核心产品成本 c 的函数，形式如下：

$$M(c)=\begin{cases} 0 & c>c_D \\ \max\{m\mid c\leqslant\omega^m c_D\}+1 & c\leqslant c_D \end{cases} \tag{8-4}$$

由于一个企业的周边产品可能是另一个企业的核心产品，同理，对于每个企业的核心产品而言，如果其生产成本 $c\geqslant c_D=v_D$，那么此企业便不会进行任何生产。临界成本 c_D 是最关键的均衡变量，它决定了：①核心成本为 c 的企业否进入市场；②如果进入，生产几种外围产品；③定价、利润和加成率。

（3）自由进入与均衡。考虑自由进入的均衡情况，即在均衡条件下，没有企业会愿意进入市场并支付固定的研发费用。考虑企业每一期选择研发的期望收益为 $\int_0^{c_D} \Pi(c) dG(c) - f_E$，其中，$\Pi(c) \equiv \sum_{m=0}^{M(c)-1} \pi[v(m, c)]$ 刻画了成本为 c 的企业在所有产品市场的总利润。如果期望收益大于零，那么企业会选择投资研发；否则，便会选择不进入市场或重复上一期的技术选择。在第一期前，由于企业可以自由进入市场，那么研发的期望收益等于 0，即：

$$\int_0^{c_D} \Pi(c) dG(c) = f_E \text{。} \tag{8-5}$$

由于核心产品的成本服从帕累托分布，因此周边产品的成本 $H(c)$ 自然也服从帕累托分布，即 $H(c) = \sum_{m=0}^{\infty} G(\omega^m c) = \Lambda G(c)$，其中 $\Lambda = (1-\omega^k)^{-1} > 1$。

将其代入式 8-5，可以计算出临界成本表达式为：

$$c_D = \left[\frac{\gamma\phi(c_M)^k}{L\Lambda} \right]^{\frac{1}{k+2}} \tag{8-6}$$

其中，$\phi \equiv 2(k+1)(k+2)f_E$。

根据式 8-6 刻画了在均衡条件下，第一期存活下的企业的数量和生产成本。如果没有外生冲击，均衡结果为在第一期技术成本高于 c_D 的企业将退出市场，低于 c_D 的企业将使用当前技术在第一期进行生产。

在第二期，不同技术的企业将采取不同的研发行为。对于技术先进（成本较小）的企业，再次研发所能带来的进步空间有限，因此将不会进一步研发，而会使用相同的技术生产两期。对于技术相对较为落后（成本较大）的企业而言，如果研发带来的利润增长大于研发成本，那么再次研发是有利可图的，因此便会选择研发。在第二期选择研发的临界成本 c_R 由下式决定：

$$\int_0^{c_T} \Pi(c) \cdot dg(c) = f_E \tag{8-7}$$

求解得到此时研发的临界成本为：

$$c_k = \left[\frac{\gamma\phi(c_D)^k}{L\Lambda} \right]^{\frac{1}{k+2}} \tag{8-8}$$

现在考虑存在外生冲击，即最低工资变化时的情况。假设在第一期结束后，政府提高了最低工资水平，并且企业在第一期决策前没有预期到这一点。最低工资提高将使得劳动力成本上升，这意味着，冲击后企业核心产品的单位成本不仅由技术成本 c 决定，还由劳动力成本增加比例 δ 决定，即此时企业核心产品的单位成本为 δ · c，δ>1。

作为对现有劳工制度的改善，最低工资在提高企业成本时，可能对企业产生自选择效应。由于劳动力市场搜寻黏性和企业生产技术的异质性，最低工资会导致市场最低工资高于规定的最低工资水平。这种效应会进一步迫使无效率的企业退出出口市场。赵瑞丽等（2018）在 Melitz（2003）垄断竞争框架下发现类似结论。因此，本章得到：

命题 1：最低工资政策的实施直接导致企业的产品加成率降低，并且其生产的产品种类向核心产品集中，最低工资通过自选择效应影响企业加成率。

最低工资政策产生的另一个影响是生产率效应。最低工资提高时，企业迫于生存压力，可能会通过增加人力资本培训、固定资产投资、创新等行为来提高生产效率和改进技术。即最低工资促进生产率提升，从而提升了产品加成率。可以计算出冲击后的临界成本为：

$$\widetilde{v}_D = \left[\frac{\gamma\phi(\delta c_M)^k}{L\Lambda} \right]^{\frac{1}{k+2}} = \delta^{\frac{k}{k+2}} \cdot v_D \qquad (8-9)$$

投资研发的临界成本为：

$$\widetilde{v}_k = \left[\frac{\gamma\phi(\widetilde{v}_D)^k}{L\Lambda} \right]^{\frac{1}{k+2}} = \delta^{\frac{k^2}{(k+2)^2}} \cdot v_k \qquad (8-10)$$

此时不选择投资研发的企业的比例为 $\frac{\widetilde{v}_k}{\widetilde{v}_D} = \delta^{\frac{k^2}{(k+2)^2} - \frac{k}{k-2}} \cdot \frac{v_k}{v_D} < \frac{v_k}{v_D}$，选择投资研发的企业比例上升。因此，本章得到：

命题 2：最低工资政策的实施使得更多企业继续选择投资研发，而另一部分企业选择退出，从而产品加成率提高，即存在生产率效应。

最低工资政策对企业核心和非核心产品加成率的影响存在差异，即可能存在产品差异化调整效应。一方面，多产品企业可以通过配置不同产品来影响生产效率，外部冲击会导致资源由非核心产品流向核心产品（Bernard 等，2011；耿伟和廖显春，2017），最低工资政策使企业内部资源向核心产品倾斜，促进核心产品生产中的资本、技术要素对劳动要素的替代，增加了核心产品的研发投入和效率工资水平，从而更大幅度提升了企业核心产品的生产效率；另一方面，最低工资能够提高产品质量（孙楚仁等，2013），核心产品通常具有更高的生产率（Eckel 和 Neary，2010），能够更好地模仿和吸收技术创新，最低工资政策倒逼企业通过创新转型来提高产品质量，且对核心产品质量的提升更大，而质量越高的产品往往加成率越高，这种效应进一步增加了核心产品的加成率。最低工资政策通过生产率的提升对企业核心产品加成率的提升作用更强。因此，本章得到：

命题3：最低工资提高使员工的劳动积极性上升，在模型中反映为每个企业核心产品的单位成本 c 下降 φ 比例，核心产品成本的下降将增加企业的产品加成率，即最低工资政策通过产品差异化调整效应来影响多产品出口企业的加成率。

第三节　研究设计

一、模型设定

借鉴 Draca 等（2011）的研究，基于 2004 年《最低工资规定》的准自然实验，构建双重差分（Difference-in-Differences，DID）模型研究最低工资政策的实施对多产品出口企业产品加成率的影响，模型设定如下：

$$lnmarkup_{fgct} = \alpha + \beta Treat_f \times Post04_t + \mu X_{fg} + \eta F_{ct} + \delta_{fg} + \delta_t + \varepsilon_{fgct} \qquad (8-11)$$

其中，f、g、c 和 t 分别代表第 f 个企业、第 g 个产品、第 c 个城市和第 t 年。

被解释变量 lnmarkup 代表产品加成率的对数，产品加成率的具体计算方法将在下文介绍。Treat 用以识别受最低工资政策影响的企业差异。根据

Draca 等（2011），若 2004 年企业所在城市的最低工资高于上一年企业平均工资，则定义为受政策影响相对较大的组为处理组，取值为 1；否则为控制组，取值为 0。Post04 用以识别受最低工资政策的冲击时间，由于 2004 年出台的《最低工资规定》自 2014 年 3 月 1 日起施行，故 2004 年取值为 5/6，2004 年之后的年份取值为 1，2004 年之前的年份取值为 0。β 对应的回归系数是本章关注的重点。

在控制变量方面，X 表示一系列行业和企业层面的控制变量，主要包括企业年龄（age）；企业规模（size），用企业从业人数表示；企业生产率（tfp），根据杨汝岱（2015a），用 OP 方法计算的全要素生产率表示；企业是否盈利（produm），是则取 1，否则为 0；资本集中度（kl），用企业资本与从业人数的比值衡量；企业是否获得补贴收入（subdum），是则取 1，否则为 0；行业竞争程度（HHI），用 4 位码行业的赫芬达尔指数表示。

由于在样本时间段内，其他改革可能对企业的行为产生影响，根据 Lu 和 Yu（2015），本章进一步控制：①国有资本占比（stateshare），用以控制国企改革的影响。②最终品进口关税（tariffout），在 2004 年最低工资制度改革前后，贸易自由化对企业的出口行为具有较大影响（Yu，2015；Lu 和 Yu，2015；Fan 等，2018）。根据 Yu（2015）的做法，在联合国贸易和发展会议网站获取 HS6 位码产品的关税数据，再将产品 HS6 位码和国民经济 4 位码行业对应，利用算数平均法计算得到 4 位码行业的加权最终品关税，用以控制中国加入 WTO 的贸易自由化影响。

《最低工资规定》要求"不同省份均可以有不同的地区标准"，也会考虑地方的经济发展水平、就业状况、就业者及赡养人口的最低生活费用标准等，这在一定程度上影响了企业的行为活动。为了保证最低工资调整的外生性，根据 Fan 等（2018）的设定，本章进一步控制了城市人均 GDP 对数（pergdp）、城市总人口对数（pop）和城市平均工资对数（perwage）等可能影响最低工资调整的地区特征变量（F_{ct}）。同时，本章还进一步控制了企业—产品固定效应（δ_{fg}）、年份固定效应（δ_t），ε_{fgct} 为随机扰动项。

二、产品加成率测度

De Loecker 等（2016）在 De Loecker 和 Warzynski（2012）的基础上，通过计算要素投入在产品之间的分配系数，解决了产品层面要素投入不可观测的问题，估算了企业—产品层面的加成率。本章借鉴 De Loecker 等（2016）的方法，利用中国工业企业数据库与海关数据库的匹配数据，估计了多产品出口企业产品加成率。

De Loecker 和 Warzynski（2012）基于生产成本最小化条件和加成率的定义[①]，推导得到企业加成率可以为企业某可变要素的产出弹性系数与该要素的支出份额之比[②]。同理，产品加成率也可表示为用于生产该产品的某可变要素的产出弹性系数与该要素的支出份额之比，具体如下：

$$\mu^{fgt} = \theta^M_{fgt}(\alpha^M_{fgt})^{-1} \tag{8-12}$$

与 Lu 和 Yu（2015）、Brandt 等（2012）的研究一致，本章也以原材料 M 作为可变要素。式 8-1 中，θ^M_{fgt} 表示以原材料 M 作为可变要素生产产品 g 的产出弹性系数，在以原材料 M、资本 K 和劳动力 L 为投入要素的超越对数生产函数下，θ^M_{fgt} 的表达式为 $\theta^M_{fgt} = \beta_m + 2\beta_{mm}m_{fgt} + \beta_{lm}l_{fgt} + \beta_{mk}k_{fgt} + \beta_{lmk}l_{fgt}k_{fgt}$，其中，$\beta$ 表示要素产出弹性系数估计值，m、k 和 l 分别为价格平减后要素投入的对数值；$\alpha^M_{fgt} = P^M_{fgt}V^M_{fgt}/P_{fgt}Q_{fgt}$ 表示企业用于生产产品 g 的原材料 M 的支出额占该产品销售额的份额，其中，P^M_{fgt} 为原材料 M 的购买价格，V^M_{fgt} 为原材料 M 的投入量；P_{fgt} 为产品 g 的销售价格，Q_{fgt} 为产品 g 的销售数量。

中国工业企业数据库仅统计了企业层面的要素投入，从而无法直接获取产品层面的要素投入。因此，根据 De Loecker 等（2016），需要估算企业内不同产品之间的要素投入分配系数，将该分配系数的对数设为 ρ_{fgt}，则有 $\rho_{fgt} = x_{fgt} - x_{ft}$，$x_{fgt}$ 表示企业—产品层面的要素投入的对数值，x_{ft} 则为企业层面要素投入的对数值。

---

① 加成率通常定义为价格与边际成本的比值。
② 关于加成率公式的具体推导过程请参见 De Loecker 和 Warzynski（2012）。

首先，假设一个企业—产品层面的超越对数生产函数：

$$q_{fgt}=f(x_{fgt}\ ;\ \beta)+\varphi_{ft}+\varepsilon_{fgt} \tag{8-13}$$

式 8-13 为企业—产品层面的生产函数，产出 q_{fgt} 和投入 x_{fgt} 均为企业—产品层面，但是产品之间的生产技术相同，则生产效率 φ_{ft} 处于企业层面。由于企业—产品层面的要素投入不可观测，不能直接基于企业—产品层面要素投入估计式 8-13。相对于单产品企业而言，从事多产品生产的企业在不同产品之间分配生产要素，产生新的分配效率。因此，生产函数式 8-13 在企业—产品层面要素投入的贡献部分 $f(x_{fgt}\ ;\ \beta)$ 可以分解为两部分：企业层面要素投入贡献 $f(x_{ft}\ ;\ \beta)$ 和产品间的要素分配效率 $A(\rho_{fgt}\ ;\ x_{ft}\ ;\ \beta)$，从而式 8-13 重新表达为式 8-14。

$$q_{fgt}=f(x_{ft}\ ;\ \beta)+A(\rho_{fgt}\ ;\ x_{ft}\ ;\ \beta)+\varphi_{ft}+\varepsilon_{fgt} \tag{8-14}$$

$A（\rho_{fgt}\ ;\ x_{ft}\ ;\ \beta）$ 的取值依赖于企业层面的要素投入、企业层面要素投入的产出弹性系数和要素分配系数。企业层面的要素投入数据可以直接从统计数据中获得；本章借鉴 De Loecker 和 Warzynski（2012）的方法，估算了企业层面要素投入的产出弹性系数。

在得到企业层面要素产出弹性估计系数和借鉴 Fan 等（2018）纠正出口数量统计偏误后，得到企业—产品层面的生产效率表达式为 $\bar{\varphi}_{fgt}=\bar{q}_{fgt}-f（x_{ft}\ ;\ \beta）$，根据式 8-14，得到 $\bar{\varphi}_{fgt}=A（\rho_{fgt}\ ;\ x_{ft}\ ;\ \beta）+\varphi_{ft}$，进一步地，将 $A（\rho_{fgt}\ ;\ x_{ft}\ ;\ \beta）$ 表达为超越对数生产函数，可以得到：

$$\hat{\varphi}_{fgt}=\hat{a}_{ft}\rho_{fgt}+\hat{b}_{ft}\rho_{fgt}^{2}+\hat{c}_{ft}\rho_{fgt}^{3}+\varphi_{ft} \tag{8-15}$$

其中，系数 $\hat{a}_{ft}$、$\hat{b}_{ft}$、$\hat{c}_{ft}$ 是 $\hat{\beta}$ 和 x_{ft} 的表达式[①]。假设年份—企业单位内生产 N 种产品，有 N 个分配系数，对应 N 个式 8-15，此外，N 个分配系数之和等于 1，由于本章仅使用企业产品出口额或者数量作为产品的产出变

---

① 系数项 $\hat{a}_{ft}$，$\hat{b}_{ft}$，$\hat{c}_{ft}$ 具体表达式为：

$\hat{a}_{ft}=\hat{\beta}_{l}+\hat{\beta}_{m}+\hat{\beta}_{k}+2（\hat{\beta}_{ll}l_{ft}+\hat{\beta}_{mm}m_{ft}+\hat{\beta}_{kk}k_{ft}）+\hat{\beta}_{lm}（l_{ft}+m_{ft}）+\hat{\beta}_{lk}（l_{ft}+k_{ft}）+\hat{\beta}_{mk}（m_{ft}+k_{ft}）+$
$\hat{\beta}_{lmk}（lm_{ft}+lk_{ft}+mk_{ft}）$

$\hat{b}_{ft}=\hat{\beta}_{ll}+\hat{\beta}_{mm}+\hat{\beta}_{kk}+\hat{\beta}_{lm}+\hat{\beta}_{lk}+\hat{\beta}_{mk}+\hat{\beta}_{lmk}（l_{ft}+m_{ft}+k_{ft}）$

$\hat{c}_{ft}=\hat{\beta}_{lmk}$

量，所以假设分配系数之和等于企业出口额占全部销售额的比重。综上，本章通过求解一个包含 N+1 个方程的方程组，得到企业内各个产品的要素分配系数 ρ_{fgt}，g=（1，…，N）。

原材料投入生产产品 g 的产出弹性系数估计值 θ_{fgt} 和生产产品 g 的原材料的支出份额估计值 $\bar{\alpha}_{fgt}^V$ 的具体表达式如下：

$$\theta_{fgt}^M = \hat{\beta}_m + 2\hat{\beta}_{mm}(\hat{\rho}_{fgt} + m_{ft}) + \hat{\beta}_{lm}(\hat{\rho}_{fgt} + l_{ft}) + \hat{\beta}_{mk}(\hat{\rho}_{fgt} + k_{ft}) +$$
$$\hat{\beta}_{lmk}(\hat{\rho}_{fgt} + l_{ft})(\hat{\rho}_{fgt} + k_{ft}) \tag{8-16}$$

$$\hat{\alpha}_{fgt}^M = \frac{\exp(\hat{p}_{fgt}) p_{ft}^M V_{ft}^M}{P_{fgt} Q_{fgt}} \tag{8-17}$$

$\hat{\theta}_{fgt}^M$、$\hat{\alpha}_{fgt}^M$ 分别为 θ_{fgt}^M、α_{fgt}^M 的估计值，在式 8-16 中，$m_{fgt} = \hat{\rho}_{fgt} + m_{ft}$，$l_{fgt} = \hat{\rho}_{fgt} + l_{ft}$，$k_{fgt} = \hat{\rho}_{fgt} + k_{ft}$；在式 8-17 中，$\exp(\hat{\rho}_{fgt}) P_{ft}^M V_{ft}^M$ 是企业 f 分配给产品 g 的原材料 M 的投入额；$P_{fgt} Q_{fgt}$ 是企业产品出口额，从海关数据库中获取，进一步把 $\hat{\theta}_{fgt}^M$ 和 $\hat{\alpha}_{fgt}^M$ 代入式 8-12，便可以计算得到企业产品加成率估计值 $\hat{\mu}_{fgt}$。

三、数据来源与处理

本章使用的数据主要来源于中国工业企业数据库、中国海关数据库、《中国城市统计年鉴》和全国地级市月最低工资数据。第一，中国工业企业数据库 1998~2013 年的相关数据，该数据库包含统计对象为规模以上工业法人企业，包括全部国有和年主营业务收入 500 万元（或 2011 年以后 2000 万元）及以上的非国有工业法人企业，提供了关于企业生产、财务等指标信息，本章根据 Brandt 等（2012）、杨汝岱（2015a）的做法，对行业代码、价格指数进行调整，经统计，1998~2013 年共包含 4350179 个观测值。第二，2000~2013 年海关数据库中相关数据，包含企业—产品—市场层面的相关信息，样本期内共计 25777722 个观测值。第三，历年《中国城市统计年鉴》，来源于国家统计局。第四，1998~2013 年地级市的月度最低工资数据，主要通过浏览各省份人力资源和社会保障部门网站和查阅包含最低工资信息的地方政府网站来获得，由于拉萨市和重庆市相关数据缺失，故最终得到 285 个地级市的最低工资数据。

　　计算产品层面的加成率需要将中国工业企业数据库与海关数据库合并，本章参考杨汝岱和李艳（2013）的匹配思路：第一步，根据企业名称进行直接匹配；第二步，对于未能匹配的企业，根据企业名称拆分的"词段"进行匹配，对于存在匹配关系的数据，再使用电话、区号和厂址等信息进行匹配。《最低工资规定》从 2004 年开始执行，因此本章主要使用 2000~2006 年的中国工业企业数据库与海关数据库的匹配数据。对 2008 年《中华人民共和国劳动合同法》的检验使用 2000~2011 年的匹配数据。

　　剔除单产品出口企业样本后，根据黄先海等（2016b），本章对样本进行数据处理，主要包括删除了从业人数小于 8、固定资产总值小于固定资产净值、非制造业行业等异常值样本；删除固定资产折旧、营业收入等指标缺失的样本；为剔除企业业绩较差或兼并重组等影响，剔除营业利润率绝对值大于 1 或资产负债率大于 1 或小于 0 的样本。同时，本章对关键指标在第 1%、99% 分位进行 Winsorize 处理，并对涉及的变量均以 2000 年为基期进行了平减处理，本章最终得到了 1020644 个样本观测值。主要变量的统计结果如表 8-2 所示。

表 8-2　主要变量的描述性统计

变量	变量名称	平均值	标准差	最小值	最大值
产品加成率	markup	1. 2019	1. 1450	0. 0016	13. 1784
处理组×2004 年之后	Treat×Post04	0. 0170	0. 1260	0. 0000	1. 0000
企业规模的对数值	lnsize	5. 6917	1. 1942	2. 0794	11. 5266
企业年龄的对数值	lnage	2. 0181	0. 6652	0. 0000	4. 0604
全要素生产率	tfp	1. 4685	0. 1961	0. 3613	2. 1173
资本集中度的对数值	lnkl	3. 2704	1. 3182	− 6. 3534	9. 2989
是否获得补贴	subdum	0. 4411	0. 4965	0. 0000	1. 0000
是否盈利	produm	0. 8429	0. 3638	0. 0000	1. 0000
国有资本占比	stateshare	0. 0279	0. 1452	0. 0000	1. 0000
赫芬达尔指数	HHI	0. 0150	0. 0309	0. 0009	0. 9484

变量	变量名称	平均值	标准差	最小值	最大值
最终品进口关税	tariffout	0.1381	0.0701	0.0000	0.6500
城市人均 GDP 的对数值	pergdp	10.2462	0.8139	7.0125	12.5140
城市平均工资的对数值	perwage	9.8786	0.3709	2.7120	11.8284
城市总人口的对数值	pop	6.0033	0.6142	3.6819	7.0303

第四节　实证结果与分析

一、最低工资制度对产品加成率的影响：DID 估计

表 8-3 列示了双重差分模型的估计结果。表 8-3 第（1）～（3）列采用了逐步增加企业层面、行业层面控制变量的固定效应回归模型；第（4）列考虑到了中国加入 WTO 带来的贸易自由化影响，同时控制了 4 位码行业最终品关税。第（1）～（4）列均控制了年份固定效应和企业-产品固定效应。第（5）列在第（4）列的基础上，加入了城市特征变量以降低可能产生的内生性问题，并利用 OLS 方法进行回归。第（6）列为控制了所有变量的固定效应模型回归结果，以减少以后变量对回归结果的影响。本章关心的是 Treat×Post04 对应的系数方向及大小。

从表 8-3 的回归结果来看，Treat×Post04 对应的系数均显著为负，这表明相比控制组而言，最低工资政策的提高显著降低了企业的产品加成率。从回归结果看，在其他条件不变的前提下，2004 年最低工资政策的实施使得处理组出口企业产品加成率相比对照组的企业而言，降低了 1.22～1.93 个百分点。最低工资政策对企业的直接影响是导致用工成本上涨，企业被动接受政府参照不同地区经济发展程度、平均生活费用、普遍工资水平制

定的最低工资标准，增加了用工成本。面对成本上升，企业不会将成本完全转嫁给消费者，而是选择适度调整产品定价，由企业和消费者共同分摊最低工资上涨的成本，因而造成产品加成率的下降（Gan 等，2016），因此总体上，最低工资政策的实施确实对多产品出口企业的产品加成率产生了不利影响。从主要的控制变量来看，全要素生产率的提高有利于提高将技术转化为生产产品能力的效率，最终促进企业产品加成率的提高。最终品关税对应的系数均在1%水平下显著为负，表明关税的下降促进了企业产品加成率的提升，这与 Fan 等（2018）、Lu 和 Yu（2015）的研究结论相一致。

表8-3　最低工资政策实施对多产品出口企业产品加成率的影响

	lnmarkup					
	（1）	（2）	（3）	（4）	（5）	（6）
Treat×Post04	-0.0193***	-0.0161***	-0.0161***	-0.0147**	-0.0126***	-0.0122**
	（-3.2166）	（-2.7099）	（-2.7100）	（-2.5019）	（-2.7530）	（-2.0914）
lnsize	-0.1534***	-0.1779***	-0.1779***	-0.1773***	-0.3407***	-0.1765***
	（-71.9830）	（-77.1196）	（-77.1257）	（-77.1107）	（-4.4e+02）	（-76.7948）
lnage	-0.0159***	-0.0080***	-0.0080***	-0.0096***	0.0157***	-0.0095***
	（-6.1412）	（-3.1126）	（-3.1126）	（-3.7649）	（16.1620）	（-3.7165）
tfp	0.5344***	0.5496***	0.5496***	0.5206***	1.6852***	0.5162***
	（42.7174）	（43.1940）	（43.1854）	（40.9688）	（93.5834）	（40.6208）
lnkl		-0.0447***	-0.0447***	-0.0440***	-0.1270***	-0.0432***
		（-37.0904）	（-37.0969）	（-36.6054）	（-2.3e+02）	（-35.9641）
subdum		-0.0220***	-0.0220***	-0.0213***	-0.0524***	-0.0217***
		（-13.7020）	（-13.6994）	（-13.3288）	（-33.1490）	（-13.5594）
produm		-0.0471***	-0.0471***	-0.0468***	-0.1317***	-0.0476***
		（-33.3832）	（-33.3848）	（-33.3807）	（-92.8561）	（-33.9136）
stateshare		0.0677***	0.0677***	0.0619***	0.2238***	0.0592***
		（6.6035）	（6.6035）	（6.0526）	（36.1766）	（5.8294）
HHI			0.0003	-0.0375	-1.6995***	-0.0372
			（0.0081）	（-1.0219）	（-50.2898）	（-1.0127）

续表

	lnmarkup					
	（1）	（2）	（3）	（4）	（5）	（6）
tariffout				−1.1130***	−1.4409***	−1.1149***
				（−37.2359）	（−67.7464）	（−37.2788）
pergdp					−0.0464***	−0.0112***
					（−32.9353）	（−7.5933）
perwage					0.1256***	−0.0768***
					（34.8186）	（−8.7832）
pop					−0.0507***	0.0217***
					（−42.4363）	（7.8968）
_cons	−0.0411**	0.2458***	0.2458***	0.5158***	0.8851***	1.2220***
	（−1.9806）	（10.8880）	（10.8695）	（21.4950）	（26.7399）	（14.1296）
行业固定效应	No	No	No	No	Yes	No
年份固定效应	Yes	Yes	Yes	Yes	Yes	Yes
企业-产品固定效应	Yes	Yes	Yes	Yes	No	Yes
N	748379	748379	748379	748379	746401	746401
adj. R^2	0.889	0.890	0.890	0.892	0.472	0.892

注：①*、**、***分别表示在10%、5%和1%水平下显著，括号内为 t 值。本章余表同。
②除第（4）列外，其他列均控制了城市层面的聚类标准误。

二、DID 前提假设检验

本章使用双重差分方法检验最低工资政策的实施对多产品出口企业产品加成率的影响，但是双重差分方法的使用需要满足平行趋势检验，即检验政策实施的前处理组与控制组之间的趋势应是平行的且不存在显著性差异。为此，构建如下计量模型对平行性趋势进行检验：

$$\text{lnmarkup}_{fgct} = \alpha + \beta \text{Year}_t \times \text{Treat}_f \times \text{per04}_t + \mu X_{fgt} + \eta F_{ct} + \delta_{fg} + \delta_t + \varepsilon_{fgct} \qquad (8\text{-}18)$$

其中，$year_t$ 为年份虚拟变量，2004 年之前年份的 per04 取值为 1，否则为 0。其他变量设定同式 8-9。表 8-4 第（1）列列示了平行趋势检验的结果，检验结果表明，2004 年以前最低工资政策的实施对于处理组和控制组的产品加成率影响并不显著，不存在随年份变动的差异性影响，即双重差分模型通过了平行趋势检验。进一步地，2004 年最低工资政策的实施是否具有随机性，也是双重差分模型成立的一个重要条件。根据 Draca 等（2011），本章对 2004 年前的年份分别设置为最低工资政策实施年份，进行相应的安慰剂检验（Placebo Test），如果回归系数显著，则表明最低工资政策实施前存在预期效应。表 8-4 第（2）~（4）列列示了安慰剂检验的结果，结果表明，无论是设定 2001 年为政策调整年份（Treat×Post01），还是设定 2002 年（Treat×Post02）或 2003 年（Treat×Post03）作为政策实施年份，其对应的回归系数均不显著，这表明 2004 年最低工资政策的实施对企业而言并不存在明显的预期效应。事实上，1994 年国家颁布的《中华人民共和国劳动法》已经明确以法律形式确立了最低工资保障制度，但并未对企业是否强制遵守以及如何处罚违反规定的企业提出要求，而直到 2004 年劳动和社会保障部才正式出台了强制性的《最低工资规定》，现有研究表明 2004 年最低工资政策的调整具有一定的不可预期性。

表 8-4　平行趋势与预期效应检验

	（1）	（2）	（3）	（4）
Year2001×Treat×per04	−0.0219 （−1.5474）			
Year2002×Treat×per04	−0.0104 （−0.8418）			
Year2003×Treat×per04	0.0122 （0.9190）			
Treat×Post01		−0.0085 （−0.7467）		
Treat×Post02			0.0144 （1.5099）	

续表

	（1）	（2）	（3）	（4）
Treat×Post03				0.0243 （1.1299）
_cons	−1.5685 *** （−4.4123）	−1.5777 *** （−4.4402）	−1.5758 *** （−4.4341）	−1.5686 *** （−4.4125）
企业特征变量	Yes	Yes	Yes	Yes
城市特征变量	Yes	Yes	Yes	Yes
企业−产品固定效应	Yes	Yes	Yes	Yes
年份固定效应	Yes	Yes	Yes	Yes
N	281158	281158	281158	281158
adj. R^2	0.904	0.904	0.904	0.904

注：①均控制了城市层面的聚类标准误。②限于篇幅，不列示控制变量结果。本章余表同。

三、稳健性检验

为检验基准回归结果的稳健性，本章采用不同变量指标设定、不同关键指标识别标准和不同样本等角度做一系列稳健性检验，具体包括如下几点：一是替换被解释变量。根据 De Loecker 等（2016），基于平减后的出口额作为产出额重新计算产品加成率，并将其作为被解释变量，回归结果如表 8-5 第（1）列所示。二是将最低工资政策的冲击时间变量 Post04 由 5/6 替换为 1，估计结果如表 8-5 第（2）列所示。三是改变最低工资政策的冲击时间，将 2005 年及以后的年份取值为 1，2005 年以前的年份取值为 0，重新的估计结果如表 8-5 第（3）列所示。四是只保留 2004 年之前的年份，考察 2004 年最低工资政策的实施对企业加成率的影响，回归结果如表 8-5 第（4）列所示。五是分别剔除企业平均工资高于 75%分位、50%分位以上的样本和低于 25%分位的样本后，发现最低工资政策的实施仍然对企业产品加成率呈负向影响，回归结果如表 8-5 第（5）～（7）列所示。上述一系列稳健性检验得到的结果与基准回归均一致，这表明最低工资政策的实施不利于多产品出口企业出口产品加成率的提升。

表 8-5　稳健性检验

	（1） 基于出口 金额	（2） Post04＝1	（3） Post05＝1	（4） 2000～ 2004 年	（5） 剔除 75% 分位以上	（6） 剔除 50% 分位以上	（7） 剔除 25% 分位以下
Treat×Post04	-0.0282 ***	-0.0113 **	-0.0094 *	-0.0165 **	-0.0172 ***	-0.0655 **	-0.0067 *
	（-3.2316）	（-2.0762）	（-1.7397）	（-2.0085）	（-2.8726）	（-2.4241）	（-1.9340）
lnmw							
_cons	1.3286 ***	1.2222 ***	1.2218 ***	0.6525 **	1.1302 ***	1.1030 ***	1.4533 ***
	（13.0651）	（14.1293）	（14.1275）	（2.3579）	（12.7113）	（4.0404）	（5.5720）
企业特征变量	Yes	Yes	Yes	Yes	Yes	Yes	Yes
城市特征变量	Yes	Yes	Yes	Yes	Yes	Yes	Yes
企业-产品 固定效应	Yes	Yes	Yes	Yes	Yes	Yes	Yes
年份固定效应	Yes	Yes	Yes	Yes	Yes	Yes	Yes
N	733692	746401	746401	419380	619782	307212	387884
adj. R^2	0.823	0.892	0.892	0.896	0.880	0.895	0.887

　　进一步地，本章还考虑了替换核心变量，改变计量模型设定用以检验回归结果的稳健性。为了刻画 2004 年最低工资政策强制实施前后对企业多产品加成率的影响及变化，排除最低工资前后对处理组和控制组的工资影响，借鉴 Mayneris 等（2018），本章重新设定式 8-19；考虑连续变量最低工资的对数（lnmw）的影响，设定式 8-20，具体如下：

$$\text{lnmarkup}_{fgct}=\alpha+\beta_1\ln(\text{mw}_{ct})\times\text{per04}+\beta_2\ln(\text{mw}_{ct})\times\text{Post04}+\mu X_{fgt}+\eta F_{ct}+$$
$$\delta_{fg}+\delta_t+\varepsilon_{fgct} \tag{8-19}$$

$$\text{lnmarkup}_{fgct}=\alpha+\beta\ln(\text{mw}_{ct})+\mu X_{fgt}+\eta F_{ct}+\delta_{fg}+\delta_t+\varepsilon_{fgct} \tag{8-20}$$

　　表 8-6 第（1）列、第（2）列列示了式 8-19 对应的回归结果，结果显示，最低工资政策的出台在 2004 年之前并没有影响出口企业的产品加成率，

但是在 2004 年《最低工资规定》出台之后却显著降低了出口企业的产品加成率，并在进一步控制企业、城市、企业-产品和年份的固定效应后仍然成立。表 8-6 第（3）列、第（4）列列示了式 8-20 对应的回归结果。式 8-20 将解释变量 Treat×Post04 替换为连续变量最低工资的对数（lnmw），结果仍然表明，最低工资政策的实施使多产品出口企业的产品加成率下降。

表 8-6　计量模型的重新设定检验

	模型 8-19		模型 8-20	
	（1）	（2）	（3）	（4）
lnmw×per04	−0.1359 (−1.5313)	−0.0798 (−1.3723)		
lnmw×Post04	−0.1096*** (−10.5937)	−0.0757*** (−7.5025)		
lnmw			−0.0951*** (−10.5213)	−0.0605*** (−6.8431)
_cons	0.5914*** (8.4798)	1.6703*** (16.3968)	0.3506*** (6.5445)	1.5571*** (16.3653)
企业特征变量	No	Yes	No	Yes
城市特征变量	No	Yes	No	Yes
企业-产品固定效应	No	Yes	No	Yes
年份固定效应	No	Yes	No	Yes
N	748379	746401	748379	746401
adj. R^2	0.882	0.892	0.882	0.892

四、异质性检验

以上检验主要考察的是最低工资政策的实施对多产品出口企业产品加成率的平均影响效应，掩盖了不同企业特征可能带来的差异性影响。接下来，进一步考察不同样本类型可能产生的回归结果差异。一是按出口产品贸易方式进行划分。加工贸易一直是中国开放经济的重要组成部分和参与全球价值链的主要形式，近年来虽然比重有所下降，但是 2017 年所占比重仍然在 30% 左右。根据 Yu（2015），将企业按照出口产品贸易方式划分为一般贸易类、加工贸易类和混合贸易类（既从事加工贸易，又从事一般贸易的企业）三种类型。根据本章的统计，样本期内加工贸易占比达到了 46.45%，混合贸易占比为 40.71%，而一般贸易只有 12.84%。二是按照所有权性质进行划分。根据聂辉华等（2012），本章按照实收资本类型占比的大小确定所有权性质，最终划分为国有、民营、外商独资和中国港澳台三种类型[①]。三是按出口产品种类的排序划分。出口产品范围对企业的绩效有重要影响（Bernard 等，2010）。根据出口产品的种类，分别保留产品排序在 25%、50%、75% 和 95% 分位上的样本进行分组回归。四是本章使用的是多产品的出口企业，剔除了单产品企业的影响，为了考察本章的结论是否受单产品企业的影响，本章保留了样本期多产品和单产品之间存在转换的样本。

表 8-7 第（1）~（3）列列示了按出口贸易类型划分的分样本回归结果。结果显示，对于加工贸易类出口企业，Treat×Post04 对应的系数均显著为负，这表明相比控制组而言，最低工资政策的实施显著降低了企业的产品加成率；对于一般贸易类出口企业，Treat×Post04 对应的系数与加工贸易截然相反，这表明最低工资政策的实施显著提高了一般贸易类企业的产品加成率；对于混合贸易类出口企业而言，虽然 Treat×Post04 对应的系数为正，但是并不显著，这表明最低工资政策的实施对这类企业并没有显著的影响。由于中国长期以来实施的出口导向型战略，使大量低效率企业从事出口行为，加工贸易广泛存在。现有文献发现，加工贸易对企业的出口行为产生较大影响，是造成中国"出口低生产率之谜"的重要原因（戴觅等，2014；李春顶，2015；许明和李逸飞，2018）。根据 Melitz 和 Ottaviano

---

① 由于外商独资企业可以享受各种税收优惠，企业可通过填报"登记注册号"来改变企业类型，这将导致依靠"登记注册号"来识别所有权类别的做法失效，因此根据实收资本比例来确定企业所有权更加准确。

（2008），在选择效应的作用下出口企业相比非出口企业通常具有更高的生产率。加工贸易类企业由于对进口料件（或来料）进行加工或者装配，以劳动密集型企业居多，普遍具有较低的生产率。最低工资政策的强制实施，显然提高了这类企业的生产成本，降低了产品加成率水平。一般贸易类企业由于生产率较高，通常具有资本或者技术比较优势，在全球价值链的嵌入位置相对较高，最低工资政策的强制实施可以倒逼这类企业进行创新、产品质量提升和产品差异化调整，使得获得的收益高于劳动力成本提高带来的边际成本，最终提高产品的加成率。对于混合贸易类企业而言，可以通过调整核心产品和非核心产品的劳动力成本进而抵消最低工资政策的影响，因此总体上对应系数并不显著。表8-7第（4）~（6）列列示了按所有权性质分类的分样本回归结果。结果显示，最低工资政策的实施对国有企业、外商独资和中国港澳台企业的影响显著为负，其中对国有企业的影响程度最大，这一方面源于国有企业的生产率普遍不高（杨汝岱，2015a），劳动力成本的提高影响了产品加成率；另一方面在于国有企业享受大量的政府补贴与信用贷款，这在一定程度上导致这类企业缺乏内部调整动力（蒋灵多和陆毅，2017）。虽然劳动力成本对民营企业的业绩会有较大影响，但是由于民营企业人事雇佣、生产等活动相对灵活，且参与出口的企业生产率普遍较高，因此抵消了一部分最低工资政策实施的不利影响，对应系数并不显著。

表8-7 最低工资政策实施对多产品出口企业产品加成率影响的异质性检验1

	（1） 一般贸易	（2） 加工贸易	（3） 混合贸易	（4） 国有	（5） 民营	（6） 外商独资和 中国港澳台
Treat×Post04	0.0991 *	− 0.0272 ***	0.0462	− 0.2223 ***	0.0102	− 0.0188 **
	（1.6848）	（− 2.8933）	（1.4050）	（− 4.7481）	（0.8235）	（− 2.5498）
_cons	0.3489	− 0.2148	1.3065 **	1.6035 **	1.9419 ***	0.8895 ***
	（0.7686）	（− 1.3199）	（2.3576）	（1.9967）	（8.3119）	（11.2811）

	（1）一般贸易	（2）加工贸易	（3）混合贸易	（4）国有	（5）民营	（6）外商独资和中国港澳台
企业特征变量	Yes	Yes	Yes	Yes	Yes	Yes
城市特征变量	Yes	Yes	Yes	Yes	Yes	Yes
企业-产品固定效应	Yes	Yes	Yes	Yes	Yes	Yes
年份固定效应	Yes	Yes	Yes	Yes	Yes	Yes
N	57547	141723	36338	46290	285883	414228
adj. R^2	0.887	0.877	0.912	0.910	0.880	0.899

表 8-8 第（1）～（4）列列示了按出口产品种类排序的分样本回归结果。从回归结果来看，随着出口产品的范围扩大，Treat×Post04 对应的系数存在由负转正的现象。随着产品种类的提高，最低工资政策对出口企业的加成率的负面影响逐渐减弱，在 75% 和 95% 分位上相比 25% 和 50% 分位上的系数均为正。这表明相比于控制组而言，《最低工资规定》的出台使得拥有更多产品的出口企业通过产品内部的资源配置来抵消劳动力成本上升带来的不利影响，可能提高核心产品的加成率。最低工资政策对企业核心和非核心产品加成率的影响存在差异，即可能存在产品差异化调整效应。多产品企业出口可以通过调整企业内不同产品资源配置来影响生产率，外部冲击会导致资源由非核心产品流向核心产品（Bernard 等，2012；耿伟和廖显春，2017），最低工资政策的冲击使企业将内部资源向核心产品倾斜，促进核心产品生产中资本、技术要素对劳动要素的替代，提高了核心产品的研发投入和效率工资水平，从而更大幅度提升了企业核心产品的加成率。表 8-8 第（5）列列示了多产品—单产品转换样本的回归结果，这表明即使存在单产品的出口企业也并未改变本章的基本结论，即最低工资政策的强制实施使得处理组企业产品加成率相比对照组的企业而言，确实降低了多产品出口企业的产品加成率。

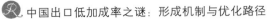

表8-8　最低工资政策实施对多产品出口企业产品加成率影响的异质性检验2

	（1） 25%分位以上	（2） 50%分位以上	（3） 75%分位以上	（4） 195%分位以上	（5） 多产品- 单产品转换
Treat×Post04	−0.0129**	−0.0103	0.0181**	0.0169	−0.0266*
	（−2.0534）	（−1.5453）	（2.0687）	（1.1179）	（−1.5959）
_cons	1.3517***	1.3727***	1.2984***	4.6001***	0.6739***
	（13.8619）	（13.1514）	（8.8298）	（14.5931）	（2.7386）
企业特征变量	Yes	Yes	Yes	Yes	Yes
城市特征变量	Yes	Yes	Yes	Yes	Yes
企业-产品固定效应	Yes	Yes	Yes	Yes	Yes
年份固定效应	Yes	Yes	Yes	Yes	Yes
N	631035	566217	363759	137825	117305
adj. R^2	0.912	0.914	0.922	0.934	0.779

第五节　影响机制检验

　　最低工资政策对企业的直接影响是导致用工成本的上涨，提高了企业的用工成本。面对成本上升，企业不会将成本完全转嫁给消费者，而是选择适当调整产品定价，由企业和消费者共同分摊最低工资上涨的成本，因而造成产品加成率的降低（Melitz 和 Ottaviano，2008）。根据理论模型分析，最低工资强制实施主要通过自选择效应、生产率提升效应和产品差异化调节效应三种渠道间接影响企业产品加成率。

一、最低工资政策实施引致的产品层面的自选择效应和生产率效应

最低工资的强制实施作为对现有劳工制度的改善，在提高用工成本时，多产品出口企业内部会迫使低效率的产品退出和高效率的产品进入，从而对企业产品产生自选择效应。本章利用中国工业企业数据库与海关数据库的匹配数据，在产品层面识别存续企业每年是否有产品的进入、退出，从而检验最低工资强制实施所产生的自选择效应。本章引入存续企业当年产品的退出数量（exit）、在位产品数量（remain）和新进入产品数量（entrance）分别占当年这一企业产品总数的比重。同时，本章构建了最低工资政策实施（Treat×Post04）与全要素生产率（tfp）的交互项，检验最低工资的自选择效应，回归结果如表8-9所示。

表8-9　最低工资政策的自选择效应和生产率效应

	（1） exit	（2） remain	（3） entrance	（4） lnmarkup
Treat×Post04×tfp	−0.0461*	−0.1361***	0.1894***	0.1252***
	（−1.7366）	（−4.1102）	（5.6305）	（4.0257）
Treat×Post04	0.0363*	0.2153***	−0.2782***	−0.2033***
	（1.7253）	（4.1409）	（−5.2589）	（4.0405）
tfp	0.0467***	−0.0589***	−0.0040	0.5136***
	（3.9567）	（−4.3638）	（−0.3373）	（4.0127）
企业特征变量	Yes	Yes	Yes	Yes
城市特征变量	Yes	Yes	Yes	Yes
企业-产品固定效应	Yes	Yes	Yes	Yes
年份固定效应	Yes	Yes	Yes	Yes
N	132226	132226	132226	746401
adj. R^2	0.463	0.406	0.429	0.9485

从表8-9第（1）列的结果看，最低工资政策的实施增加了企业退出产品的占比，但是最低工资政策冲击与全要素生产率的三重差分对应的回归系数显著为负，说明全要素生产率越高的企业越容易抵消这种效应，即存在自选择效应。第（2）列结果显示，最低工资政策的实施增加了产品的在位率，而这一效应随着生产率的增加而降低。第（3）列结果则表明最低工资政策的实施降低了新进产品的所占比重，而这一效应随着生产率的提高而增加。这表明最低工资政策使得多产品出口企业对产品的调整主要体现在在位产品和新进产品上，出口企业并非增加新产品的生产，而是缩小在位产品数量，而全要素生产率强化了对在位产品和新进产品的作用。最低工资的生产率效应检验结果如表8-9第（4）列所示。根据回归结果，最低工资政策的实施降低了出口企业的产品加成率，而全要素生产率则提高了产品加成率。本章关注的是最低工资政策实施与全要素生产率的三重差分对产品加成率的回归系数，结果显示回归系数为0.1252，且在1%显著水平下通过检验，这意味着最低工资政策的实施对企业产品加成率产生的负向影响随着企业生产率的提高而降低，验证了最低工资政策实施所带来的产品层面的生产率效应。

二、最低工资政策实施引致的产品差异化调整效应

最低工资政策的强制实施对多产品出口企业而言，其直接的作用结果就是导致产品总体的加成率下降。但是正如理论模型所得到的结论一般，对于多产品出口企业，其可以在成本提高的前提下，将有限的资源投入重要产品或者核心产品的生产上，刺激企业进行产品的优化和创新，倒逼企业提高核心产品的加成率水平，从而优化资源配置，平抑政策冲击可能带来的消极影响。本章构建两类指标对企业产品的差异化进行衡量：一是构建产品排序变量（rank），其定义为多产品出口企业内部按照产品出口额大小进行排序，若rank值越小，表示这一产品距离核心产品更近，对企业而言更加重要。二是构建非核心产品的虚拟变量（uncore）。若产品排序变量rank>1，则取值为1，

否则为 0。表 8-10 第（1）列和第（2）列列示了最低工资政策对重要产品的差异化调整回归结果，研究发现，产品排序对数（lnrank）越大，则越不利于产品加成率的提高，这意味着产品越重要，则越有利于产品加成率的提升。从最低工资与产品排序变量的三重差分（Treat×Post04×lnrank）结果看，最低工资政策的强制实施更有利于企业内部的重要产品加成率的提升，因此验证了最低工资的产品差异化调整效应。同时，笔者根据宽松估计方法（Rauch_lib）和保守估计方法（Rauch_con），按照产品差异化程度将产品划分为同质性产品和异质性产品，若取值为 1 则代表异质性产品，否则为同质性产品。回归结果显示，无论是宽松估计方法还是保守估计方法，最低工资、产品排序变量与产品异质性的四重差分对应的系数均显著为正。换言之，当为异质性产品时，最低工资政策的实施更有利于企业核心异质性产品加成率的提高。表 8-10 第（3）列和第（4）列列示了最低工资政策的实施对核心产品的差异化调整回归结果，与对重要产品的差异化调整过程相似，最低工资政策的实施使得核心产品的加成率提升，尤其是对异质性核心产品加成率的提升更为显著。

表 8-10　最低工资政策的产品差异化调整效应

	（1）lnmarkup	（2）lnmarkup	（3）lnmarkup	（4）lnmarkup
Treat×Post04×lnrank	−0.0208 （−1.4743）	−0.0258* （−1.9102）		
Treat×Post04×uncore			−0.0728*** （−3.2398）	−0.0748*** （−3.4656）
Treat×Post04×lnrank×Rauch_con	0.0259* （1.8796）			
Treat×Post04×uncore×Rauch_con			0.0689*** （3.2314）	
Treat×Post04	−0.0153* （−1.7543）	−0.0150* （−1.7221）	−0.0038** （−2.3698）	−0.0041** （−2.3985）

续表

	（1） lnmarkup	（2） lnmarkup	（3） lnmarkup	（4） lnmarkup
lnrank	−0.0288*** （−24.1350）	−0.0288*** （−24.1290）		
uncore			−0.0312*** （−14.8552）	−0.0312*** （−14.8501）
Treat×Post04× lnrank×Rauch_lib		0.0318** （2.4163）		
Treat×Post04× uncore×Rauch_lib				0.0734*** （3.5980）
企业特征变量	Yes	Yes	Yes	Yes
城市特征变量	Yes	Yes	Yes	Yes
企业−产品固定效应	Yes	Yes	Yes	Yes
年份固定效应	Yes	Yes	Yes	Yes
N	746401	746401	746401	746401
adj. R^2	0.892	0.892	0.892	0.892

根据表8-10的回归结果，相对于同质性产品，异质性产品质量升级空间较大，最低工资上升可能激励企业对产品进行质量升级以应对外部的政策冲击，通过产品质量升级促进核心产品加成率的提升。因此，有必要对这一机制进行检验。本章将因变量由产品加成率（lnmarkup）对数替换为产品质量对数（lnquality）。根据 Khandelwal（2010）对产品质量进行计算，选取需求价格弹性系数 $\sigma=5$。表8-11第（1）列和第（2）列列示了最低工资政策的实施对企业重要产品质量调整的影响效应。从最低工资与产品排序的三重差分对应的回归系数看，其显著为负，这表明最低工资的强制实施使离核心产品更近的产品的质量提升更多；从最低工资、产品排序变量与产品异质性的四重差分对应的系数看，其显著为正，这表明最低工资强制实施使企业重要的异质性产品质量提升以应对冲击，因此这一政策的实施提高了重要产品的产品质量，从而有利于产品加成率的提升。表8-11第（3）列和第（4）列列

示了最低工资政策的实施对企业核心产品质量调整的影响效应。从结果来看，在企业内资源一定的前提下，最低工资政策的实施使企业更倾向于提高异质性核心产品的质量。

表 8-11　最低工资政策的质量升级效应

	（1） lnquality	（2） lnquality	（3） lnquality	（4） lnquality
Treat×Post04×lnrank	−0.0131** （−2.5324）	−0.0146*** （−2.9686）		
Treat×Post04×uncore			−0.0185** （−2.5047）	−0.0191*** （−2.8655）
Treat×Post04×lnrank× Rauch_con	0.0110** （2.1309）			
Treat×Post04×uncore× Rauch_con			0.0102 （1.3804）	
Treat×Post04	0.0045* （1.9592）	0.0046** （1.9984）	0.0080*** （3.0931）	0.0080*** （3.0717）
lnrank	−0.0573*** （−1.5e+02）	−0.0573*** （−1.5e+02）		
uncore			−0.0432*** （−73.7251）	−0.0432*** （−73.7200）
Treat×Post04× lnrank×Rauch_lib		0.0127*** （2.6267）		
Treat×Post04× uncore×Rauch_lib				0.0113* （1.6801）
企业特征变量	Yes	Yes	Yes	Yes
城市特征变量	Yes	Yes	Yes	Yes
企业-产品固定效应	Yes	Yes	Yes	Yes
年份固定效应	Yes	Yes	Yes	Yes
N	642762	642762	642762	642762
adj. R^2	0.847	0.847	0.829	0.829

由于产品加成率同时包含了产品的价格和边际成本信息，因此最低工资政策的强制实施可能通过产品价格和边际成本对产品加成率产生影响（许明和邓敏，2016；许明和李逸飞，2018）。根据 Lu 和 Yu（2015），由海关数据计算得到出口产品的价格（price），再利用出口产品价格减去产品加成率从而得到产品对应的边际成本（cost）。根据表 8-12 和表 8-13 的回归结果，相比控制组，最低工资政策的实施均提高了产品的价格和边际成本，但是总体上对产品价格的提升幅度更大。从最低工资与产品排序变量的三重差分（Treat×Post04×lnrank）结果来看，其对离核心产品更近产品的价格影响为正，这意味着最低工资政策的实施使企业更倾向于提高重要产品的价格，存在对重要产品的"价格提升效应"。根据表 8-13 的回归结果，最低工资政策总体上增加了产品的边际成本，但是其对重要产品和核心产品的"成本降低效应"却并不显著。从最低工资、产品排序变量与产品异质性的四重差分对应的回归结果看，最低工资政策更有利于异质性重要产品价格的提升，而对边际成本没有影响。以上结果意味着，最低工资政策的强制实施对核心产品的边际成本和价格都产生了重要影响，由于质量是价格的重要反映，其中一条主要的路径就是倒逼企业通过改进质量来提高核心产品的价格，从而转嫁给消费者，促进重要产品的加成率提高。但是因为这一政策的实施相当于直接增加了企业的成本，企业并不能通过降低核心产品的边际成本来消化这一影响。

表 8-12　最低工资政策的价格效应

	（1） lnprice	（2） lnprice	（3） lnprice	（4） lnprice
Treat×Post04×lnrank	−0.0583** （−2.4727）	−0.0751*** （−2.8948）		
Treat×Post04×uncore			−0.0871*** （−2.8680）	−0.0865** （−2.5460）
Treat×Post04×lnrank× Rauch_con	0.0575** （2.4443）			

续表

	（1） lnprice	（2） lnprice	（3） lnprice	（4） lnprice
Treat×Post04×uncore× Rauch_con			0. 1026 ***	
			（3. 3225）	
Treat×Post04	0. 0214	0. 0223	0. 0124	0. 0120
	（1. 5630）	（1. 6215）	（0. 8479）	（0. 8201）
lnrank	−0. 0741 ***	−0. 0741 ***		
	（−29. 9424）	（−29. 9334）		
uncore			−0. 0432 ***	−0. 0432 ***
			（−12. 6406）	（−12. 6362）
Treat×Post04× lnrank×Rauch_lib		0. 0768 ***		
		（3. 0106）		
Treat×Post04× uncore×Rauch_lib				0. 1051 ***
				（3. 1600）
企业特征变量	Yes	Yes	Yes	Yes
城市特征变量	Yes	Yes	Yes	Yes
企业−产品固定效应	Yes	Yes	Yes	Yes
年份固定效应	Yes	Yes	Yes	Yes
N	746401	746401	746401	746401
adj. R^2	0. 941	0. 941	0. 940	0. 940

表8-13　最低工资政策的边际成本效应

	（1） lncost	（2） lncost	（3） lncost	（4） lncost
Treat×Post04×lnrank	−0. 0375	−0. 0493 **		
	（−1. 5840）	（−1. 9908）		
Treat×Post04×uncore			−0. 0143	−0. 0117
			（−0. 4147）	（−0. 3278）
Treat×Post04×lnrank× Rauch_con	0. 0316			
	（1. 3499）			

	（1） lncost	（2） lncost	（3） lncost	（4） lncost
Treat×Post04× uncore×Rauch_con			0.0337 （0.9910）	
Treat×Post04	0.0368** （2.4435）	0.0374** （2.4777）	0.0162 （0.9667）	0.0161 （0.9608）
lnrank	−0.0453*** （−18.6153）	−0.0453*** （−18.6095）		
uncore			−0.0119*** （−3.1810）	
Treat×Post04× lnrank×Rauch_lib		0.0450* （1.8558）		
Treat×Post04× uncore×Rauch_lib				−0.0119*** （−3.1801）
企业特征变量	Yes	Yes	Yes	Yes
城市特征变量	Yes	Yes	Yes	Yes
企业-产品固定效应	Yes	Yes	Yes	Yes
年份固定效应	Yes	Yes	Yes	Yes
N	746401	746401	746401	746401
adj. R^2	0.941	0.941	0.941	0.941

第六节　进一步讨论

一、最低工资政策实施的资源配置效应

各地最低工资标准一般两三年至少调整一次，截至 2019 年 6 月，全国

已有上海、重庆、陕西 3 个省（自治区、直辖市）上调了最低工资，其中上海最低工资高达 2480 元。本章的研究也发现，最低工资政策的强制实施并不利于多产品出口企业产品加成率的总体提高，但会倒逼企业将有限的资源向重要产品和核心产品倾斜，通过质量升级、价格提升等途径提高核心产品的加成率。因此，一个重要的问题是，最低工资政策的实施虽然提高了员工的工资，但是总体上却不利于出口企业提升竞争力，尤其是近年来最低工资标准的不断提高，无疑给企业带来了较大的负担。那么，这一政策的实施到底对企业而言是否合理？有必要进一步探讨。

如何利用有限的资源创造更多的产出，实现最优的资源配置是经济学研究的核心命题（Hsieh 和 Klenow，2009；Bernard 等，2012）。由于最低工资政策的实施对产品加成率的影响差异反映了其对企业内部资源配置的影响，因此对上述问题的回答可以转换为最低工资政策的实施是否改善了企业内部资源的配置。本章考察最低工资政策的实施对企业内部产品加成率分布离散度的影响，以判断最低工资政策的实施是否改善了企业内部的资源配置。本章构建计量模型如下：

$$\text{dispmpk}_{fct} = \beta + \beta_0 \text{Treat}_f \times \text{Post04}_t + \beta_1 X_{ft} + \beta_2 F_{ct} + \delta_f + \delta_t + \varepsilon_{fct} \qquad (8\text{-}21)$$

其中，dismpk 代表企业内部的产品加成率分布离散度。本章选取四个指标作为企业内部的产品加成率分布离散度的衡量指标，具体包括：①企业内产品加成率标准差（sdmkp）。根据 Hsieh 和 Klenow（2009），加成率的离散程度反映资源错配的重要指标。②企业内产品加成率变异系数（CVmkp）。用企业内产品加成率的标准差与其均值的比值表示。③企业内产品加成率的基尼系数（ginimkp）。④企业内产品加成率的泰尔指数（theilmkp）。由于基尼系数过强的期望性质和不易分解性，因此本章进一步使用泰尔指数指标，企业内产品加成率的泰尔指数定义为

$$\text{theilmpk}_{ft} = \frac{1}{n_{fgt}} \sum_{f=1}^{n_{fgt}} \frac{\text{markup}_{fgt}}{\overline{\text{markup}_{ft}}} \log\left(\frac{\text{markup}_{fgt}}{\overline{\text{markup}_{ft}}}\right) \qquad (8\text{-}22)$$

其中，markup_{fgt} 表示第 t 年企业 f 对应 g 产品的加成率。$\overline{\text{markup}_{ft}}$ 代表第 t 年企业 f 内产品加成率的均值，其他变量定义同上。具体回归结果如表

8-14 所示。

表 8-14 最低工资政策与多产品出口企业产品加成率分布离散度

	（1） sdmkp	（2） CVmkp	（3） ginimkp	（4） theilmkp
Treat×Post04	−0.0038 * （−1.7465）	−0.0079 *** （−3.3197）	−0.0023 ** （−2.3787）	−0.0027 *** （−4.1703）
_cons	−0.1078 *** （−3.8745）	−0.2525 *** （−7.5173）	−0.1165 *** （−8.2397）	−0.0449 *** （−4.5426）
企业特征变量	Yes	Yes	Yes	Yes
城市特征变量	Yes	Yes	Yes	Yes
企业−产品固定效应	Yes	Yes	Yes	Yes
年份固定效应	Yes	Yes	Yes	Yes
N	696205	696205	746401	746401
adj. R^2	0.614	0.764	0.793	0.707

根据表 8-15 的回归结果，企业产品加成率分布离散度对应的代理变量均显著为负，表明最低工资制度的强制实施降低了处理组企业内产品加成率分布的离散程度，降低了企业内部的资源错配程度，总体上有利于多产品出口企业内部的资源配置效率的改善。因此，最低工资政策的强制实施虽然一定程度上降低了企业的产品加成率，但是却促使企业通过技术调整、产品升级、促进产品进入退出等路径提高了核心产品的加成率，从而有利于资源配置效率的改善。正是因为最低工资政策对企业存在这种"倒逼"机制，虽然一定程度上增加了企业的成本，但是从福利的角度确实证明了其合理性，真正实现了劳动者和企业的双赢。结合相关文献和上文的回归结果，最低工资政策对资源配置效率的改善主要有以下三点原因：一是最低工资政策的实施会使高效率的产品进入市场，而低效率的产品退出市场，产品的自选择效应改善了企业内部的资源配置效率；二是最低工资标准的提高和调整在一定程度上起到了倒逼企业技术创新的作用，提高了产品质量，尤其是核心异质性产品的质量，以应对外部冲击可能导致的不利影响；

三是最低工资政策的实施直接作用于产品加成率，改变不同分位数上产品加成率的分布，从而降低了企业内产品加成率的离散程度。为进一步研究最低工资政策对企业内产品加成率分布离散度的影响机制，考察企业内不同分位数产品加成率受最低工资政策冲击的影响差异。本章进一步生成产品加成率均值和 5%、25%、50%、75% 以及 95% 分位的产品加成率，并作为被解释变量，回归结果如表 8-15 所示。由表 8-15 的第（1）~（6）列可知，最低工资政策主要降低了最低分位和最高分位产品加成率，尤其是对第 95% 分位的加成率降低的幅度更大。换言之，最低工资降低两端分位（5%、95%）产品加成率的幅度大于降低中间分位（25%、50%、75%）加成率的幅度，降低了企业内产品加成率分布的离散度，从而有利于资源配置效率的改善。

表 8-15　最低工资政策对不同分位企业产品加成率的影响

	（1） meanmkp	（2） p5mkp	（3） p25mkp	（4） p50mkp	（5） p75mkp	（6） p95mkp
Treat×Post04	−0. 0086 **	−0. 0120 ***	−0. 0064 *	−0. 0065 *	−0. 0058 *	−0. 0212 ***
	（−2. 1570）	（−2. 6301）	（−1. 6600）	（−1. 5909）	（−1. 7565）	（−4. 0446）
_cons	1. 4850 ***	1. 5746 ***	1. 5462 ***	1. 4507 ***	1. 5309 ***	1. 2138 ***
	（27. 2401）	（25. 5726）	（26. 1771）	（24. 1335）	（26. 2458）	（18. 4238）
企业特征变量	Yes	Yes	Yes	Yes	Yes	Yes
城市特征变量	Yes	Yes	Yes	Yes	Yes	Yes
企业-产品固定效应	Yes	Yes	Yes	Yes	Yes	Yes
年份固定效应	Yes	Yes	Yes	Yes	Yes	Yes
N	746401	746401	746401	746401	746401	746401
adj. R^2	0. 849	0. 845	0. 847	0. 846	0. 815	0. 678

二、《中华人民共和国劳动合同法》 实施的影响

由于存在劳动力供给需求不匹配、劳动力供给大于需求等情况，使得

企业中存在大量的劳动派遣员工，1994 年的《中华人民共和国劳动法》难以对劳动派遣员工与企业之间的劳动关系实施有效的保护，尤其是在劳动报酬、劳动时间等方面。在这一背景下，2008 年 1 月 1 日，我国开始正式执行《中华人民共和国劳动合同法》，在五险一金、福利辞退、劳务派遣等方面均进行了完善，明确了单位与劳动者签订劳动合同的性质，并规定了企业违法解除或终止劳动合同时会承担更严厉的法律责任，从而进一步保护员工权益。《中华人民共和国劳动合同法》在保护员工利益的同时，对最低工资制度也进行了要求，要求最低工资制度同样适用于试用期内的劳动关系和被派遣劳动者，并对用人单位支付劳动合同约定的劳动报酬和执行最低工资标准的情况进行了监督检查和定责，其通过更完善的合同制度保障了劳动者权益。《中华人民共和国劳动合同法》的颁布，对最低工资政策进行了重要调整和完善，可能对出口企业行为产生一系列影响，因此，有必要检验这一政策的实施对多产品出口企业产品加成率的影响（见表 8-16）。

表 8-16 　《中华人民共和国劳动合同法》的实施对多产品出口企业产品加成率的影响

	（1） 全样本	（2） 剔除 2005 年之前的样本	（3） 剔除 2007 年之前的样本
Treat×Post08	−0.0339 *** （−3.3080）	−0.0761 *** （−7.0003）	−0.1764 *** （−14.3523）
_cons	1.9072 *** （13.4733）	3.4342 *** （15.0695）	3.6819 *** （5.4490）
企业特征变量	Yes	Yes	Yes
城市特征变量	Yes	Yes	Yes
企业-产品固定效应	Yes	Yes	Yes
年份固定效应	Yes	Yes	Yes
N	2117068	1598848	1224260
adj. R^2	0.858	0.860	0.886

　　表 8-16 第（1）列列示了全样本的检验结果，结果显示，《中华人民共和国劳动合同法》产生的最低工资效应对出口企业加成率的影响显著为负，系数绝对值为 0.0339，即相较于对照组企业，《中华人民共和国劳动合同法》产生的最低工资效应使处理组企业的产品加成率下降了 3.39%。表 8-16 第（2）列列示了剔除 2005 年之前的样本，主要目的是规避 2004 年《最低工资规定》的影响，结果发现 Treat×Post08 对应系数的绝对值提高至 0.0761，影响仍然为负。表 8-16 第（3）列进一步剔除了 2007 年之前的样本，重点对比《中华人民共和国劳动合同法》实施前后的影响，结果发现，Treat×Post08 对应系数的绝对值提高至 0.1764，为第（1）列对应系数绝对值的 5.2 倍，这表明《中华人民共和国劳动合同法》的实施确实显著降低了处理组多产品出口企业的产品加成率。

第九章　结论、政策建议与研究展望

第一节　结论

本书主要对我国出口低加成率问题进行了较为系统且深入的研究，研究的主要结论如下：

（1）我国企业加成率呈整体上升趋势，虽然上升幅度较为缓慢，但是年均增长幅度仍达到了 1.52 个百分点。从垄断类型来看，垄断行业凭借其在政策上的优越性和自身的垄断地位，尤其是在加入 WTO 以后，垄断企业迅速地提升了自身的加成率水平，而非垄断行业内的企业加成率的提升较为缓慢。从所有权类型来看，外商独资企业加成率最高，国有企业增长幅度最大，而民营企业不仅加成率平均水平最低，而且增长速度最慢。由此看来，重点解决好民营企业的技术创新问题，营造有序的市场竞争环境，对我国出口企业加成率水平的总体提升大有裨益。从地区分类看，东部地区由于地理位置导致的竞争效应过大并不利于企业加成率的提高，而 2000 年的西部大开发战略和 2004 年的中部崛起计划地相继提出在一定程度上推动了中西部企业加成率的提升。从产业类型来看，技术密集型产业的企业加成率最高且增长最快，其次为劳动密集型产业，而资本密集型产业最低。从企业规模来看，规模越大的企业，其加成率提高越快。对于小规模企业而言，一般处于初创期，由于自身缺乏足够的抵押品，获得金融机构的外部贷款能力不足，这类企业往往面临着较大的竞争压力和融资约束，因而小规模企业的加成率提高有限。通过测算发现，中国的确存在典型的"出口低加成率陷阱"。

（2）选择效应未能有效发挥和"出口—生产率悖论"典型事实的存在严重制约了我国出口企业实际加成率的提升，这也是解释我国"出口低加成率之谜"的关键。第一，选择效应和竞争效应的相互作用对中国出口企业加成率的提升具有非常重要的影响。选择效应对出口企业加成率的提升具有正向效应，而竞争效应则降低了出口企业加成率。平均而言，选择效应对出口企业加成率的正向影响使其提高了 7.95%，而竞争效应对出口企业加成率的负向影响使其降低了 3.93%，两者相互作用最终导致出口企业实际加成率高于有效加成率 4.02%。第二，出口企业的实际加成率虽不同程度地高于有效加成率，但异质性分组检验结果表明选择效应对出口企业加成率的提升有限，而过大的竞争效应进一步抵减了选择效应的正向影响。具体而言，2000~2006 年，出口企业加成率的净效应从 4.00% 提高到 4.28%，总体略有提升；按所有制分组，国有企业的加成率净效应最为明显，达到 4.32%，而民营企业最低，仅为 3.73%；按地区分组，西部地区出口企业的实际加成率高于有效加成率的程度最大，为 4.59%，而东部企业最低，不足 4.00%；按产业类型分组，劳动密集型产业获得的净效应最高，达到 4.04%，技术密集型产业影响最小，为 4%；按产品质量等级分组，高档质量等级的企业获得的预期效应估计值为 4.14%，而低档质量等级的企业获得的预期效应估计值只有 3.88%。第三，"出口—生产率悖论"典型事实的存在严重制约了我国出口企业实际加成率的提升，同时阻碍了选择效应的有效发挥。稳健性检验发现，全要素生产率可以解释选择效应的 38.99%。第四，对 1998~2007 年的样本进行倾向得分匹配发现，我国出口企业的加成率水平确实低于非出口企业的，存在典型的"出口低加成率陷阱"，二者的主要差距在于选择效应，这一进一步说明选择效应对我国出口企业的促进作用有限。

（3）产业集聚及城市规模的扩大能够显著提升企业的加成率，但城市规模并非越大越好，城市规模扩大到一定程度后，拥挤效应逐渐大于集聚效应，会抑制企业加成率的提升。总体来看，城市规模与企业加成率呈现典型的倒"U"形关系。只是，当前我国的城市规模大多仍处于拐点的左端，仍有很大的规模经济效应潜力。此外，企业规模与企业加成率呈现"U"形关系，只有企业达到一定规模后，才会产生规模经济效应，通过创新能力的提升和生产成本的降低来提升企业加成率。

（4）现阶段提高员工的劳动报酬可以有效促进我国出口企业成本加成率的提升。平均而言，员工获得的劳动报酬每提高 1%，则出口企业成本加成率将提升 0.0495~0.0523 个百分点。从所有制分类来看，由于国有企业内部提升加成率的动力缺失以及高管薪酬过高的问题，致使提高国有企业员工的劳动报酬对出口企业成本加成率的影响程度高于对非国有企业的影响；从行业分类来看，我国技术密集型产业更多的是依靠对国外先进设备的引进和技术模仿，而资本密集型产业更加依靠资金和设备的投入，提高这两类产业的员工劳动报酬对企业加成率的提升影响程度低于劳动密集型产业；从地区分类来看，由于独特的地理位置优势，尤其是劳动力成本普遍上涨使更多企业从沿海地区退出，逐渐向中西部等内陆地区迁移，提高沿海地区员工的劳动报酬更有利于出口企业加成率的提升。提高员工的劳动报酬可以通过强化"质量效应"与"自我选择效应"间接影响出口企业加成率。从"产品质量效应"来看，产品质量对出口企业加成率的中介效应为 0.0676%，即劳动报酬每提高 1%，可以通过促进产品质量提升进而增强出口企业加成率 0.0676 个百分点。从"企业自选择效应"路径来看，全要素生产率对出口企业加成率的中介效应为 0.0101%，即劳动报酬每提高 1%，可以通过促进企业全要素生产率的提升进而增强出口企业加成率 0.0101 个百分点。提高员工的劳动报酬可以通过影响出口企业的产品价格和边际成本进而影响我国出口企业的加成率。当考虑企业动态时，新进出口企业劳动报酬的提高显著降低了产品价格并拉高了边际成本，而在位企业劳动报酬的提高则显著提高了产品价格并降低了边际成本。由于收入差距的扩大不利于企业加成率的提升，对于行业内的企业而言，应重视人力资本对企业的贡献，重点提高高学历员工的薪金待遇。

（5）现阶段提高企业产品质量对我国出口企业加成率的提升有着非常重要的影响。平均而言，产品质量每提高1%，则出口企业的加成率将提升0.0194个百分点。提升出口产品质量的重点在于沿海地区的非国有企业，尤其是非垄断行业内的大量民营企业。由于国有企业尤其是垄断性国有企业，普遍享受政府赋予的限制市场准入和大量的补贴、退税政策，导致内部提升产品质量的动力缺失，从而不利于企业加成率的提高。相比沿海地区，地理位置和基础设施的弱势使内陆地区产品质量的提升并不能有效提高出口企业的加成率。在位企业产品质量的提高显著提升了企业加成率。这主要由于我国内需长期不足，但在企业"走出去"战略的刺激下，大量生产低质量产品的企业涌入出口市场，严重阻碍了企业加成率的提高。对于在位的出口企业而言，面临着大量的新进出口企业，在外部巨大竞争的刺激下使在位企业努力依靠提升产品质量以促进企业加成率的提高。出口市场进入门槛较低仍是该问题的症结所在。产品质量可以通过影响出口企业产品价格和边际成本进而对企业加成率产生影响。

（6）基于Melitz和Polanec（2015）提出的动态OP分解方法对出口企业加成率的分解结果来看，企业内效应和资源再配置效应对我国出口企业加成率增长的贡献率分别为77.89%、22.11%，且企业内效应呈逐年递增趋势，这表明依靠企业自身技术进步提升而带来的加成率增长对于我国出口企业加成率的影响占据主导地位。从资源配置角度来看，一方面，我国主要依靠不断加大技术投入来实现企业或产业的绝对技术进步，过多依赖引进国外设备，未充分发挥人力资本的作用，致使大量资源未有效利用，市场的资源配置始终无法在企业加成率的提高过程中发挥决定性作用；另一方面，中国长期鼓励企业"走出去"，使得大量从事加工贸易的低效率企业涌入出口市场，出口市场的进入门槛较低，导致中国出口企业加成率偏低。

（7）现有研究由于普遍把企业看作一个"黑匣子"，忽视了出口企业面对最低工资政策实施的冲击在企业内部所进行的资源配置行为，最终导致评估最低工资政策对企业绩效的影响过于"片面"。最低工资政策的实施总体上降低了控制组多出口产品企业的产品加成率，但是从企业内部来看，企业可以通过产品差异化调整策略（效应）和质量升级策略（效应）来应对最低工资政策对企业成本上涨带来的不利影响，即一方面，企业内部资源在核心和非核心产品之间配置，最低工资政策使企业内部资源向核心产品倾斜，促进了核心产品加成率的提升；另一方面，最低工资政策倒逼企业通过质量改善来提高核心产品的价格，从而转嫁给消费者，以促进核心产品加成率的提高。本章进一步验证了最低工资政策虽然降低了多产品出口企业的加成率，但却提高了企业内部的资源配置效率，总体上改善了企业的福利，真正实现了劳动者和企业的双赢。这一研究弥补了现有文献忽视了多产品企业的典型事实和多产品出口企业内产品层面结构的"倒逼式"调整和升级，进而片面高估最低工资政策消极影响的不足，有助于重新审视最低工资政策对出口企业行为绩效的影响。

第二节　政策建议

基于以上结论，本书的主要建议如下：

第一，着力提高企业生产率，从根本上有利于出口企业加成率的提升。企业要加大研发投入力度，通过技术创新引致生产率提升，提高高生产效率企业进入出口市场的"选择效应"，以生产率提高促进出口企业跨越"低加成率陷阱"。同时，政府要积极鼓励企业的技术创新行为，设立创新科研基金，对取得重大突破的企业创新行为进行政策性补贴或资金奖励，同时财政要加大基础性研究的投入力度。

第二，优化产业政策，提高出口市场的进入门槛，重点打破国有企业的特权地位，审慎给予国有企业的直接政策补贴和出口优惠措施，积极引导技术密集型产业出口，改变以劳动密集型产业出口为主的局面。另外，由于大量的政府补贴扶持，一方面，使国有企业在面对市场竞争时缺乏有效的激励机制，采取了典型的低成本策略，导致加成率的提升缺乏内生动力；另一方面，使大量低加成率企业选择出口，限制了选择效应的有效发挥。因此，现阶段应重点提升东部地区民营企业的加成率水平。

第三，着力提升本土出口企业的技术优势和品牌优势，重点提升产品质量的工序式研发，努力提升产品的附加值，满足市场多样化需求，以质量促进企业加成率提升。积极落实西部大开发战略和中部崛起计划，促进中西部地区出口企业加成率的提升。减少地区贸易壁垒，降低地区贸易成本。由于国内市场存在严重的分割，应尽可能取消或降低省际、市际的"过路费"，直接降低运输费用，增强国内地区间贸易，使大量高生产效率企业主动选择从事出口贸易活动。同时要重视自身核心产品的开发和销售。核心产品是企业利润增长的关键，在保障核心产品质量提高的基础上，注意核心产品的升级换代和技术改造，以适应市场竞争。

第四，要重点完善企业内部劳资分配关系，合理提高员工的工资性收入。一是对《中华人民共和国劳动法》《中华人民共和国公司法》等相关法律法规做进一步完善，为劳动者获得工资收入创造一个相对自由的环境，提高劳动者地位，平等保护劳资双方权利。二是健全科学的工资水平决定机制、正常增长机制和支付保障机制，推行企业工资集体协商制度，逐步使劳动收入的比重稳定在50%以上，做到以按劳分配为主体。三是结合经济发展、物价等因素，调整相应的最低工资标准，并逐步建立职工工资的正常增长机制，积极稳妥促进中低收入职工劳动报酬合理增长。四是进一步增加公共财政用于社会保障的支出，划拨部分国有企业权益进入社保基金，降低企业和个人负担的社会保障成本；政府要适当降低"五险"上缴比例，并将降低部分直接转化为居民的可支配收入。

第五，要充分发挥市场在资源配置中的决定性作用，建立统一开放、竞争有序的市场体系，保障大量民营企业平等参与出口市场竞争，有效发挥市场竞争对出口产品质量提升的激励效应，着力提升本土出口企业的技术优势和品牌优势。重点提高出口市场进入门槛，加快建立关于出口企业产品质量的分类标准和规范，相关职能部门要加强做好持续监管与审查工作，以外部制度要求促进出口企业产品质量的整体提升。加强对中小企业的扶持，建立完善的、公平的市场竞争环境是其进一步扩大生产的必要条件。在加快供给侧结构性改革的进程中，注重建立微观经济活动的市场环境，真正实现市场在资源配置中的决定性作用。

第六，积极对出口企业实施减税降费，充分释放企业活力。最低工资制度的贯彻和落实保护了员工的权益，但在一定程度上也给企业增加了负担。因此，政府一方面要重点促进企业降成本，积极落实减税降费、下调用电价格等举措，实现有力支持企业发展的目的；另一方面，要重点解决中小企业融资难、融资贵等问题，降低企业融资成本，为中小企业的发展提供扶持政策。

第三节　研究展望

当然，本书要在一个统一的框架下对这一问题做出系统解释是非常困难的。尤其需要指出的是，本书的研究还可以从很多方面做进一步探讨。

第一，在新发展格局下，加快建立全国统一的市场制度规则，打破地方保护和市场分割，加快建设高效规范、公平竞争、充分开放的全国统一大市场对稳外贸和优化企业出口行为具有重大的理论和现实意义。将经济地理与现有主流文献关于贸易和产业的研究相结合是国际贸易领域未来一个非常重要的研究方向，例如，从城市集聚、区位地理、产业园区等角度研究"出口低加成率之谜"，这也是本书未来将关注的方向。

第二，提升员工劳动报酬对国有企业的影响程度高于非国有企业，也进一步验证了国有企业收入分配制度相对于非国有企业矛盾更为突出，国企的利润分配制度从根本上存在较大问题和漏洞，问题的症结在于绩效考核制度是否科学、效率工资核算系数是否合理、经营者业绩数据是否真实等问题。国有企业作为中国经济最有影响力的一部分，每年创造着丰厚的企业利润，其在解决劳动报酬分配问题时，应正确处理"国家、企业、员工"三者之间的收入分配关系，权衡国家与企业各自的权益，解决国有企业与其他非国有企业之间的利润分配关系，并引入外部机制对国企内部员工劳动报酬、职工福利等分配不合理的问题予以监督和整顿。在经济新常态下，面临着跨越潜在"中等收入陷阱"的挑战，建立公平合理的员工劳动报酬分配制度，不仅是改善民生、保持社会和谐，使发展成果更多更公平惠及全体人民的需求，更是抓住供给侧结构性改革重大机遇下，进一步解放生产力、优化经济结构的必由之路。

第三，由于数据限制，本书未能有效分离出产业政策对出口企业"选择效应"影响的净值，这也是一个未来研究产业政策对出口企业加成率影响程度的方向。

参考文献

白重恩、钱震杰：《谁在挤占居民的收入——中国国民收入分配格局分析》《中国社会科学》2009 年第 5 期。

包群、叶宁华、邵敏：《出口学习、异质性匹配与企业生产率的动态变化》，《世界经济》2014 年第 4 期。

陈雯、孙照吉：《劳动力成本与企业出口二元边际》，《数量经济技术经济研究》2016 年第 9 期。

程承坪、张旭、程莉：《工资增长对中国制造业国际竞争力的影响研究——基于中国 1980-2008 年数据的实证分析》，《中国软科学》2012 年第 4 期。

戴觅、余淼杰、Madhura Maitra：《中国出口企业生产率之谜：加工贸易的作用》，《经济学（季刊）》2014 年第 2 期。

都阳、曲玥：《劳动报酬、劳动生产率与劳动力成本优势——对 2000—2007 年中国制造业企业的经验研究》，《中国工业经济》2009 年第 5 期。

樊海潮、郭光远：《出口价格、出口质量与生产率间的关系：中国的证据》，《世界经济》2015 年第 2 期。

范剑勇：《产业集聚与地区间劳动生产率差异》，《经济研究》2006 年第 11 期。

范剑勇、高人元、张雁：《空间效率与区域协调发展战略选择》，《世界经济》2010 年第 2 期。

耿伟、廖显春：《贸易自由化、市场化改革与企业间资源配置——基于生产率分布离散度的视角》，《国际贸易问题》2017 年第 4 期。

郭庆旺、吕冰洋：《论要素收入分配对居民收入分配的影响》，《中国社会科学》2012 年第 12 期。

黄先海、诸竹君、宋学印：《中国出口企业阶段性低加成率陷阱》，《世界经济》2016a 年第 3 期。

黄先海、诸竹君、宋学印：《中国中间品进口企业"低加成率之谜"》，《管理世界》2016b 年第 7 期。

蒋灵多、陆毅：《最低工资标准能否抑制新僵尸企业的形成》，《中国工业经济》2017 年第 11 期。

柯善咨、赵曜：《产业结构、城市规模与中国城市生产率》，《经济研究》2014 年第 4 期。

李春顶：《中国企业"出口—生产率悖论"研究综述》，《世界经济》2015 年第 5 期。

李稻葵：《重视 GDP 中劳动收入比重的下降》，《新财富》2007 年第 9 期。

李卓、赵军：《价格加成、生产率与企业进出口状态》，《经济评论》2015 年第 3 期。

林炜：《企业创新激励：来自中国劳动力成本上升的解释》，《管理世界》2013 年第 10 期。

刘啟仁、黄建忠：《异质出口倾向、学习效应与"低加成率陷阱"》，《经济研究》2015 年第 12 期。

刘修岩：《集聚经济与劳动生产率：基于中国城市面板数据的实证研究》，《数量经济技术经济研究》2009 年第 7 期。

刘修岩、邵军、薛玉立：《集聚与地区经济增长：基于中国地级城市数据的再检验》，《南开经济研究》2012 年第 3 期。

刘修岩、张学良：《集聚经济与企业区位选择——基于中国地级区域企业数据的实证研究》，《财经研究》2010 年第 11 期。

刘长庚、许明、刘一蓓：《员工获得了"公平"的劳动所得吗——基于中国工业企业数据库的测度与验证》，《中国工业经济》2014 年第 11 期。

陆铭：《大国发展——论中国经济的欧洲化》，《当代财经》2015 年第 6 期。

陆旸、蔡昉：《从人口红利到改革红利：基于中国潜在增长率的模型》，《世界经济》2016 年第 1 期。

陆瑶、施新政、刘璐瑶：《劳动力保护与盈余管理——基于最低工资政策变动的实证分析》，《管理世界》2017 年第 3 期。

罗长远、智艳、王钊民：《中国出口的成本加成率效应：来自泰国的证据》，《世界经济》2015 年第 8 期。

马双、张劫、朱喜：《最低工资对中国就业和工资水平的影响》，《经济研究》2012 年第 5 期。

毛其淋、许家云：《中国对外直接投资如何影响了企业加成率：事实与机制》，《世界经济》2016 年第 6 期。

聂辉华、贾瑞雪：《中国制造业企业生产率与资源误置》，《世界经济》2011 年第 7 期。

聂辉华、江艇、杨汝岱：《中国工业企业数据库的使用现状和潜在问题》，《世界经济》2012 年第 5 期。

钱学锋、范冬梅：《国际贸易与企业成本加成：一个文献综述》，《经济研究》2015 年第 2 期。

钱学锋、范冬梅、黄汉民：《进口竞争与中国制造业企业的成本加成》，《世界经济》2016 年第 3 期。

钱学锋、潘莹、毛海涛：《出口退税、企业成本加成与资源误置》，《世界经济》2015 年第 8 期。

钱学锋、王胜、陈勇兵：《中国的多产品出口企业及其产品范围：事实与解释》，《管理世界》2013 年第 1 期。

任曙明、张静：《补贴、寻租成本与加成率——基于中国装备制造企业的实证研究》，《管理世界》2013 年第 10 期。

盛丹：《外资进入是否提高了劳动者的讨价还价能力》，《世界经济》2013 年第 10 期。

盛丹、王永进：《中国企业低价出口之谜——基于企业加成率的视角》，《管理世界》2012 年第 5 期。

施炳展、邵文波：《中国企业出口产品质量测算及其决定因素——培育出口竞争新优势的微观视角》，《管理世界》2014 年第 9 期。

施炳展、王有鑫、李坤望：《中国出口产品品质测度及其决定因素》，《世界经济》2013 年第 9 期。

孙楚仁、田国强、章韬：《最低工资标准与中国企业的出口行为》，《经济研究》2013 年第 2 期。

孙元元、张建清：《中国制造业省际资源配置效率演化：二元边际视角》，《经济研究》2015 年第 10 期。

王会娟、陈锡康：《工资上涨对我国物价和出口品成本的影响分析》，《系统科学与数学》2011 年第 2 期。

王洁玉、郭琪、周沂、贺灿飞：《市场分割对中国制造业增长的影响——区域与产业差异》，《地理科学进展》2013 年第 11 期。

王万珺、沈坤荣、叶林祥：《工资、生产效率与企业出口——基于单位劳动力成本的分析》，《财经研究》2015 年第 7 期。

肖永：《效率工资、效率工资增长模型》，《数量经济技术经济研究》2005 年第 5 期。

徐蕾，尹翔硕：《贸易成本视角的中国出口企业"生产率悖论"解释》，《国际商务（对外经济贸易大学学报）》2012 年第 3 期。

许家云、毛其淋：《人民币汇率水平与出口企业加成率——以中国制造业企业为例》，《财经研究》2016 年第 1 期。

许家云、田朔：《人民币汇率与中国出口企业加成率：基于倍差法的实证分析》，《国际贸易问题》2016 年第 2 期。

许明、邓敏：《产品质量与中国出口企业加成率——来自中国制造业企业的证据》，《国际贸易问题》2016 年第 10 期。

许明、李逸飞：《中国出口低加成率之谜：竞争效应还是选择效应》，《世界经济》2018 年第 8 期。

许明、李逸飞：《最低工资政策、成本不完全传递与多产品加成率调整》，《经济研究》2020 年第 4 期。

许明:《市场竞争、融资约束与中国企业出口产品质量提升》,《数量经济技术经济研究》2016 年第 9 期。

杨汝岱、李艳:《区位地理与企业出口产品价格差异研究》,《管理世界》2013 年第 7 期。

杨汝岱、李艳:《中国出口产品质量研究》,第十五届中国青年经济学者论坛工作论文,2015 年。

杨汝岱:《中国制造业企业全要素生产率研究》,《经济研究》2015a 年第 2 期。

杨汝岱:《中国企业"出口—生产率悖论"典型事实》,《世界经济》2015b 年第 5 期。

叶康涛、王春飞、祝继高:《提高劳动者工资损害公司价值吗?》,《财经研究》2013 年第 6 期。

余子良、佟家栋:《所有制、出口行为与企业融资约束》,《世界经济》2016 年第 3 期。

岳希明、李实、史泰丽:《垄断行业高收入问题探讨》,《中国社会科学》2010 年第 3 期。

张杰、翟福昕、周晓艳:《政府补贴、市场竞争与出口产品质量》,《数量经济技术经济研究》2015 年第 4 期。

张杰、郑文平、翟福昕:《中国出口产品质量得到提升了么》,《经济研究》2014 年第 10 期。

张抗私、郭琦:《产业转型背景下企业的工资激励效应分析》,《中国人口科学》2015 年第 2 期。

张明志、铁瑛:《工资上升对中国企业出口产品质量的影响研究》,《经济学动态》2016 年第 9 期。

赵瑞丽、孙楚仁、陈勇兵:《最低工资与企业价格加成》,《世界经济》2018 年第 2 期。

诸竹君、黄先海、宋学印:《中国企业对外直接投资促进了加成率提升吗?》,《数量经济技术经济研究》2016 年第 6 期。

祝树金、张鹏辉：《出口企业是否有更高的价格加成：中国制造业的证据》，《世界经济》2015 年第 4 期。

祝树金、钟腾龙、李仁宇：《中间品贸易自由化与多产品出口企业的产品加成率》，《中国工业经济》2018 年第 1 期。

Ackerberg D. A. , Caves K. , Frazer G. , "Identification Properties of Recent Production Function Estimators", *Econometrica*, Vol. 83, No. 6, 2015, pp. 2411-2451.

Aghion P. , Blundell R. , Griffth R. , Howitt P. , Prantl S. , "The Effects of Entry on Incumbent Innovation and Productivity", *The Review of Economics Statistics*, Vol. 91, No. I, 2015, pp. 20-32.

Altomonte C. , Barattieri A. , "Endogenous Markups, International Trade and the Product Mix", *Journal of Industry, Competition and Trade*, Vol. 15, No. 3, 2015, pp. 205-221.

Atkeson A, Burstein, A. , "Pricing-to-Market, Trade Cost, and International Relative Prices", *American Economic Review*, Vol. 98, No. 5, 2008, pp. 1998-2013.

Au C. , Henderson J. V. , "Are Chinese cities too small?", *The Review of Economic Studies*, Vol. 73, No. 3, 2006, pp. 549-576.

Baily M. N. , Hulten C. , et al. , "Productivity Dynamics in Manufacturing Plants", *Brookings Papers on Economic Activity: Microeconomics*. 1992, pp. 187-267.

Baldwin R. E. , "Agglomeration and Endogenous Capital", *European Economic Review*, Vol. 43, No. 2, 1999, pp. 253-280.

Baldwin R. E. , Okubo T. , "Heterogeneous Firms, Agglomeration and Economic Geography: Spatial Selection and Sorting", *Journal of Economic Geography*, Vol. 6, No. 3, 2006, pp. 323-346.

Baldwin R. , Forslid R. , Martin P. , et al. , *Economic Geography and Public Policy*, New Jersey: Princeton University Press, 2003.

Baldwin R., Harrigan J., "Zeros, Quality, and Space: Trade Theory and Trade Evidence", *American Economic Journal: Microeconomics*, Vol. 3, No. 2, 2011, pp. 60-88.

Baldwin R., Venables A. J., "Spiders and Snakes: Offshoring and Agglomeration in the Global Economy", *Journal of International Economics*, Vol. 90, No. 2, 2013, pp. 245-254.

Barou R. M., Kenny D. A., "The Moderator - mediator Variable Distinction in Social Psychological Research: Conceptual, Strategic, and Statistical Considerations", *Journal of Personality & Social Psychology*, Vol. 51, No. 6, 1986, p. 1173.

Bellone F., Musso P., Nesta L., Warzynski F., "International Trade and Firm-level Markups when Location and Quality Matter", *Journal of Economic Geography*, Nol. 16, No. 1, 2016, pp. 67-91.

Bernard A. B., Eaton J., Jensen J. B., Kortum S., "Plants and Productivity in International Trade.", *American Economic Review*, Vol. 93, No. 4, 2003, pp. 1268-1290.

Bernard A. B., Jensen J. B., "Exceptional Exporter Performance: Cause, Effect, or Both?", *Journal of International Economics*, Vol. 47, No. 1, 1999, pp. 1-25.

Bernard A. B., Jensen J. B., Redding S. J., Schott P. K., "Firms in International Trade", *Scientific Management Research*, Vol. 21, No. 3, 2008, pp. 105-130.

Bernard A. B., Stephen J. R., Schott P. K., "Multiple - product Firms and Product Switching", *American Economic Review*, Vol. 100, No. 1, 2010, pp. 70-97.

Bernard A. B., Stephen J. R., Schott P. K., "Multiproduct Firms and Trade Liberalization", *Quarterly Journal of Economics*, Vol. 126, No. 3, 2011, pp. 1271-1318.

Berthou A., Fontagné L., "How Does Multiple‐product Exporters React to a Change in Trade Costs", *Scandinavian Journal of Economics*, Vol. 155, No. 2, 2013, pp. 326-353.

Brandt L., Biesebroeck J. V., Zhang Y., "Creative Accounting or Creative Destruction? Firm‐level Productivity Growth in Chinese Manufacturing", *Journal of Development Economics*, Vol. 97, No. 2, 2012, pp. 339-351.

Brecher R. A., "Minimum Wage Rates and the Pure Theory of International Trade", *Quarterly Journal of Economics*, Vol. 88, No. 1, 1974, pp. 98-116.

Cassiman B., Vanormelingen S., "Profiting from Innovation: Firm Level Evidence on Markups", Cepr Discussion Papers, 2013.

Coase, "The Nature of the Firm", *Economica*, No. 4, 1937, pp. 386-406.

Crozet M. K. H., Tybout J., "Quality Sorting and Trade: Firm‐level Evidence for French Wine", *Review of Economic Studies*, Vol. 79, No, 2, 2012, pp. 609-644.

De Loeckerc J., Warzynski F., "Markups and Firm‐level Export Status", *American Economic Review*, Vol. 102, No. 6, 2012, pp. 2437-2471.

De Loecker J., Goldberg P. K., "Firm Performance in a Global Market", American Review of Economics, 2014, pp. 201-227.

De Loecker J., Goldberg P. K., Khandelwal A. K., Pavcnik N., "Prices, Markups, and Trade Reform", *Econometrica*, Vol. 84, No. 2, 2016, pp. 445-510.

Dixit A. K., Stiglitz J. E., "Monopolistic Competition and Optimum Product Diversity", American Economic Review, Vol. 67, No. 3, 1977, pp. 297-308.

Duranton G., Puga D., *Micro‐foundations of Urban Agglomeration Economics*, Handbook of Regional and Urban Economics 4. Amsterdan: NorthHolland, 2004.

Domowitz I., Hubbard R. G., Petersen B. C., "Market Structure and Cyclical Fluctuations in U. S. Manufacturing", *The Review of Economics and Statis-*

tics, Vol. 77, No. 1, 1988, pp. 55-66.

Draca M., Machin S., Van Reenen J., "Minimum Wages and Firm Profitability", *American Economic Journal: Applied Economics*, Vol. 3, No. 1, 2011, pp. 129-151.

Dube A., Lester T. W., Reich M., "Minimum Wage Effects across State Borders: Estimates Using Contiguous Counties", *Review of Economics and Statistics*, Vol. 92, No. 4, 2010, pp. 945-964.

Eckel C., Neary J. P., "Multi-product Firms and Flexible Manufacturing in the Global Economy", *Review of Economic Studies*, Vol. 77, No. 1, 2010, pp. 188-217.

Edmond C., Midrigan V., Xu D. Y., "Competition, Markups, and the Gains from International Trade", *American Economic Review*, Vol. 105, No. 10, 2015, pp. 3183-3221.

Egger H., Markusen J. R., "International Welfare and Employment Linkages Arising From Minimum Wages", *International Economic Review*, Vol. 53, No. 3, 2012, pp. 771-790.

Fajgelbaum P., Helpman E., "Income Distribution, Product Quality and International Trade", *Journal of Political Economy*, Vol. 119, No. 4, 2011, pp. 721-765.

Fan H., Gao X., Yao A. L., Tuan L. A., "Trade Liberalization and Markups: Micro Evidence from China", *Journal of Comparative Economics*, Vol. 46, No. 1, 2018, pp. 103-130.

Feenstra R. C., "Measuring the Gains from Trade under Monopolistic Competition", *Canadian Journal of Economics*, Vol. 43, No. 1, 2010, pp. 1-28.

Fujita M., Thisse J. F., *Economics of Agglomeration: Cities, Industrial Location, and Regional Growth*, Cambridge, Cambridge University Press, 2002.

Gan L., Hernandez M. A., Ma S., "The Higher Costs of Doing Business in China: Minimum Wages and Firms' Export Behavior", *Journal of Interna-*

tional Economics, Vol. 100, 2016, pp. 81−94.

Goldberg P. , Khandelwal A. , Pavcnik N. , Topalova P. B. , "Multiple−product Firms and Product Turnover in the Developing Word: Evidence from India", *Review of Economics and Statistics*, Vol. 92, No. 4, 2010, pp. 1042−1049.

Haepp T. , Carl L. , "How Does the Minimum Wage Affect Firm Investments in Fixed and Human Capital? Evidence from China", *Review of Development Economic*, Vol. 21, No. 4, 2017, pp. 1057−1080.

Hallak J. C. , "A Product−Quality View of The Linder Hypothesis", *Social Science Electronic Publishing*, Vol. 92, No. 3, 2006, pp. 453−466.

Hallak J. C. , Sivadasan J. , "Product and Process Productivity: Implications for Quality Choice and Conditional Exporter Premia", *Journal of International Economics*, Vol. 91, No. I, 2013, pp. 53−67.

Hall R. E. , "Market Structure and Macroeconomic Fluctuations", *Brookings Papers on Economic Activity*, No. 2, 1986, pp. 285−322.

Henderson V. , "Extemalities and Industrial Development", *Journal of Urban Economics*, Vol. 42, 1997, pp. 449−470.

Hsieh C. T. , Klenow P. J. , "Misallocation and Manufacturing TFP in China and India", *Quarterly Journal of Economics*, Vol. 124, No. 4, 2009, pp. 1403−1448.

José A. , Huet−Vaughn E. , Marinescu I. , Taska B. , von Wachter T. , "Minimum Wage Employment Effects and Labor Market Concentration", NBER Working Paper, 2019.

Katz L. , Krueger A. , "The Effect of the Minimum Wage on the Fast Food Industry", *Industrial and Labor Relations Review*, Vol. 46, No. 1, 1992, pp. 6−21.

Khandelwal A. , "The Long and Short of Quality Ladders" *Review of Economic Studies*, Vol. 77, No. 4, 2010, pp. 1450−1476.

Kleibergen F. , Paap R. , "Generalized Reduced Rank Tests Using the Singular Value Decomposition", *Journal of Econometrics*, Vol. 133, No. 1, 2006, pp. 97−126.

Konings J. , Van Cayseele P. , Warzynski F. , "The Effects of Privatization and International Competitive Pressure on Firms' Price − Cost Margins: Micro Evidence from Emerging Economies", *The Review of Economics and Statistics*, Vol. 87, No. 1, 2005, pp. 124−134.

Krugman P. , *Geography and Trade*, Leuven: Leuven University Press, 1991a.

Krugman P. , "Increasing Returns and Economic Geography", *Journal of Political Economy*, Vol. , 99, No. 3, 1991b, pp. 483−499.

Krugman P. , Venables A. J. , "Globalization and the Inequality of Nations" *The Quarterly Journal of Economics*, Vol. 110, No. 4, 1995, pp. 857−880.

Kugler M. , Verhoogen E. , "Prices, Plant Size, and Product Quality", *Review of Economic Studies*, Vol. 79, No. 1, 2012, pp. 307−339.

Kumbhakar S. C. , Lovell C. A. , *A Stochastic Frontier Analysis*, New Yerk: Cambridge University Press, 2000.

Kumbhakar S. C. , Parmeter C. F. , "The Effects of Match Uncertainty and Bargaining on Labor Market Outcomes: Evidence from Firm and Worker Specific Estimates", *Journal of Productivity Analysis*, Vol. 31, No. 1, 2009, pp. 1−14.

Lemos S. , "A Survey of the Effects of the Minimum Wage on Prices", *Journal of Economic Surveys*, Vol. 22, No. 1, 2008, pp. 187−212.

Lopresti J. W. , Mumford K. J. , "Who Benefits from a Minimum Wage Increase", Upjohn Institute Working Paper, 2015.

Lucas R. E. J. , "On the Mechanics of Economic Development", *Journal of Monetary Economics*, Vol. 22, 1988, pp. 3−42.

Lu Y. , Yu, L. , "Trade Liberalization and Markup Dispersion: Evidence from China's WTO Accession", *American Economic Journal: Applied Economics*, Vol. 7, No. 4, 2015, pp. 221−253.

Marshall A. , *Principles of Economics*, London: Macmillan Press, 1890.

Maynerisy F. , Poncet S. , Zhang T. , "Improving or Disappearing Firm-level Adjustments to Minimum Wages in China", *Journal of Development Economic*, Vol. 135, 2018, pp. 20-42.

Melitz M. J. , Ottaviano G. I. P. , "Market Size, Trade and Productivity", *Review of Economic Studies*, Vol. 75, No. 1, 2008, pp. 295-316.

Melitz M. J. , Polanec S. , "Dynamic Olley-Pakes Productivity Decomposition with Entry and Exit", *The RAND Journal of Economics*, Vol. 46, No. 2, 2015, pp. 362-375.

Melitz M. J. , Polanec S. , "Dynamic Olley-Pakes Productivity Decomposition with Entry and Exit", *The RAND Journal of Economics*, Vol. 46, No. 2, 2015, pp. 362-375.

Melitz M. J. , "The Impact of Trade on Intra-industry Reallocations and Aggregate Industry Productivity", *Econometrica*, Vol. 71, No. 6, 2003, 1695-1725.

Murphy K. M. , Shleifer A. , "Quality and Trade", *Social Science Electronic Publishing*, Vol. 53, No. 53, 1997, pp. 1-15.

Neumark D, William W. , "Minimum Wages and Employment: A Case Study of the Fast-food Industry in New Jersey and Pennsylvania: Comment", *American Economic Review*, Vol. 90, No. 5, 2000, pp. 1362-1396.

Peters M. , "Heterogeneous Mark-ups, Growth and Endogenous Misallocation", The London School of Economics and Political Science, London, UK, 2013.

Piveteau P. , Smagghue G. , *A New Method for Quality Estimation Using Trade Data An Application to French Firms*, Mew York: Columbia University, 2013.

Polachek S. W. , Yoon B. J. , "Panel Estimates of A Two-tiered Earnings Frontier", *Journal of Applied Econometrics*, Vol. 11, No. 2, 1996, pp. 169-178.

Rosenbaum P. R. , Rubin D. B. , "The Central Role of the Propensity Score in Observational Studies for Causal Effect", *Biometrika*, Vol. 70, No. 1, 1983, pp. 41-55.

Schweinberger A. G. , "Employment Subsidies and the Theory of Minimum Wage Rates in General Equilibrium", *Quarterly Journal of Economics*, Vol. 92, No. 3, 1978, pp. 361–374.

Seguino S. , "Is More Mobility Good?: Firm Mobility and the Low Wage–low Productivity Trap", *Structural Change & Economic Dynamics*, Vol. 18, No. 1, 2007, pp. 27–51.

Seguino S. , "The Effects of Structural Change and Economic Liberalisation on Gender Wage Differentials in South Korea and Taiwan", *Cambridge Journal of Economics*, Vol. 24, No. 4, 2000, pp. 437–459.

Sembenelli A, Siotis G. , "Foreign Direct Investment and Mark–up Dynamics: Evidence from Spanish Firms", *Journal of International Economics*, Vol. 76, No. 1, 2008, pp. 107–115.

Schank T. , Schnabel C. , Wagner J. , "Higher Wages in Exporting Firms: Self-selection, Export Effect, or Both? First Evidence from Linked Employer–employeeData", *Review of World Economics*, Vol. 146, No. 2, 2010, pp. 303–322.

Tybout J. R. , "Plant and Firm – level Evidence on 'New' trade Theories", Handbook of International Trade, 2003, pp. 388–415.

Verhoogen E. A. , "Trade, Quality Upgrading, and Wage Inequality the Mexican Manufacturing Sector", *The Quarterly Journal of Economics*, Vol. 123, No. 2, 2008, pp. 489–530.

Williamson O. E. , *The Economic Institutions of Capitalism: Firms, Markets, and Relational Contracting*, New York: The Free Press, 1985.

Yellen J. L. , "Efficiency Wage Models of Unemployment", *American Economic Review*, Vol. 74, No. 2, 1984, pp. 200–205.

Yu M. J. , "Processing Trade, Tariff Reductions and Firm Productivity: Evidence from Chinese Firms", *Economic Journal*, Vol. 125, No. 585, 2015, pp. 943–988.

索　引

A

ACF 两步法　5，14，21，29，56，57，114，116，137，138，142，160，161

B

标准误　121，130，144，146，149，190，192

C

产品加成率　4，8，9，11，157，167－173，175，177，179，181－205，207－211，217

产品质量　2－6，9－11，14，16，48，49，51，54，58－61，63，74，105，107，108，110，111，116－120，126，128－130，132－135，137－154，163，167，171，182，196，202，203，208，214－216，218，219

产业集聚　9，10，79－81，83，85，87－89，91，93，95－101，103，166，214

出口低加成率陷阱　1－3，17，42，78，106－108，170，214

出口低加成率之谜　2－4，6－11，13，14，39，45－51，53，55，57，59，61，63，65，67，69，71，73，75－77，106，107，155－157，159，161，163，165，214，219

D

多产品　11，157，167，169，171－173，175－177，179，181－185，187，189－201，203，205，207－211，217

G

供给侧结构性改革　3，10，11，46，106，109，134，150，156，219，220

H

Heckman 两步法　11，125－128，135，

147-149

J

加成率 1-23，25，27，29-43，45-51，
53-56，58-60，62-81，83，85-103，
105-117，119-139，141-161，163-
167，169-172，179，181，182，184，
187，192，193，196，197，200，201，
204，207-211，213-218，220

竞争效应 2-4，6-10，14，34，36，
39，43，45，48-51，53，54，63-
75，77，78，80，107，152，213，214

K

柯布-道格拉斯生产函数 56，114，137

L

LP法 21，56，114，137，160
劳动报酬 2，10，19，105-113，115，
117，119-132，160，173，210，215，
218-220

O

OP法 21，56，76，100-102，114，
137，160

Q

全要素生产率 3，7，10，14，22，40，
51，54，58，60，63，64，76，77，
94，95，105，115，116，119，120，
128-131，135，136，138，149，152，
161，163，166，183，187，189，199，
200，214，215

S

SFA 10，14
生产函数 4，5，9，14，17-22，47，
49，55-58，82，83，86，87，89，
109，112，114，115，134，136，137，
142，158-161，184，185

W

稳健性 11，54，63，64，69，75-77，
88，98，99，101，103，124，126，
127，147，148，192，193，214

X

形成机制 2，3，11，13，152，155-
157，159，161，163，165
选择效应 2-4，6-10，14，39，45，
48-51，53，54，63-75，77，78，80，

91，105，107，109－111，124，128－130，181，196，198－200，208，214，215，217，218，220

196，198，201－204，208，214

优化路径　2，3，8，9，13

Z

Y

资源配置　4，7－9，11，17，31，93，110，124，141，155－157，159，161，163－165，167，169－172，175，197，200，206－209，216－219

异质性　20，23，45，55，63，66，81，107，108，111，112，122，123，134，136，145，146，148，170，181，194，

专家推荐表

第十批《中国社会科学博士后文库》专家推荐表 1

　　《中国社会科学博士后文库》由中国社会科学院与全国博士后管理委员会共同设立，旨在集中推出选题立意高、成果质量高、真正反映当前我国哲学社会科学领域博士后研究最高学术水准的创新成果，充分发挥哲学社会科学优秀博士后科研成果和优秀博士后人才的引领示范作用，让《文库》著作真正成为时代的符号、学术的示范。

推荐专家姓名	王燕梅	电　话	
专业技术职务	研究员	研究专长	产业经济学
工作单位	中国社会科学院工业经济研究所	行政职务	《中国工业经济》编辑部主任
推荐成果名称	中国出口低加成率之谜：形成机制与优化路径		
成果作者姓名	许明		

（对书稿的学术创新、理论价值、现实意义、政治理论倾向及是否具有出版价值等方面做出全面评价，并指出其不足之处）

　　自 2015 年以来，中国学术界开始关注企业的加成率，尤其是"为什么出口企业的加成率更低"的问题成为了研究的热点，《中国出口低加成率之谜：形成机制与优化路径》恰恰对中国的出口低加成率问题进行了系统的解读和探究。这一研究对促进中国出口企业国际市场竞争力的提升和跨越"出口低加成率陷阱"具有重要的意义。

　　该研究的主要创新点：一是将"竞争效应"和"选择效应"与企业加成率的分析置于统一的分析框架，进一步挖掘出出口低加成率背后的经济逻辑，对接新新贸易理论，合理解释中国目前所面临的出口低加成率之谜，丰富了关于中国出口企业加成率的研究。二是系统地从收入分配、产品质量、经济地理、"出口—生产率悖论"等关键角度解答了如何提高我国出口企业的加成率问题。

　　这一研究是用中国的发展实践对理论和实证模型进行构建和改进，是现代经济理论应用于中国本土化研究的重要实践，有助于推动我国经济学研究"问题本土化、视野国际化、方法规范化"，对相关领域内的后续研究具有重要的参考价值和借鉴意义。该研究政治观点正确，研究较为系统，研究结论可靠。建议未来考虑从区位地理、产业园区等角度研究中国"出口低加成率之谜"。

　　特此推荐！

签字：王燕梅

2021 年 3 月 11 日

说明：该推荐表须由具有正高级专业技术职务的同行专家填写，并由推荐人亲自签字，一旦推荐，须承担个人信誉责任。如推荐书稿入选《文库》，推荐专家姓名及推荐意见将印入著作。

第十批《中国社会科学博士后文库》专家推荐表2

《中国社会科学博士后文库》由中国社会科学院与全国博士后管理委员会共同设立，旨在集中推出选题立意高、成果质量高、真正反映当前我国哲学社会科学领域博士后研究最高学术水准的创新成果，充分发挥哲学社会科学优秀博士后科研成果和优秀博士后人才的引领示范作用，让《文库》著作真正成为时代的符号、学术的示范。

推荐专家姓名	刘戒骄	电　话	
专业技术职务	研究员	研究专长	产业经济学
工作单位	中国社会科学院 工业经济研究所	行政职务	
推荐成果名称	中国出口低加成率之谜：形成机制与优化路径		
成果作者姓名	许明		

（对书稿的学术创新、理论价值、现实意义、政治理论倾向及是否具有出版价值等方面做出全面评价，并指出其不足之处）

《中国出口低加成率之谜：形成机制与优化路径》系统研究了中国出口企业低加成率之谜问题，从竞争—选择效应、产品质量、空间集聚、收入分配等视角对中国出口低加成率问题进行了解释，主要创新点体现在两个方面：一是从微观视角对中国企业加成率的动态格局进行了研究，有助于了解中国企业加成率的现状及趋势；二是从收入分配、经济地理等视角切入，结合不同企业的实际情况，可以有助于为相关政策的制定提供一定的借鉴。

这一研究具有重要的理论价值和现实意义，一方面，该研究基于M-O的扩展模型，构建了一个包含"竞争效应"和"选择效应"共同影响企业加成率的统一框架，从新新贸易理论合理解释了中国目前所面临的出口低加成率之谜；另一方面，研究的主要结论能够为未来政策的制定提供依据，帮助政策制定者为相关政策的"落地"提供参考和借鉴。

本研究政治观点正确，是目前学术界重点关注的热点问题，并具有较强的政策性，符合《文库》选稿的标准。建议未来研究可以进一步考虑创新对企业加成率的影响。

特此推荐！

签字：刘戒骄

2021 年 3 月 11 日

说明：该推荐表须由具有正高级专业技术职务的同行专家填写，并由推荐人亲自签字，一旦推荐，须承担个人信誉责任。如推荐书稿入选《文库》，推荐专家姓名及推荐意见将印入著作。

经济管理出版社
《中国社会科学博士后文库》
成果目录

第一批《中国社会科学博士后文库》

序号	书　名	作　者
1	《"中国式"分权的一个理论探索》	汤玉刚
2	《独立审计信用监管机制研究》	王　慧
3	《对冲基金监管制度研究》	王　刚
4	《公开与透明：国有大企业信息披露制度研究》	郭媛媛
5	《公司转型：中国公司制度改革的新视角》	安青松
6	《基于社会资本视角的创业研究》	刘兴国
7	《金融效率与中国产业发展问题研究》	余　剑
8	《进入方式、内部贸易与外资企业绩效研究》	王进猛
9	《旅游生态位理论、方法与应用研究》	向延平
10	《农村经济管理研究的新视角》	孟　涛
11	《生产性服务业与中国产业结构演变关系的量化研究》	沈家文
12	《提升企业创新能力及其组织绩效研究》	王　涛
13	《体制转轨视角下的企业家精神及其对经济增长的影响》	董　昀
14	《刑事经济性处分研究》	向　燕
15	《中国行业收入差距问题研究》	武　鹏
16	《中国土地法体系构建与制度创新研究》	吴春岐
17	《转型经济条件下中国自然垄断产业的有效竞争研究》	胡德宝

第二批《中国社会科学博士后文库》

序号	书　名	作　者
1	《国有大型企业制度改造的理论与实践》	董仕军
2	《后福特制生产方式下的流通组织理论研究》	宋宪萍
3	《基于场景理论的我国城市择居行为及房价空间差异问题研究》	吴　迪
4	《基于能力方法的福利经济学》	汪毅霖
5	《金融发展与企业家创业》	张龙耀
6	《金融危机、影子银行与中国银行业发展研究》	郭春松
7	《经济周期、经济转型与商业银行系统性风险管理》	李关政
8	《境内企业境外上市监管问题研究》	刘　轶
9	《生态维度下土地规划管理及其法制考量》	胡耘通
10	《市场预期、利率期限结构与间接货币政策转型》	李宏瑾
11	《直线幕僚体系、异常管理决策与企业动态能力》	杜长征
12	《中国产业转移的区域福利效应研究》	孙浩进
13	《中国低碳经济发展与低碳金融机制研究》	乔海曙
14	《中国地方政府绩效管理研究》	朱衍强
15	《中国工业经济运行效益分析与评价》	张航燕
16	《中国经济增长：一个"破坏性创造"的内生增长模型》	韩忠亮
17	《中国老年收入保障体系研究》	梅　哲
18	《中国农民工的住房问题研究》	董　昕
19	《中美高管薪酬制度比较研究》	胡　玲
20	《转型与整合：跨国物流集团业务升级战略研究》	杜培枫

第三批《中国社会科学博士后文库》

序号	书　名	作　者
1	《程序正义与人的存在》	朱　丹
2	《高技术服务业外商直接投资对东道国制造业效率影响的研究》	华广敏
3	《国际货币体系多元化与人民币汇率动态研究》	林　楠
4	《基于经常项目失衡的金融危机研究》	匡可可
5	《金融创新与监管及其宏观效应研究》	薛昊旸
6	《金融服务县域经济发展研究》	郭兴平
7	《军事供应链集成》	曾　勇
8	《科技型中小企业金融服务研究》	刘　飞
9	《农村基层医疗卫生机构运行机制研究》	张奎力
10	《农村信贷风险研究》	高雄伟
11	《评级与监管》	武　钰
12	《企业吸收能力与技术创新关系实证研究》	孙　婧
13	《统筹城乡发展背景下的农民工返乡创业研究》	唐　杰
14	《我国购买美国国债策略研究》	王　立
15	《我国行业反垄断和公共行政改革研究》	谢国旺
16	《我国农村剩余劳动力向城镇转移的制度约束研究》	王海全
17	《我国吸引和有效发挥高端人才作用的对策研究》	张　瑾
18	《系统重要性金融机构的识别与监管研究》	钟　震
19	《中国地区经济发展差距与地区生产率差距研究》	李晓萍
20	《我国国有企业对外直接投资的微观效应研究》	常玉春
21	《中国可再生能源决策支持系统中的数据、方法与模型研究》	代春艳
22	《中国劳动力素质提升对产业升级的促进作用分析》	梁泳梅
23	《中国少数民族犯罪及其对策研究》	吴大华
24	《中国西部地区优势产业发展与促进政策》	赵果庆
25	《主权财富基金监管研究》	李　虹
26	《专家对第三人责任论》	周友军

第四批 《中国社会科学博士后文库》

序号	书 名	作 者
1	《地方政府行为与中国经济波动》	李 猛
2	《东亚区域生产网络与全球经济失衡》	刘德伟
3	《互联网金融竞争力研究》	李继尊
4	《开放经济视角下中国环境污染的影响因素分析研究》	谢 锐
5	《矿业权政策性整合法律问题研究》	郗伟明
6	《老年长期照护：制度选择与国际比较》	张盈华
7	《农地征用冲突：形成机理与调适化解机制研究》	孟宏斌
8	《品牌原产地虚假对消费者购买意愿的影响研究》	南剑飞
9	《清朝旗民法律关系研究》	高中华
10	《人口结构与经济增长》	巩勋洲
11	《食用农产品战略供应关系治理研究》	陈 梅
12	《我国低碳发展的激励问题研究》	宋 蕾
13	《我国战略性海洋新兴产业发展政策研究》	仲雯雯
14	《银行集团并表管理与监管问题研究》	毛竹青
15	《中国村镇银行可持续发展研究》	常 戈
16	《中国地方政府规模与结构优化：理论、模型与实证研究》	罗 植
17	《中国服务外包发展战略及政策选择》	霍景东
18	《转变中的美联储》	黄胤英

第五批《中国社会科学博士后文库》

序号	书　名	作　者
1	《财务灵活性对上市公司财务政策的影响机制研究》	张玮婷
2	《财政分权、地方政府行为与经济发展》	杨志宏
3	《城市化进程中的劳动力流动与犯罪：实证研究与公共政策》	陈春良
4	《公司债券融资需求、工具选择和机制设计》	李　湛
5	《互补营销研究》	周　沛
6	《基于拍卖与金融契约的地方政府自行发债机制设计研究》	王治国
7	《经济学能够成为硬科学吗?》	汪毅霖
8	《科学知识网络理论与实践》	吕鹏辉
9	《欧盟社会养老保险开放性协调机制研究》	王美桃
10	《司法体制改革进程中的控权机制研究》	武晓慧
11	《我国商业银行资产管理业务的发展趋势与生态环境研究》	姚　良
12	《异质性企业国际化路径选择研究》	李春顶
13	《中国大学技术转移与知识产权制度关系演进的案例研究》	张　寒
14	《中国垄断性行业的政府管制体系研究》	陈　林

第六批《中国社会科学博士后文库》

序号	书　　名	作　者
1	《城市化进程中土地资源配置的效率与平等》	戴媛媛
2	《高技术服务业进口对制造业效率影响研究》	华广敏
3	《环境监管中的"数字减排"困局及其成因机理研究》	董　阳
4	《基于竞争情报的战略联盟关系风险管理研究》	张　超
5	《基于劳动力迁移的城市规模增长研究》	王　宁
6	《金融支持战略性新兴产业发展研究》	余　剑
7	《粮食流通与市场整合——以乾隆时期长江中游为中心的考察》	赵伟洪
8	《文物保护绩效管理研究》	满　莉
9	《我国开放式基金绩效研究》	苏　辛
10	《医疗市场、医疗组织与激励动机研究》	方　燕
11	《中国的影子银行与股票市场：内在关联与作用机理》	李锦成
12	《中国应急预算管理与改革》	陈建华
13	《资本账户开放的金融风险及管理研究》	陈创练
14	《组织超越——企业如何克服组织惰性与实现持续成长》	白景坤

第七批《中国社会科学博士后文库》		
序号	书　名	作　者
1	《行为金融视角下的人民币汇率形成机理及最优波动区间研究》	陈　华
2	《设计、制造与互联网"三业"融合创新与制造业转型升级研究》	赖红波
3	《复杂投资行为与资本市场异象——计算实验金融研究》	隆云滔
4	《长期经济增长的趋势与动力研究：国际比较与中国实证》	楠　玉
5	《流动性过剩与宏观资产负债表研究：基于流量存量一致性框架》	邵　宇
6	《绩效视角下我国政府执行力提升研究》	王福波
7	《互联网消费信贷：模式、风险与证券化》	王晋之
8	《农业低碳生产综合评价与技术采用研究——以施肥和保护性耕作为例》	王珊珊
9	《数字金融产业创新发展、传导效应与风险监管研究》	姚　博
10	《"互联网+"时代互联网产业相关市场界定研究》	占　佳
11	《我国面向西南开放的图书馆联盟战略研究》	赵益民
12	《全球价值链背景下中国服务外包产业竞争力测算及溢出效应研究》	朱福林
13	《债务、风险与监管——实体经济债务变化与金融系统性风险监管研究》	朱太辉

第八批《中国社会科学博士后文库》

序号	书 名	作 者
1	《分配正义的实证之维——实证社会选择的中国应用》	汪毅霖
2	《金融网络视角下的系统风险与宏观审慎政策》	贾彦东
3	《基于大数据的人口流动流量、流向新变化研究》	周晓津
4	《我国电力产业成本监管的机制设计——防范规制合谋视角》	杨菲菲
5	《货币政策、债务期限结构与企业投资行为研究》	钟 凯
6	《基层政区改革视野下的社区治理优化路径研究：以上海为例》	熊 竞
7	《大国版图：中国工业化 70 年空间格局演变》	胡 伟
8	《国家审计与预算绩效研究——基于服务国家治理的视角》	谢柳芳
9	《包容型领导对下属创造力的影响机制研究》	古银华
10	《国际传播范式的中国探索与策略重构——基于会展国际传播的研究》	郭 立
11	《唐代东都职官制度研究》	王 苗

第九批《中国社会科学博士后文库》

序号	书　名	作　者
1	《中度偏离单位根过程前沿理论研究》	郭刚正
2	《金融监管权"三维配置"体系研究》	钟　震
3	《大股东违规减持及其治理机制研究》	吴先聪
4	《阶段性技术进步细分与技术创新效率随机变动研究》	王必好
5	《养老金融发展及政策支持研究》	娄飞鹏
6	《中等收入转型特征与路径：基于新结构经济学的理论与实证分析》	朱　兰
7	《空间视角下产业平衡充分发展：理论探索与经验分析》	董亚宁
8	《中国城市住房金融化论》	李　嘉
9	《实验宏观经济学的理论框架与政策应用研究》	付婷婷

<table>
<tr><th colspan="3">第十批《中国社会科学博士后文库》</th></tr>
<tr><th>序号</th><th>书　名</th><th>作　者</th></tr>
<tr><td>1</td><td>《中国服务业集聚研究：特征、成因及影响》</td><td>王　猛</td></tr>
<tr><td>2</td><td>《中国出口低加成率之谜：形成机制与优化路径》</td><td>许　明</td></tr>
<tr><td>3</td><td>《易地扶贫搬迁中的农户搬迁决策研究》</td><td>周君璧</td></tr>
<tr><td>4</td><td>《中国政府和社会资本合作发展评估》</td><td>程　哲</td></tr>
<tr><td>5</td><td>《公共转移支付、私人转移支付与反贫困》</td><td>解　垩</td></tr>
<tr><td>6</td><td>《基于知识整合的企业双元性创新平衡机制与组织实现研究》</td><td>李俊华</td></tr>
<tr><td>7</td><td>《我国流域水资源治理协同绩效及实现机制研究》</td><td>陈新明</td></tr>
<tr><td>8</td><td>《现代中央银行视角下的货币政策规则：理论基础、国际经验与中国的政策方向》</td><td>苏乃芳</td></tr>
<tr><td>9</td><td>《警察行政执法中法律规范适用的制度逻辑》</td><td>刘冰捷</td></tr>
<tr><td>10</td><td>《军事物流网络级联失效及抗毁性研究》</td><td>曾　勇</td></tr>
<tr><td>11</td><td>《基于铸牢中华民族共同体意识的苗族经济史研究》</td><td>孙　咏</td></tr>
</table>

《中国社会科学博士后文库》
征稿通知

  为繁荣发展我国哲学社会科学领域博士后事业，打造集中展示哲学社会科学领域博士后优秀研究成果的学术平台，全国博士后管理委员会和中国社会科学院共同设立了《中国社会科学博士后文库》（以下简称《文库》），计划每年在全国范围内择优出版博士后成果。凡入选成果，将由《文库》设立单位予以资助出版，入选者同时将获得全国博士后管理委员会（省部级）颁发的"优秀博士后学术成果"证书。

  《文库》现面向全国哲学社会科学领域的博士后科研流动站、工作站及广大博士后，征集代表博士后人员最高学术研究水平的相关学术著作。征稿长期有效，随时投稿，每年集中评选。征稿范围及具体要求参见《文库》征稿函。

联系人：宋　娜
联系电话：13911627532
电子邮箱：epostdoctoral@ 126. com
通讯地址：北京市海淀区北蜂窝 8 号中雅大厦 A 座 11 层经济管理出版社《中国社会科学博士后文库》编辑部
邮编：100038

经济管理出版社